博学而笃志,切问而近思。
(《论语·子张》)

博晓古今,可立一家之说;
学贯中西,或成经国之才。

复旦博学·复旦博学·复旦博学·复旦博学·复旦博学·复旦博学

发展政治学

The Politics of Development

曾庆捷 著

复旦大学出版社

内容提要

发展政治学，或称政治发展研究，关注的是二战结束后发展中国家的各种政治问题。本书介绍了发展政治学的学科发展历史，并详细讨论了国家政权建设、民主化与民主倒退、发展中国家的政体类型、族群矛盾、政教关系、殖民主义遗产和国际影响等发展政治学中的重大问题。本书吸纳了近年来最新的国内外研究成果，结合实际案例分析了各类理论问题，着重介绍了一些实证研究的发现。随着我国综合国力的不断上升，与发展中国家的交往也越来越密切，本书有助于读者较为深入地了解这些国家的重大政治问题。

本书每章章末配有"名词解释"与"思考题"，便于初步学习这门课程的学生把握相关知识要点；本书附录"发展政治学前沿研究指南"更是一幅学科地图，为致力于研究发展中国家政治状况的人士提供学术前沿成果介绍；本书还配有多媒体教学课件，供授课教师申领使用。

本书适合政治学、公共行政学、国际政治等相关专业的师生阅读、使用，也适合广大对发展中国家政治状况感兴趣的人士阅读。

前　言

鸦片战争的炮声，惊醒了中国人"天朝上国"的美梦，结束了中国闭关锁国、故步自封的历史。一批"开眼看世界"的知识分子努力搜集列强的政治、军事和经济情报，以求"师夷长技以制夷"。19世纪70年代，清政府先后派出120名幼童赴美留学，学习西方先进的科学文化知识。清廷即便在弥留之际，仍然派出五大臣出国，细致考察列强的社会制度，作为国内改革的借鉴。中华人民共和国成立以来，特别是改革开放以来，中国更是积累了有关发达国家方方面面的信息，以助力于国家建设和经济发展，服务于国家的外交政策。可以说，中国人为了实现"富国强兵、自立于世界民族之林"的目标，始终在努力学习世界性的知识，百余年来前赴后继。

时间来到21世纪初，中国在国际舞台上的地位及其面临的环境已经发生了深刻的变化，所需的关于外部世界的知识性质也在慢慢地转变。尤其值得注意的是，中国比以往任何时候都更需要了解其他发展中国家的政治经济情势。综合国力的不断上升，使得中国与发展中国家的交往越来越密切。经济上，中国对外投资与经济合作的规模持续扩大。2013年，中国提出"一带一路"倡议之后，承包的工程项目在亚非拉国家遍地开花，极大地推动了这些地区的基础设施建设。从蒙巴萨的铁路到卡拉奇的高速公路，从中亚的天然气管道到印度洋的港口，"安全生产"的汉字标语随处可见。政治上，与中国的关系在各国内政中开始扮演愈发重要的角色。同时，中国共产党与发展中国家政党的交流日益频繁，2017年年底在北京举行的世界政党高层对话会吸引了全球的目光。中国的发展经验得到越来越多的肯定和重视,构建人类命运共同体成为全球治理中重要的价值观。文化上,中国通过各种官方和民间渠道发挥着自己的软实力,与发展中国家在教育、人文和艺术领域的合作逐渐深化,"孔夫子的话,越来越国际化"已是一个不争的事实。

从某种角度上看,今天处于历史节点的中国颇有些类似二战之后的美国:迅速上升的国力带来了扩大对外交往的契机,同时也需要学术界提供更大的智力支持。例如,2015年年初的斯里兰卡选举意外地导致了政党轮替,新当选的总统对前任政府批准的一些项目进行全面审查,中国企业在斯进行的一些基础设施项目建设受到影响,科伦坡港口城项目被叫停。类似情况对于"走出去"的中国企业而言并不罕见。此时,中国学者是否能够运用自己的学术专长,为国家的对外战略服务?目前来看,如果想了解斯里兰卡或坦桑尼亚建国之后的政治史,或是国际援助对发展中国家政治发展的影响,那么中文文献能提供的线索远不如英文著作。应当说,我国政治学界有关发展中国家的国别研究和综合性论述仍有很大的空缺需要弥补,这一领域所得到的关注也不如本国政治或发达国家政治等话题。本书对二战后发展中国家若干重要政治问题的介绍,在一定程度上填补了这一空缺。希望本书能激发读者对国家能力建设、族群问题、殖民主义和政体研究等问题的兴趣,催生出更多优秀的相关著作。

目前已出版的论述发展中国家政治的综合性著作中,较有代表性的包括燕继荣主编的《发展政治学:政治发展研究的概念与理论》,克里斯托弗·克拉彭(Christopher Clapham)所著的《第三世界政治介绍》(*Third World Politics: An Introduction*),布莱恩·史密斯(Brian C. Smith)所著的《理解第三世界政治:政治转变与发展理论》(*Understanding Third World Politics: Theories of Change and Development*),达米恩·金斯贝里(Damien Kingsbury)所著的《政治发展》(*Political Development*)等。

与上述著作相比,本书的主要特点及创新之处包括如下几个方面。第一,吸纳了近年来关于发展中国家政治的最新国内外研究成果。在附录"发展政治学前沿研究指南"中,读者可以了解到近三年来发表在顶尖政治学刊物上的相关论文,并在此基础上开展进一步研究。第二,尽可能结合发展中国家的实际案例分析各类理论问题,着重介绍了一些实证研究的发现。第三,类似著作一般只分析民主化问题,本书在此基础上,聚焦于与民主化相反的重要现象——民主倒退。第四,在分析非民主政体时,依据国家统治集团的性质将政体分为君主制、军人政权和政党政体,并介绍每一种政体的历史起源、维持自身稳定的机制以及这些机制失效的原因。第五,重视外部环境与国内政治的互动,重点考察殖民主义和国际环境对发展中国家政治的影响。

本书得以出版,需要感谢的人很多。各位学术同仁为写作提供了大量的建议和启发,特别是"五角场学派"已成为一个分享成果和相互鞭策的学术共同体,其成员的著作在本书中多有引述。复旦大学出版社的孙程姣女士为本书的编辑出版提供了极大的帮助。复旦大学的研究生戎伟君和张淦在文献整理上提供了宝贵的协助。此外,学术写作是一条漫长而孤独的道路,任何一部有质量的著作之出版都意味着作者对家人的亏欠,在此深深感谢家人的理解和支持。

由于作者能力和精力所限,对于发展政治学中的某些重要问题,如公民的政治态度与文化、发展型国家、政府与企业关系、选举制度等问题未能详述,只好留待将来。本书难免还存在其他的错误和遗漏之处,希望细心的读者能将其指出,帮助作者在以后的版本中改进。

曾庆捷

2018 年 8 月 12 日

于复旦大学文科楼

目 录

第一章　发展政治学概述 / 1
　　第一节　发展政治学的研究对象 / 1
　　第二节　发展政治学研究简史 / 5
　　第三节　对政治发展实质的理解 / 11
　　第四节　章节安排 / 15
　　名词解释 / 16
　　思考题 / 16

第二章　现代化理论及其批判 / 17
　　第一节　现代化理论的缘起 / 17
　　第二节　现代化理论的主要观点 / 19
　　第三节　对现代化理论的批评 / 28
　　名词解释 / 37
　　思考题 / 37

第三章　现代国家建构 / 38
　　第一节　政治发展视角下的国家 / 38
　　第二节　现代国家在西欧的形成 / 44
　　第三节　发展中国家的国家建构 / 52
　　名词解释 / 60

思考题 / 60

第四章 民主化与民主倒退 / 61
第一节 民主理念的发展历史 / 61
第二节 民主的定义 / 64
第三节 民主化的原因分析 / 69
第四节 第三波民主化浪潮 / 79
第五节 民主的倒退 / 84
名词解释 / 90
思考题 / 90

第五章 发展中国家的政体类型 / 91
第一节 非民主政体的多样性 / 91
第二节 君主制政体 / 96
第三节 军人政体 / 104
第四节 政党政体 / 112
名词解释 / 125
思考题 / 125

第六章 族群、政教关系与政治发展 / 126
第一节 发展中国家的族群问题 / 126
第二节 族群冲突研究的主要理论范式 / 131
第三节 政教关系与政治发展 / 139
名词解释 / 146
思考题 / 146

第七章 殖民主义的遗产 / 147
第一节 殖民地历史简介 / 147
第二节 殖民统治的共性与差异性 / 152

第三节　殖民主义的政治遗产 / 157

名词解释 / 169

思考题 / 169

第八章　国际环境对国内政治的影响 / 170

第一节　国际环境与发展中国家政治 / 170

第二节　两极冷战对国内政治的影响 / 172

第三节　单极霸权对国内政治的影响 / 179

第四节　多极竞争对国内政治的影响 / 189

第五节　国际制度对国内政治的影响 / 194

名词解释 / 199

思考题 / 199

附录　发展政治学前沿研究指南 / 200

主要参考文献 / 214

第一章
发展政治学概述

本章导读

发展政治学,或称政治发展研究,关注的是二战结束后发展中国家的各种政治问题。本章第一节将定义何为发展中国家,并简要描述其共性。第二节将简要回顾该学科的历史,重点介绍发展政治学在研究问题和研究范式上的演变历程。第三节讨论对政治发展实质的不同理解,并对已有的若干种解读进行评论和提炼。第四节介绍本书余下章节的安排。

第一节 发展政治学的研究对象

第二次世界大战结束以后,西方殖民体系迅速瓦解,殖民地的民族解放运动催生了大量的新独立国家,原来保留了独立地位的国家中兴起了一批新的政权。战后国际舞台上的独立国家数量经历了持续的增长。1946年,联合国只有55个成员国,这一数字到2011年增加到了193个(如图1-1所示)。在这样的大背景下,学术界对于这些新国家和新政权中的政府结构、政治秩序和民众参政等问题展开了全方位的深入研究,发展政治学于是应运而生。作为比较政治学的一个重要分支,发展政治学的早期研究由西方

图 1-1 二战后独立主权国家的数量变化

资料来源：William R. Clark, Matt Golder, and Sona N. Golder, eds., *Principles of Comparative Politics*, CQ Press, 2017, p. 266。

学者,特别是美国学者所主导。他们与时俱进,一改过去只关注欧美国家政治的做法,开始将目光瞄准了西方以外的政治发展,政治学的理论框架和经验知识由此大大扩展。随着近年来中国、印度、巴西等发展中国家实力的崛起,这些国家的学者对发展政治学的成果积累作出日益重要的贡献,这门学科的理论范式和现实关怀也正在走向多元化。

发展政治学的研究对象是"发展中国家",即一批历史上曾经是西方国家的殖民地或半殖民地,独立之后正经历从社会经济上的不发达或欠发达状态向发达状态过渡的国家。发展中国家几乎都遭受过西方国家帝国主义和殖民主义的压迫,尽管赢得独立的时间有先有后,但它们国内的社会结构和制度都深受西方扩张和殖民政策的影响。这些国家的欠发达状态体现为：人均收入水平和工业化程度的低下,对原材料出口的依赖,人均寿命、受教育水平和婴儿死亡率等人类发展指数的落后,以及政治体制的滞后。根据这一定义,发展中国家包括亚洲、非洲、拉丁美洲和其他地区的 100 多个国家。

发展政治学所关注的国家被冠以不同的名称,包括"新国家""新兴国家""欠发达国家""南方国家"等,这些标签背后往往含有各种主观感情色彩。一个常被使用的术语是"第三世界",该词最早被用来指称冷战时期独立于西方资本主义阵营和东方社会主义阵营的"不结盟运动"国家。"第三世界"带有较强的政治意涵,它强调两大阵营之外的国家应保持团结,共同反抗发达国家对他们的干预和渗透。然而随着冷战的结束,原先属于第一世界和第二世界的发达国家逐渐趋同,如果还将发展中国家形容为第三股力量,就显得不合时宜。另外,这些国家在社会经济发展水平上也存在巨大差异,一些国家借助西方国家投资和全球化浪潮实现了快速经济发展,将那些主要靠原材料出口的国家远远甩在了后头。在这样的背景下,再谈论第三世界国家的团结和统一战线也就失去了意义。加之"第三世界"本身携带的贬损性意味,这一词汇在近年来的学术讨论中已经较少使用。本书除了在一些特定问题上沿用"第三世界"的习惯用法外,将统一以"发展中国家"这一较为中立的词汇来指称发展政治学的研究对象。

发展中国家数量众多,覆盖的土地辽阔,历史文化差异巨大,之所以能够将这些国家的政治作为一个类别进行分析,有一个最重要的原因:15世纪以来西方的殖民扩张将这些原本彼此隔绝的地区容纳进了一个统一的政治经济体系中。由此导致的结果是,西方殖民国家制定了这个体系的基本规则,并发展出了支持其运转的组织和技术手段。西方以外的地区从该体系创立伊始,主要依靠出口农产品和矿物等初级产品而融入世界经济,由此处于一种边缘性和从属性的地位。在文化层面,西方世界对发展中地区的影响绵延久远、无处不在。许多发展中国家将英语和法语等西方语言作为政府通行语言,掌握这些语言是成为达官显宦的必要条件,而拉丁美洲更是全面接受了原宗主国的语言。另一个有力的例证是原殖民地中随处可见的欧式风格建筑。笔者曾在老挝首都万象参观了纪念脱离法国独立的宏伟建筑,而耐人寻味的是,该建筑的外形完全仿照巴黎的凯旋门,甚至其名称就叫"凯旋门"!

西方文化的渗透不仅仅体现在语言和建筑风格上,更反映在人际交往、处事方式和社会组织形式中[1]。比如,支持西方现代社会的一项重要技术是

---

[1] Christopher S. Clapham, *Third World Politics: An Introduction*, Routledge, 1985, pp.5-6.

大型组织的管理和运营,这些组织包括官僚机构、军队和大企业等。运营这些大型组织所需要的非人化管理和照章办事等文化特质与小农经济的许多习俗是格格不入的,这也导致许多发展中国家的组织难以摆脱强人的控制或顺利实现领导人的更替。在政治文化层面,西方输出的最重要事物莫过于具有固定领土边界和主权的现代国家。主权国家这一舶来品对许多习惯于村庄部落等小范围政治组织的民族来说是全然陌生的,而殖民地的领土边界又是西方国家在谈判桌上人为划定的。在此基础上,官僚制、政党和法院等一系列从西方社会中生成的政治机构被移植到了发展中国家,与这些地区中原有的组织或相互排斥,或彼此交融,构成了一种特有的政治生态。

以上事实表明,理解发展中国家的政治必须时刻留心外部因素对国内发展的影响和制约,这些因素既包括殖民者所留下的文化和制度遗产,也包括去殖民化之后国际环境对新兴国家所施加的持续影响。本书将以专门的章节来讨论这两方面的因素[①]。当然,发展中国家绝不是任外部力量摆布的玩偶,其政治演变的轨迹很大程度上取决于它们如何回应西方势力的冲击。那些能够较好实现西方与本土文化的融合和共处的国家,其政治发展的道路往往较为平坦;反之,当外来影响始终与本土文化性格处在剑拔弩张的紧张状态时,追求善治的道路难免充满荆棘。

对发展中国家政治问题的研究与更早时期对发达国家的研究有着显著的区别,需要使用一套全新的方法。在后者中受到普遍关注的一些研究问题,如宪政体系的运作、政党体系、选民对党派的认同、选举行为的决定因素,在新兴国家未必是最紧迫的研究议题。在新兴国家,公民的价值观、认同和政治忠诚是政治参与研究中更重要的问题。同时,比较政治学者试图用一套普遍性的理论框架解释发展中国家的政治变迁,而不仅满足于创立针对某一区域的特殊性理论[②]。

[①] 请参见本书第七、八章。
[②] Frances Hagopian, "Political Development, Revisited", *Comparative Political Studies*, 2000, 33(6-7), p.881.

第二节　发展政治学研究简史

一、发展政治学的兴起

政治发展研究发端于 20 世纪五六十年代,主要表现为年轻学者对新兴的亚洲和非洲国家的国别研究。二战以后,美国学术界迅速达成共识,必须加大对国际问题研究的投入,为美国外交政策的制定提供智力支持。于是,美国政府和民间基金会都对新兴国家的研究提供大量资金保障。这一时期国别研究的代表性著作有大卫·阿普特(David Apter)的《转变中的黄金海岸》和《乌干达政治王国》、阿里斯蒂德·佐尔博格(Aristide Zolberg)的《科特迪瓦的一党政府》、伦纳德·宾德(Leonard Binder)的《巴基斯坦的宗教与政治》和《伊朗:转变中社会的政治发展》、鲁恂·派伊(Lucian Pye,中文名为白鲁恂)的《政治、人格与建国:缅甸对认同的寻求》、亨利·毕能(Henry Bienen)的《坦桑尼亚:政党转型与经济发展》等①。

20 世纪 60 年代以后,发展政治学在之前区域研究的基础上全面发展起来,这一过程中有两个学术组织起到了很大的推动作用②。其一是 1964—1965 年由哈佛大学和麻省理工学院学院联合创办的政治发展联合研讨会,该研讨会由塞缪尔·亨廷顿(Samuel Huntington)和迈伦·韦纳(Myron Weiner)共同主持,在二十多年间每月举行一次会议。研讨的问题范围广

---

① David E. Apter, *The Gold Coast in Transition*, Princeton University Press, 1955; David E. Apter, *The Political Kingdom in Uganda: A Study in Bureaucratic Nationalism*, Princeton University Press, 1961; Aristide R. Zolberg, *One-party Government in the Ivory Coast*, Princeton University Press, 1964; Leonard Binder, *Religion and Politics in Pakistan*, University of California Press, 1961; Leonard Binder, *Iran: Political Development in A Changing Society*, University of California Press, 1962; Lucian W. Pye, *Politics, Personality, and Nation Building: Burma's Search for Identity*, Yale University Press, 1962; Henry Bienen, *Tanzania: Party Transformation and Economic Development*, Princeton University Press, 1970.

② 任晓、王元:《政治发展:学术史上一篇章》,载于[美]鲁恂·派伊:《政治发展面面观》,任晓、王元译,天津人民出版社 2009 年版,第 5—6 页。

泛,包括发展中国家的农民、族群与发展、政治经济学、国家在发展中的作用、第三世界的民主转型等。研究政治发展的学者大多在这一研讨会上报告自己的研究成果,推进了这一领域的学术进步。另一个学术组织是社会科学研究理事会①建立的比较政治委员会(Committee on Comparative Politics),该领域的重要学者白鲁恂和加布里埃尔·阿尔蒙德(Gabriel Almond)都先后任过该委员会的主席。在他们的带领下,比较政治委员会召开了多次重要的政治发展学术会议,其最重要成果是1963—1978年出版的"政治发展研究"丛书(Studies in Political Development)。该丛书共有九部论著:前六部著作分别讨论了大众传播、官僚机构、教育、政治文化和政党等政治发展的不同要素②;后三部著作则以更宏观的视角审视了政治发展过程中的一系列难题和危机,并结合欧美国家自身的历史经验阐释了应对这些难题的方式如何制约了发展的模式。

  对发展中国家政治的研究兴起之时,恰逢政治学中行为主义革命(behavioral revolution)的高潮。行为主义者批评过去的研究过于关注正式的法律条文和制度安排,却忽略了政治体系的实际运作以及其中各类人物的价值观、态度和行为。这一时期的研究者普遍认为,若要更深刻地揭示政治发展的规律,必须借用社会学和人类学的视角。阿尔蒙德在其《发展中地区的政治》一书中指出:"这些地区的宪法和正式政治制度变化频繁,而且通常与真实的政治运作相差甚远,所以对其进行具体描述无助于预测这些体系的行为……更重要的是分析他们的传统文化、西方和其他因素对它们的影响、政治社会化和精英培养的实践,以及诸如利益集团、政党和通信传媒一类的政治'基础设施'。"③研究政治发展的大家西摩·李普赛特(Seymour Lipset)为自己的经典著作所起的书名——《政治人:政治的社会基础》——

---

① 社会科学研究理事会(Social Science Research Counsil)是美国政治学会于1923年组建的一个非盈利机构,旨在促进社会科学领域的研究。该理事会自创建以来设立了诸多研究各种专题的委员会。
② Frances Hagopian, "Political Development, Revisited", *Comparative Political Studies*, 2000, 33(6-7), p.884.
③ Gabriel A. Almond and James S. Coleman, *The Politics of the Developing Areas*, Princeton University Press, 1960, p.viii.

很好地概括了这种以社会为出发点来解释政治现象的视角①。

这一时期政治发展研究中占据主导地位的范式被称作"现代化理论（modernization theory）"。所谓范式，指的是某一学科领域内研究者共同遵从的世界观和研究方式，它可以被用来界定什么东西值得研究，什么问题应被提出，如何对问题进行质疑以及提供解释时应遵循的基本原则②。第二章将对现代化理论作详细的介绍，在这里只需指出该理论的核心假设：经济发展给社会秩序带来一系列变化，而这些变化又将不可避免地影响政治体系。现代化理论尤其强调城市化进程开启后，进入城市的移民将政治关注点从村庄转向民族国家，从地方强人转向官僚机构。一言以蔽之，传统社会中的臣民变成了现代社会中的公民。现代化过程中个体层面的态度、价值观和性格特征变化是至关重要的，它是一切后续的社会和政治变革的微观基础。

20世纪六七十年代政治发展研究也深受社会学中的重要理论流派——结构功能主义（structural functionalism）的影响。从这种理论视角来看，政治和生物有机体一样，是一个具有一定结构的系统，它的各个组成部分以有序的形式相互关联，并对政治稳定发挥着必要的功能。换句话说，任何一个政治系统的正常运转都依赖一系列政治功能得以完成。在系统的输入方面，这些功能包括对公民的社会化、招募政治精英、社会利益的表达和聚合等；在输出方面，则包括社会规则的制定和执行、对社会争议的仲裁等。发挥这些功能的单位可以是正式的机构，如发达国家中的议会、政党、官僚体系、法庭，也可以是较不正式的组织，如宗族、氏族，甚至骚乱和街头示威。在结构功能主义视角的影响下，不同社会中看似迥异的政治现象，都可以被认为是履行了类似的政治功能。比如，苏联自上而下组织的、受严密控制的投票活动和各种集会游行，常常被看作和西方国家的选举和集会一样，满足了现代社会中大众参与政治的需要。虽然结构功能主义中的一些概念和术

---

① Seymour M. Lipset, *Political Man: The Social Bases of Politic*, Anchor Books, 1960.
② 参见 Thomas S. Kuhn, *The Structure of Scientific Revolutions*, University of Chicago Press, 1962。

语在今天已显得陈旧过时,但其背后深层次的思维方式仍然在发展中国家的政治研究中依稀可见。比如,当下对发展中国家的议会、选举和示威抗议的研究,其出发点往往是寻找这些看似橡皮图章式的机构或威胁体系稳定的行为,是如何出人意料地促进了系统的均衡和稳定。当然,这种分析方法为了将不同国家的政治现象纳入一个统一的框架内进行比较,难免模糊了这些现象之间的本质性差异。

二、挑战与低潮

以现代化理论为核心的早期政治发展理论在知识界遭遇到了激烈的批评和挑战。一方面,以拉丁美洲学者为主力军的左派知识分子提出了著名的"依附理论(dependency theory)",旗帜鲜明地反对现代化理论将国内发展和国际经济结构相脱离的分析方法。这一理论主张,西方国家的发达与亚非拉国家的落后是一个不公平的全球经济体系的两个方面,因殖民主义而形成的贸易体系造成了第三世界国家(主要是拉美国家)的产业结构单一、工业技术落后、土地分配严重不均。在政治层面上,不公平的全球体系依赖于落后国家维持非民主的政体,以确保这些国家中帝国主义代理人的行动不受到国内民众的掣肘。因此,发展中国家不可能沿着发达国家曾经走过的道路通往现代化,而是必须采取截然不同的社会和政治发展模式。

另一方面,以亨廷顿为代表的右派学者猛烈抨击了现代化理论主张的经济发展必然带来政治发展和稳定的观点。亨廷顿和同时期研究政治发展的学者一样,相信经济发展将导致民众更高的政治参与需求。所不同的是,亨廷顿认为如果没有强大的政治制度作为疏导,政治参与的扩大将会导致政治秩序的崩溃。为说明这一观点,他列举了非洲、拉美和亚洲大量的军人政变、内战和独裁统治的例子。另外一个不利于现代化理论的证据来自吉列尔莫·奥唐奈(Guillermo O'Donnell)对拉丁美洲国家中"官僚专制主义"模式的研究[①]。

---

① Guillermo A. O'Donnell, *Modernization and Bureaucratic-Authoritarianism: Studies in South American Politics*, University of California Press, 1973.

在这一地区,经济增长和政治民主化并没有相互伴随。相反,为了促进经济发展,军人政权、技术官僚和跨国企业之间互相结盟,形成了一种官僚专制主义政权带动经济增长的局面。

到了20世纪70年代末,发展政治学领域处于一个比较低潮的时期。大量第三世界国家的政治实践,如军事政变的频繁发生、一党体制的盛行、社会主义阵营的表面强势等,都削弱了现代化理论的可信度。此后的近二十年间,大部分研究发展中国家政治的学者不再关注宏观的政治发展理论,而是转而研究一些比较中观或微观的问题,比如民主制度的建立、巩固和倒退、国家能力建设、公民社会、族群冲突等。这一转变催生了丰富的学术成果,其影响极为深远,时至今日,对这些中微观问题的研究依然是发展政治学的核心关怀。

三、范式与议题的新方向

20世纪70年代以后的比较政治研究开始逐渐脱离社会决定论,并重新确立政治制度和国家能力对政治发展的中心地位。亨廷顿的著作对这一范式转变起到了奠基的作用,他敏锐地指出了政治制度化的程度决定了国家能否在现代化过程中保持良好的政治秩序。换句话说,政治秩序的形成不完全取决于社会因素,政治家以及他们控制的国家机构具有重要的主观能动性。此后,以西达·斯考切波(Theda Skocpol)为领军人物的一批学者提出了"找回国家(bring the state back in)"的口号,主张重新认识国家相对于社会的自主性[1]。在他们眼中,国家既不像马克思主义者认为的那样是社会中主导集团的利益代表,也不像多元主义者声称的那样是众多利益集团的调停仲裁者。国家有着独立的意志和自主性,应当重点研究国家如何利用这种自主性去汲取社会资源、塑造政治认同、影响经济发展和处理对外关系。这一时期产生了大量将国家自主性作为关键变量,依此解释各种政

---

[1] Peter B. Evans, Dietrich Rueschemeyer, and Theda Skocpol, eds., *Bringing the State Back in*, Cambridge University Press, 1985.

治社会现象的佳作①,其旨趣已明显区别于行为主义者对个人和社会集团的关注。

伴随着对国家自主性作用认识的加深,观察者们也开始注意到国家发挥这些作用的能力在不同国家间存在着巨大的差异。这就诱使学者们上溯到因果关系链条的上一个环节:国家能力是如何被构建的?作为二战之后获得独立的新兴国家,其国家构建的过程与欧美国家存在着许多不同之处。西欧从大约15世纪以来经历了一个漫长而又充满暴力的时期,最终锻造出一批垄断国内暴力使用、排斥外来干涉并彼此尊重自主权的现代国家。随着殖民帝国的扩张和最终解体,欧洲人将"威斯特伐利亚"国家体系传播到了世界的其他地区,新兴国家别无选择地开始效仿发达国家的内部组织形式和对外关系模式。然而,它们构建新政权的努力却面临着一系列独特的挑战,包括殖民主义的负面遗产、强权的肆意干预、外来制度与本国国情难以兼容等。这些挑战导致发展中地区存在大量的"弱国家"或者"失败国家",其症状包括政府的腐败、政变和内战频仍、族群和宗教矛盾激化,以及恐怖主义势力的滋生。如何在这些地区构建强有力的国家,或者能否探寻与西方社会不同的治理模式,这一类问题为关心后进国家的人们提供了取之不尽的研究素材。

进入20世纪80年代,世界范围内剧烈的政治变革为政治发展研究注入

---

① 在国家促进经济发展能力方面,埃文斯(Evans)指出巴西政府与国际资本和国内企业密切合作,深刻地影响了国际经济体系和国内经济增长。他后来又提出"嵌入型自主(embedded autonomy)"的概念,认为国家在具有自主性的同时,也必须与市场有适度的连接,才能对经济发展担当"助产士"的角色。研究墨西哥和埃及的学者也分析了国家在追求经济发展和社会再分配方面取得了相对于国际力量和国内精英的自主性。发展中国家还积极地组织和管理政治代表权的行使,自上而下地设立各种代表性机构(工会、行业协会、商会等),避免它们成为挑战国家的力量。这种安排被称作"法团主义(corporatism)"。大卫·莱廷(David Laitin)对尼日利亚的研究还揭示了国家在一定程度上决定了族群认同是否成为具有显著性和分裂性的政治议题。具体参见: Peter B. Evans, *Dependent Development: The Alliance of Multinational, State, and Local Capital in Brazil*, Princeton University Press, 1979; Peter B. Evans, *Embedded Autonomy: States and Industrial Transformation*, Princeton University Press, 1995; Nora Hamilton, *The Limits of State Autonomy: Post-Revolutionary Mexico*, Princeton University Press, 1982; John Waterbury, *The Egypt of Nasser and Sadat: The Political Economy of Two Regimes*, Princeton University Press, 1983; David Laitin, *Hegemony and Culture: Politics and Change among the Yoruba*, University of Chicago Press, 1986.

了新的活力。根据芭芭拉·格迪斯(Barbara Geddes)的统计,1974—1999年,多达85个非民主政体经历了崩溃,其中,30个转变成了稳定的民主体制,9个迅速经历了民主的崩溃,8个被不稳定的民主体制所取代,4个陷入军阀内战,而其余的34个则让位于新形式的非民主政体①。在这样的背景下,比较政治学者对政体研究趋之若鹜也就不足为奇了,他们主要开展了以下几方面的努力。第一,他们致力于确定一套具有普遍性的定义标准,将民主和非民主政体区分开来。第二,依据这一标准,建立时间跨度尽可能长、覆盖国家尽可能多的政体数据库。第三,利用这些跨国数据库,以定量分析的方法解释政体民主化的原因。现代化理论关于社会经济基础决定政体转变的论点在新时期又引发了一轮热烈的辩论。新出现的现代化理论更多的将重点放在了随着经济增长而出现的中产阶级,认为中产阶级重视财产权、言论自由和参与自由,是争取民主的主要力量。同时,学者们提出了许多关于民主化的竞争性解释,包括精英之间的谈判妥协和西方国家的软硬实力影响等。第四,发展中国家经历民主化之后迥异的前进轨迹,促使人们探究民主政体在何种条件下能够得以巩固,以及何时会倒退回非民主政体。第五,研究者们也逐渐注意到,民主化的发生和巩固很大程度上受制于非民主政体的内在特性。他们于是对非民主政体做了更细致的类别区分,并讨论不同类型的政体是否有不同的转型方式。

第三节 对政治发展实质的理解

以上对发展政治学历史沿革的梳理,并没有触及一个核心问题:政治发展的实质是什么?当学者们使用"发展"一词来描述发展中国家政治时,其研究难免沾染上目的论的色彩,即假设政治将会向更好的方向发展,最终达到某种理想的终点。这种目的论显然受到欧洲启蒙运动的影响,认为知识

---

① Barbara Geddes, "What Do We Know about Democratization after Twenty Years?", *Annual Review of Political Science*, 1999, 2(1), pp.115-116.

的普及、技术的革新、物质条件的改善、法制和自由主义政体等一系列社会进步正在召唤着初登世界舞台的发展中国家。然而，政治发展的方向和终点究竟是什么？这一学科的文献越多，政治发展一词的含义似乎就越显得含糊不清。

白鲁恂在《政治发展面面观》一书中列举了学者们对政治发展的十种不同理解，其中有一些定义相互重合面较大，真正具有独特性的定义包括以下几种。（1）政治发展是经济发展的前提，它意味着建立起一套更有利于促进人均收入增长的政治体制。（2）政治发展是工业社会的典型政治形态，这种定义假设工业化生产导致政治生活中出现普遍的共性。（3）政治发展是民族国家的运转。历史上各种帝国的、部落的和殖民地的政治，都要让位于民族国家的政治。它要求建立一套特定的公共机构，作为民族国家必要的基础结构，同时民族主义要在政治生活中得到有控制的表达。（4）政治发展是建立完善的行政秩序和法律秩序，前者要求组建有效的官僚体制，后者则依赖于法律观念的传播和司法体制的改进。（5）政治发展是大众动员和大众参与，它让原本对政治漠不关心的臣民转变成为积极参与政治的公民。政治参与又包含两个面向：对国家的认同感和忠诚度的加深；一系列参与政治权利的扩大。（6）政治发展是民主制度的建立，即效仿欧美国家实行多党轮流执政，普及选举权，保障政治权利和公民自由。（7）政治发展是一种稳定而有序的变迁。这种定义并不回答社会变迁要朝哪个方向，只是认为在政治发达的社会里，政治过程能够合理而有目的地控制和指导社会经济发展，而不仅仅是被动地适应它。（8）政治发展是动员和权力，它提升政府行使权力的水平，使其能够动员更多的社会资源以实现其目标。

对于政治发展核心内容的判断，无疑受到观察者自身价值取向和分析视角的影响。在这里，我们尽量将自己置于一个客观中立的视角，对白鲁恂提出的几种定义作简短的评述。

第一，将政治发展看作建立起有利于经济发展的政治体制，这给衡量政治发展带来较大的困难。历史上的经济增长是在千差万别的政体下发生的,君主立宪制下的英国、绝对君主制下的法国、民主制下的美国、一党体制下的苏联、军人政权下的巴西等。这当然不是说政治体制与经济发展无关,而是强调经济增长受到太多复杂因素的影响,若要以经济发展速度的快慢来评定政治体制,其结论的准确性难免大打折扣。而且,一个良好的政体也有促进经济发展以外的其他目标,如调解社会冲突和增进体制正当性等,即便在一个社会中没有经济增长,也不能简单认为其政治就是落后的。

第二,认为政治发展是工业社会的典型政治形态,它们"具备某种特定的政治行为和行动上的水准"①,这种说法太过笼统。工业社会政治的普遍共性是什么?其特定的政治行为如何界定?在没有明确这些共性的情况下,该定义很难为理解政治发展提供有用的启示。

第三,将政治发展与民族国家等同起来,这反映了20世纪五六十年代学者们对由一个主导民族构成的国家模式无批判性的认同。在西欧历史的一个特定时期,具有高度文化同质性的民族国家的确比哈布斯堡帝国这样的多元民族国家更具有竞争力,但很难说国家内部族群和文化的多元性就一定代表了落后。我们不能排除在未来的某种时空环境中,城市国家、邦联国家或一种新的政治实体崛起并广泛传播的可能性。

第四,早期政治发展理论无一例外地假设,现代化将导致大众政治参与的扩大,然而这种假设是否成立,似乎取决于我们讨论的是政治参与的哪一个面向。就对国家的认同感和忠诚度而言,国家主导下的教育普及和传播技术进步无疑提升了全国层面的政治问题在民众生活中的重要性,这可以被认为是一种进步。但现代化是否一定导致选举权利的扩大和公众参与政治决策的程度加深,至少已有的经验事实还无法给出确定答案。与西方历史的普遍规律不同,在许多发展中国家,现代化伴随的是精英对大众的操纵以及民众的政治冷漠。

第五,与第四点密切相关的是,政治发展是否应该包含西方民主模式的

---

① [美]鲁洵·派伊:《政治发展面面观》,任晓、王元译,天津人民出版社2009年版,第51页。

建立。白鲁恂自己也承认,"……民主是一个充满价值意味的词,而发展则在价值上是中立的。因此把民主的建立当作政治发展的钥匙,会被认为是贩卖美国或至少是西方的价值观"①。的确,将政治发展与某一种政体形式等同起来,这样的观点充满了价值判断和争议性。从政治发展的已知经验看,没有足够证据表明发展中国家作为一个整体在朝着民主政体的方向前进,而且各种病态的民主形态在全球层出不穷。关于这一点,我们将在第四章中作详细的论述。

白鲁恂所谈及的其他几种对政治发展实质的描述,可以被绝大多数价值观中立的人们看作政治进步的题中应有之义。在任何一个社会中,理想的政治都要求清廉的官僚体制、高效的日常行政和公正有效的法律体系。同时,人们也希望看到政府能够主动地、适度地引领社会的变化,解决国家内部存在的一些紧迫问题,并且在引导社会发展时维持政治秩序的稳定。这必然要求政府具备一定动员社会资源和行使权力的能力,去完成自身设定的目标。

总体而言,政治发展并没有铁的规律,有大量的证据显示,各国的政治发展的道路有着巨大的差异;发展的轨迹不是线性的,而是曲折迂回的;某一阶段内国内政治的发展趋势极大地受到国际格局变化的影响。政治发展如果要作为一个有生命力的学科继续存在,就必须谨慎对待目的论的视角,不应认为社会经济发展达到一定阶段的国家必然适合于某种政治制度。政治发展应包含多个组成部分,包括政体的稳定、政治和社会秩序之间的关系、国家在社会经济发展中的作用、族群冲突对国家统一构成的威胁、政体转型等。未来发展政治学会更多关注这些组成部分的动态,以微观和中观理论的突破为主,而宏大叙事的目的论将不会有太大的市场。不同的理论范式,如政治经济学、历史制度主义和政体分析都可以被用于分析政治发展②。

---

① [美]鲁洵·派伊:《政治发展面面观》,任晓、王元译,天津人民出版社2009年版,第58页。
② Frances Hagopian, "Political Development, Revisited", *Comparative Political Studies*, 2000, 33(6-7), p.884.

第四节 章节安排

本书余下的章节安排如下。

在第二章"现代化理论及其批判"中，我们将详细介绍早期政治发展研究中具有代表性的现代化理论，包括该理论产生的历史背景、基本假设和主要观点，同时，讨论对它进行批判的三个群体：现代化理论家的自我批评；强调政治制度建设的保守派学者；受马克思主义影响的左派学者。这些较抽象的探讨将为后面研究发展中国家政治的各类具体问题提供基本的分析框架和理论视角。第三章"现代国家建构"将剖析发展中国家政权机关的性质和特点。在回顾西欧历史上现代国家起源的基础上，该章将比较政权建设过程在发达国家和发展中国家之间的差异，并探讨这种过程差异如何塑造了不同性质的国家政权。

第四章和第五章着重分析发展中国家存在的各式政治体制，以及这些政体之间的动态转化。"民主化与民主倒退"一章将介绍民主政体的定义，民主化的基本事实和理论解释，并聚焦于与民主化相反的重要现象——民主倒退。我们不仅关心发展中国家在何种条件下会经历民主化，而且同样关心已经建立的民主体制在何种力量的驱使下会逐渐地或骤然地走向非民主体制。事实上，发展中国家能够长期维持稳定民主制度的并不多见，因此有必要深入研究非民主政体内部的形态差异。第五章"发展中国家的政体类型"依据国家统治集团的性质将政体分为君主制、军人政权和政党政体等，并介绍每一种政体在历史上存在的主要地域、政体起源模式、各种政体维持自身稳定的机制以及这些机制失效的原因。

因族群和政教关系问题所导致的社会对立是发展中国家政权建设和政体转型过程中的重要变量。第六章"族群、政教关系与政治发展"将梳理族群冲突和政教关系的重要文献，重点关注这些矛盾冲突的历史起源和对政治发展的制约作用，以及缓解和疏导这些矛盾的可能举措。

最后两个章节将审视影响国内政治发展的外部因素。第七章"殖民主义的遗产"将分析殖民帝国的制度建设和统治政策对殖民地独立之后的长期影响,并比较不同宗主国的制度安排对新兴国家发展的差别化作用。最后一章"国际环境对国内政治的影响"则主要考察二战之后,特别是冷战结束以后国际格局的变化、大国地缘政治的较量和国际组织等因素和发展中国家政治的互动。

发展政治学、发展中国家、范式

1. 研究发展中国家政治时,为什么必须特别留意外部因素对国内政治的制约和影响?

2. 政治发展研究在二战之后经历了一个怎样的演变历程?该学科的研究旨趣和方法是如何与现实世界的政治情势相互影响的?

3. 政治发展是否有一个放之四海而皆准的理想终点?如果有的话,这个理想的终点应该是怎样的?

第二章
现代化理论及其批判

本章导读

现代化理论是指盛行于 20 世纪五六十年代的社会科学领域，致力于描述传统社会向现代社会转型的一套理论体系。现代化理论的鼎盛时期虽然已经过去，但它的假设、方法和结论一直到今天都是政治发展研究重要的参照系。本章首先介绍现代化理论兴起的历史背景。第二节从结构功能主义、政治文化、社会结构变迁和经济发展四个方面介绍现代化理论的核心观点。第三节分别概述现代化理论遭遇到的来自本阵营内部、保守主义学者和受马克思主义影响的学者的批评。

第一节 现代化理论的缘起

现代化理论的起源可以追溯到欧洲启蒙时期的进步主义历史观，这种观念认为人类历史是朝着某一个最终目标逐渐演进的。一些启蒙主义思想家认为这种进步是由人类的主观意志主导的，还有一些强调不以人的意志为转移的客观规律，但两者在"世道必进"这一点上存在着基本共识。大致在同一时期，殖民主义在全球扩张的脚步也在加快，而启蒙主义的进步史观则为欧洲人理解殖民地世界提供了思想基础。与殖民地的接触在很大程度上塑造了欧洲人的自我认识,欧洲的"进步性"和殖民地的"落后"之间的反差成了欧洲身份认同的重要部分①。为了给殖民统治提供正当性,欧洲人开始声称自己向全世界输出了现代文明,从欧洲历史中提炼出的经验和规律是可以普遍适用于全世界的。

一战结束后,土耳其领袖穆斯塔法·凯末尔(Mustafa Kemal)用"现代化"口号来形容政治、经济和文化全方位的改革,这可能是该词第一次在这个意义上被使用②。在凯末尔看来,现代化是一个在多领域全面推进的过程,包括政治的世俗化、工业化、语言文字改革和妇女解放等。然而,当时的欧美人还没有从这个意义上使用现代化一词。在经历了一战的毁灭性打击之后,欧洲的文化精英普遍对西方前途感到担忧和悲观,并对欧洲发展模式的普世性和可行性产生了深刻的质疑。在大西洋的对岸,美国人此时仍奉行孤立主义的外交政策,因此也尚未将对外推行社会模式看作自身的使命。

二战结束后全球的局势变化使得"现代化"获得了全新的含义,以美国为主要策源地的现代化理论也应运而生。此时,一大批原来处在殖民统治之下的民族纷纷获得独立,这些国家都面临着迫切的社会经济发展需要。作为新晋的超级大国,刚从孤立主义政策走出的美国不可避免地卷入全球事务,由此产生了了解和影响新独立国家的巨大需求。更重要的是,战后的苏联为新兴国家提供了不同于资本主义社会的一整套发展模式,这在美国的政治家和学者之中制造了极大的焦虑。美国学术界此时面临的一大任务是,系统地阐述一套不同于苏联模式的现代化策略,并将其作为与苏联进行全球竞争的智力资源。为应对这一需求,美国联邦政府和民间基金会投入了大量资金支持对发展中国家的研究,这对当时优秀人才的课题选择产生了重大影响。正如一名学者所承认的那样:"在社会科学中,政府和基金会

---

① Nils Gilman, *Mandarins of the Future: Modernization Theory in Cold War America*, John Hopkins University Press, 2007, p.28.
② Ibid., pp.30-31.

通过资金的选择性投入来决定哪些研究领域繁荣发展（至少在数量上），哪一种对社会和经济的理解方式得到提倡……"①

在这样的背景下，三个新兴的美国学术研究机构为现代化理论的形成提供了组织上的孵化器②。第一个是社会学家塔尔科特·帕森斯（Talcott Parsons）在哈佛大学成立的社会关系系（Department of Social Relations），该系将社会学、社会心理学和社会人类学整合起来，以利于通过跨学科合作的方式促进比较社会研究。第二个是社会科学研究理事会下属的比较政治委员会。成立于1923年的该理事会旨在为社会科学的宏观理论研究提供资金支持，并将其成果运用到公共政策中。1954年，应理事会主席的邀请，阿尔蒙德成立了比较政治委员会，其主要使命是纠正过去政治学研究中过度关注正式制度、忽视实际政治行为研究的倾向。该委员会于1963—1966年推出了"政治发展研究"丛书，将行为主义和科学研究方法大量运用到政治发展领域。第三个是麻省理工学院的国际研究中心（Center for International Studies），它最初由美国政府出资成立，目的是分析与苏联进行全球竞争的相关问题。和前两个机构相比，该中心更注重影响美国外交政策，特别是如何通过使用经济援助影响新兴国家的发展路径，制约苏联的扩张。

第二节 现代化理论的主要观点

一、现代化理论的演进

现代化理论的雏形可见于18—19世纪的社会进化论，这种理论试图解释人类从前工业社会向工业社会的过渡。早期社会学家的一些观点对后来

---

① Nils Gilman, *Mandarins of the Future: Modernization Theory in Cold War America*, John Hopkins University Press, 2007, p.47.
② Janeen Klinger, "A Sympathetic Appraisal of Cold War Modernization Theory", *The International History Review*, 2017, 39(4), pp.695-697.

现代化理论产生了深远影响,其中之一是法国社会学家埃米尔·迪尔凯姆(Emile Durkheim)关于社会差异化的论述。迪尔凯姆认为,随着工业化时代的来临,人类的社会分工变得越来越复杂,从事专门化活动的社会组织数量逐渐增加。最典型的例子是家庭角色的转变:传统的大家庭扮演着繁衍后代、组织生产、教育子女等一系列角色,而现代社会中这些功能开始从家庭中剥离出来,分别由不同的社会部门承担。

早期社会学理论的另一个重要影响是关于人类社会走向世俗化和理性化的历史趋势。这一过程让人们相信他们可以主动改变自己生活的环境,而不是像多数宗教所主张的那样被动地接受宿命。世俗化意味着人们能够清楚地将物质世界从神圣的宗教信仰中区分出来,并以理性的思维来对待这个物质世界。19世纪德国社会学家马克斯·韦伯(Max Weber)对理性化的论述对后世产生了巨大影响,他指出理性的核心是将目标和手段相对接——首先确定一个目标,然后冷静地计算实现这个目标的最佳手段。韦伯指出,官僚制是理性化趋势在政治领域的最典型体现。理想的官僚制以普遍适用的规则对待所有人,其权威的分布和日常运转丝毫不体现血缘、传统、习俗或个人魅力的影响。这些规则的采用不是由于历史的传承或宗教的授权,而是因为它们是实现某种目标的最合理手段。

鉴于官僚制理论是韦伯对现代社会特征分析的核心成果,这里不妨做更详细的介绍。韦伯认为,现代官僚制是伴随着资本主义生产方式的发展,特别是大规模企业单位而出现的,它是西方社会理性化的重要成果。官僚制不仅仅是一种政府行政机构的组织形式,而是社会上一切基于理性计算、追求其效用函数最大化的组织都会倾向于采纳的组织模式。由于官僚制具有权威集中、强调专业技能、细分功能部门、行为具有可预见性等特点,它在达成某项目标时所展现出的准确性和高效率是其他社会组织形式所不可及的。此外,官僚制的兴起也体现了现代政治权威的正当性基础的转变。在整个世界经历了理性化、去神秘化和去宗教化的"祛魅"过程后,政治正当性的基础不再是宗教原则和君权神授,而是法理型权威——确信支配者在法律规定之下有发号施令的权利①。现代社会是法理型统治模式,而理性官僚制是法理型最纯粹、最有效的形式。

韦伯不仅概括了官僚制的总体精神风貌,而且列举了它的六个具体操作原则。这些原则为我们衡量一个组织在多大程度上实现了官僚化提供了标准。这六个原则包括:(1)官员的权限由法律或法规明确规定;(2)官僚制是一个严格的等级体系,指挥链里的下级受到上级的明确监督;(3)业务管理以成文文件和档案制度为基础;(4)官僚体系内的任命和升迁根据培训、专业知识和行政能力等客观标准;(5)现代官僚是全职型的,公事占据了官僚全部的工作时间;(6)对官僚系统的管理遵循普遍性的规则,这些规则是稳定的、详尽的,且可以通过学习被掌握②。

现代化理论继承了韦伯关于理性化的观点,认为传统社会如果无法实现社会结构和价值的世俗化、理性化,学会计算达成某一目标的手段,那么它必然成为现代化的绊脚石。比如,一些传统社会被指摘无法理解人口过度膨胀带来的社会问题,因此未能及时采取控制生育增长的措施。再如,一些传统社会中的精英过分看重与政府和法律相关的职位,以至于宁愿锲而不舍地参加国家组织的公职人员考试,老死于经史之中,也不愿意从事能够更快改变自身物质条件的职业。这种感知问题和解决问题之能力的缺乏,被认为是走向现代社会过程中必须克服的障碍。现代化意味着接受人的主观能动性,相信人能通过先确定目标、再寻求合理方案的方式改良世界。

今天我们所称的现代化理论,主要是指盛行于20世纪五六十年代的社会科学领域,致力于描述传统社会向现代社会转型的一套理论体系。传统

---

① 韦伯认为,任何一种组织都是以某种形式的权威为基础的,人类历史上主要出现过三种权威类型。第一种类型是"传统型权威(traditional authority)",在这种统治形式下,权威的正当性来自确立已久的习俗和传统,一些由前人创立的习俗、价值、信仰等被公众普遍接受,成为不容置疑的规则。第二种类型是"克里斯玛型权威(charismatic authority)",这种权威的基础是个体的人格力量,也就是统治者的超凡魅力。第三种类型是"法理型权威(legal-rational authority)",它来自界定清晰的一套法律规则,这些规则制约着公共权力和公职人员的行为,是大多数现代国家运用的典型权威运作形态。
② 参见 Max Weber, *Economy and Society: An Outline of Interpretive Sociology*, University of California Press, 1978, pp.956-995;唐爱军:《马克斯·韦伯的现代性理论研究》,上海三联书店2015年版。

与现代社会的二元划分是现代化理论的出发点,在此基础上,一批知名学者从不同角度论述了现代社会的特征以及传统向现代转化的过程。现代化理论的核心成果主要体现在以下几个密切联系的方面:结构功能主义范式,政治文化,社会结构的变迁和经济发展。

二、现代化理论的核心成果

(一) 结构功能主义范式

现代化理论的奠基人之一、哈佛大学的社会学家帕森斯所阐述的结构功能主义范式为现代化的跨国比较研究提供了一个重要框架。虽然从逻辑上看,现代化理论的观点似乎可以脱离结构功能主义而存在,但这两者的紧密联系的确是思想史上的客观事实。因此,了解结构功能主义的基本观点对于品读政治发展理论的早期著作是必不可少的。结构功能主义受生物学的影响,将社会整体看作一个类似于有机体的存在。正如有机组织的各部分都对其维持发挥不同功能一样,政治体系的各组成部分也为体系的正常运转贡献着不同功能。这些组成部分是互相依赖的,当一些部分发生了变化,整个有机体都会受到影响。此时,政治体系必须用某种机制来调节这一变化,以保证体系重新归于均衡状态。

结构功能主义认为,任何一个社会的正常运转都依赖于一系列的核心功能(function),发挥这些功能的基本单位是"结构(structure)"。所谓结构,指的是由一群扮演不同角色的个体组成的特定集合,比如家庭就是一个结构,内部包含了家长、女主人、仆役和子女等各式角色。在政治层面,社会需要履行的核心功能包括社会利益的表达和整合,规则的制定和实施,对社会成员的政治教育以及官员的募集等。这些功能被认为是所有政治系统的共同需要,于是研究发展的学者便可以用统一的理论框架来比较不同国家的政治系统(详见图 2-1)。结构功能主义是现代化理论用来理解和诠释发展中国家政治的重要工具,这些国家虽然也陆续建立起了政党、议会和行政机关之类的政治机构,但关键的政治功能却是通过其他社会结构(宗族、酋长部落或土豪乡绅)来完成的。比较政治的任务是辨认出不同社会中哪些结

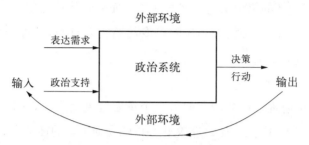

图 2-1 结构功能主义视角下的政治体系

注：在结构功能主义看来，政治可以被看作一个与外部环境不断互动的系统。外部环境包括普通民众、社会组织、国际因素等政治系统之外的状况和条件。环境对政治系统的影响叫"输入"，它包括个人或团体所提出的需求，以及通过遵守规则、纳税等方式表达的政治支持。政治系统为了维持自身的生存与发展，必须对压力作出回应。需求和支持输入政治系统后，经过转换过程成为政治系统的输出，包括政府的各项决策和行动。输出反馈于外部环境，从而形成新的输入，如此不断循环反复。

资料来源：David Easton, *A Systems Analysis of Political Life*, John Wiley, 1965。

构在履行着各种政治功能。正如阿尔蒙德所比喻的那样：

> 创建不同类别来比较不同政治系统的转换过程，恰似比较解剖学和生理学所要解决的问题。单细胞生物的解剖结构显然与脊椎动物差异巨大，但在脊椎动物中由专门的神经系统和肠胃消化道来发挥的功能，在变形虫①中则是由细胞的间歇适应活动来完成的。②

当然，结构功能主义的主要目标不是为描述传统社会的政治提供一个新模型，而是理解传统社会在殖民主义、民族解放运动和革命等力量的作用下如何向现代社会转变。结构功能主义和现代化理论在解释这个转变的过程中相互借鉴和融合。传统社会中的结构一般是多功能的、内部组织简单的，这些结构在现代化过程中逐渐演变成了专业化、差异化和内部组织复杂的政治结构。比如，中国古代社会中的县衙是一种典型的传统政治结构，"县太爷"是一个集日常行政、教化百姓、规则制定、纠纷仲裁等功能于一身

---

① 变形虫是一种极小的单细胞生物。
② Gabriel A. Almond, "A Developmental Approach to Political Systems", *World Politics*, 1965, 17(2), p.195.

的职位,县衙内部的组织架构也相对简单。而在现代社会中,以上功能分别由政府机关、学校、立法机关和法院等专门结构来行使,且每个结构内部的分工合作也日益复杂。

(二) 政治文化

传统社会向现代社会转变的另一个重要维度是文化,这就引出了现代化理论的第二个重要主题:政治文化。以帕森斯为首的社会学家认为,文化转变主要涉及人们如何去感知他们身边接触到的各种人群。传统社会中人们彼此的感知深受他们之间特殊关系的影响。当甲要对乙作出某种评价时,其评价标准不可能脱离两者之间的亲缘、血缘或其他社会关系。相反,现代社会中人们可以用普遍的标准评价他人,这种标准与人们彼此间的社会关系或被评价者的社会地位无关。帕森斯将这两种评价方式分别称为"特殊主义(particularism)"和"普遍主义(universalism)"。再进一步讲,传统社会中人们会因为彼此的某种身份、地位就默认对方具有某些特质,这些特质是不需要也不应该经受客观检验的。一名德高望重的长者被理所当然地认为具有超人的智慧,人们不可能设计一份试卷去考验长者的能力。而在现代社会,人们必须展现出某种抽象的素质才会赢得尊重和认同,这种认同是基于客观标准,与被评价人是否是长者、老师或来自名门望族无关[①]。

在现代社会中,政治生活逐渐被置于世俗化和理性化的影响之下。社会利益表达机制臻于完善,政府感知、分析和解决问题的能力也得到加强。对社会成员而言,普遍主义的评价方式取代了特殊主义,人们不再承认某些阶层天然地具有掌握权力的资格,政治平等和全民参政的观念开始深入人心。以白鲁恂为代表的文化研究者指出,现代化伴随着一种"世界文化(world culture)"的扩散,这种文化势必和地方上、狭隘的文化传统发生碰撞。政治发展的一大课题是如何处理这两种文化的碰撞,最终使得人们将效忠的对象从前现代的村庄、部落、族群或宗教组织转移到现代民族国家,

---

① Brian C. Smith, *Understanding Third World Politics: Theories of Political Change and Development*, Indiana University Press, 2003, p.48.

让后者取代前者成为正当的政治实体①。不过颇具讽刺意味的是,这种将现代化与西欧式的民族国家划等号的观念,本身就具有时空上的局限性。为什么理性化就意味着民族国家的正当性要高于其他的政治组织形式?如果答案是民族国家能够更有效率地管理各种社会问题,那么当这些问题的波及面逐渐国际化、需要跨国机构进行协调解决时,那么理性化和现代性是否就意味着民族国家应该被"世界政府"所取代?对民族国家理所当然的认同,使得20世纪五六十年代的比较政治学者还来不及思考上述问题。

政治结构差异化和政治观念理性化,都有助于政治体系自身"能力"的加强,而这些能力是体系适应外部环境变化的重要条件。从某种意义上说,政治体系能力的增强是政治发展的中心内容,它意味着政府能够更有效地从社会中汲取资源、管理社会问题、分配社会财富、赋予政治体系合法性,以及回应社会需求②。近代以来欧洲国家对外部世界的殖民和征服,不仅仅是依靠先进的工业和军事技术,更是因为这些国家政治体系的一系列能力远超传统的帝国、王国或部落联盟。在殖民地获得独立之后,这些政治能力当然地被认为是新兴国家政治发展的题中应有之义。

(三)社会结构的变迁

论述现代化进程的第三个角度是关注社会结构的变迁过程,其中最有影响力的是卡尔·多伊奇(Karl Deutsch)提出的"社会动员(social mobilization)"的概念。社会动员指的是人们在价值观、态度和行为方式等方面与传统社会分道扬镳的过程。为了能够客观地测量社会动员的推进程度,多伊奇提出了一系列可供量化的指标,包括有多大比例的人口开始接触现代机器和生产技术、大众传媒的普及程度、人口居住地点的改变、城市化率提升、从农业生产向非农经济的转变、识字率的提高、收入的增加等。多伊奇指出,社会动员使得可能参与政治的人群大大增加,给政治制度和政治实践的转型

---

① Janeen Klinger, "A Sympathetic Appraisal of Cold War Modernization Theory", *The International History Review*, 2017, 39(4), p.702.
② Gabriel A. Almond, "A Developmental Approach to Political Systems", *World Politics*, 1965, 17(2), pp.198-201.

带来巨大的压力。一方面,识字率和受教育程度的提升让更多的人有能力关心和理解全国层面的政治;另一方面,社会动员使得人们对政府公共服务的需求提升了。政府开始成立各种专门机构来提供教育、就业、社会保障、医疗保险等公共服务,官僚组织逐渐取代了部落和宗教机构的社会角色。这也意味着,一旦这些公共服务的提供出现问题,民众比过去更有可能直接向政府表达自己的不满和诉求。此外,政治精英的招募方式,以及他们和社会团体交流的方式也必须发生改变。传统的政治组织形式逐渐被政党或其他政治运动所取代,政治人物必须擅长使用大众传媒、培养自己在公众面前演讲的技巧、学会动员民众的技能。一旦与被动员的社会团体相脱离,政治人物就将面临被边缘化的危险。

(四)经济发展

现代化理论第四个方面的成果涉及发展中国家的经济发展,代表性著作是沃尔特·罗斯托(Walt Rostow)的《经济发展阶段:非共产党宣言》[①]。在这部极具影响力的著作中,罗斯托将经济增长分为五个阶段:传统社会、起飞的准备阶段、经济起飞、走向成熟阶段和高阶段消费社会(如图 2-2 所示)。在传统社会中,农业居于首要地位,生产技术水平低下,经济增长缺乏规模且无法自我持续。在第二个阶段,传统社会开始为经济起飞做准备,这种起飞需要满足三个条件:生产性投资率的提高,经济中出现一个或几个具有很高增长率的领先部门,以及能够刺激这些部门继续扩张的政治、社会和制度环境。在新兴国家现代化过程中,从准备阶段到起飞阶段的过渡无疑是最为重要的。同时,罗斯托并不是一个经济决定论者,包括文化观念在内的诸多社会因素都对经济起飞有促进作用。比如,经济增长有赖于出现一个新的经济精英阶层,他们能够将利润用于生产性再投资,而不是像旧的土地贵族那样沉醉于奢侈品的消费。

罗斯托的经济现代化理论对于美国政策的影响是最为直接的。对政策制定者来说,通过经济手段来左右新兴国家的发展,显然要比改造它们的文

---

① Walt W. Rostow, *The Stages of Economic Growth: A Non-Communist Manifesto*, Cambridge University Press, 1960.

化和社会心理容易得多。也正是由于经济发展阶段论深深卷入了实际政策辩论中,它成了现代化理论中最受争议的部分。在递交给国会的资政文件中,罗斯托建议美国将对外援助分配给那些刚刚脱离准备阶段、进入经济起飞阶段的国家。罗斯托曾担任约翰逊政府的国家安全顾问,他的经济发展理论直接指导了美国20世纪60年代对越南的政策。罗斯托认为,越共的游击战严重阻碍了南越经济向起飞阶段的过渡,因此美国必须竭尽一切军事和外交手段阻止越共对南越的渗透。他始终支持这场令美国遭受重大挫败的战争,这使得整个现代化理论的声誉受到很大的负面影响①。

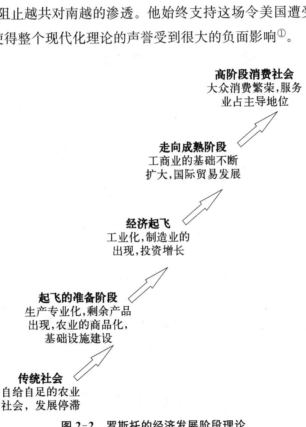

图 2-2　罗斯托的经济发展阶段理论

资料来源:笔者根据罗斯托的作品制作。参见 Walt W. Rostow, *The Stages of Economic Growth: A Non-Communist Manifesto*, Cambridge University Press, 1960。

---

① Janeen Klinger, "A Sympathetic Appraisal of Cold War Modernization Theory", *The International History Review*, 2017, 39(4), p.709.

总而言之,流行于20世纪五六十年代的现代化理论认为,传统社会的价值观和组织形态是欠发达的根源和发展的阻碍。发展中国家必须克服传统的价值规范和社会结构,社会中的创新者必须采纳新的思想、技术、价值和组织形态。现代社会的理想形态取材于当时西方的发达国家,欧美国家的发展历史被视作发展中国家必须经历的过程,只不过后发国家要在更短的时间内完成现代化进程。发达国家的发展动力主要来自内部,而发展中国家则需要在发达国家的援助和推动下走向现代化。

这里必须指出的是,随着20世纪70年代末第三波民主化浪潮的兴起,人们对于现代化理论核心观点的感知也发生了变化,经济发展导致民主化这一主题开始被视为现代化理论的金字招牌。然而,经典现代化理论并没有将建立民主政体作为特别的分析重点,理论关注的是进入现代化社会在人格心理、社会关系、政治文化和经济结构等方面所需要经历的全面转变。当然,现代化所对应的政治是能够吸纳更多大众参与,允许社会不同集团表达观点、相互竞争的政治,但政治现代化的重点在于世俗化、理性化和结构的差异化,民主化只是这一过程的自然衍生物。实际上,忌惮于共产主义意识形态在各国下层民众中的号召力,战后西方政治学家开始提倡一种保守的、精英主义的程序型民主,而对于大众政治参与的推进则多有顾忌(本书第四章将详细讨论这一点)[1]。遗憾的是,后世对现代化理论的认识有简单化和庸俗化的倾向,这一理论被认为是关于"经济发展导致社会和文化变迁,进而改变公民的政治行为,并最终促成民主政府"[2]的理论。这种倾向是我们研读思想史时应当警惕的。

第三节 对现代化理论的批评

进入20世纪70年代中期以后,现代化理论与世界政治发展趋势之间的

---

[1] Nils Gilman, *Mandarins of the Future: Modernization Theory in Cold War America*, John Hopkins University Press, 2007, pp.47-56.
[2] John T. Ishiyama and Marijke Breuning, eds., *21st Century Political Science: A Reference Handbook*, Sage, 2010, p.82.

矛盾使得理论遭遇了激烈的批评,这一范式也逐渐淡出了学术讨论的主流。孕育现代化理论的科研学术机构陆续经历了人去茶凉的变化:比较政治委员会于1973年解散;哈佛大学的社会关系系于1974年分解成了社会学、心理学和人类学三个系;只有麻省理工大学的国际研究中心一直存在至今,但70年代以后也放弃了政治发展的研究,改为侧重于核扩散一类的国际战略问题[1]。对现代化理论的批评大致可根据批判者的学术背景分为三类:现代化理论家的自我批评;强调政治制度建设的保守派学者;受马克思主义影响的学者。

一、现代化理论学者的自我批评

第一类较为温和的批评来自意识形态和认识论上与现代化理论较为接近的学者,他们开始反思传统和现代二元对立的基本假设。在这种假设的驱使下,学者们倾向于将一切阻碍发展的元素都视作是传统的、狭隘的和非理性的。然而,发展中国家人们的一些做法虽然不利于社会发展,但却是针对某种具体激励机制的理性反应。比如,有些农村中的贫困家庭拒绝政府的生育控制政策,并不是他们缺乏什么现代价值观,而是由于基本生存需要更多的劳动力。再比如,族群冲突一般被看作原始部落忠诚与现代民族主义理念之间的矛盾,但实际驱使人们参与到这些冲突中的可能是经济剥削和争夺稀缺资源一类的理性考量[2]。此外,对原殖民地的细致观察,让一些学者意识到传统文化并不像现代化理论描述的那样如一潭死水,充满了愚昧和狭隘性。传统不是一成不变的,某些传统文化观念和社会结构甚至可能为现代化奠定基础。中国历史上源远流长的"溥天之下,莫非王土;率土之滨,莫非王臣"的观念,不正是有利于构建现代统一民族国家吗?现代性的出现并不必然取代传统,恰恰相反,现代教育和传播手段可能引发人们重新去"发现"和诠释传统文化[3]。

---

[1] Nils Gilman, *Mandarins of the Future: Modernization Theory in Cold War America*, John Hopkins University Press, 2007, p.217.
[2] Brian C. Smith, *Understanding Third World Politics: Theories of Political Change and Development*, Indiana University Press, 2003, pp.59-60.
[3] Lloyd I. Rudolph and Susanne H. Rudolph, *The Modernity of Tradition: Political Development in India*, Orient Longman, 1967.

批评者还指出,将20世纪50年代的美国看作历史进步的终点站是荒谬的,它反映了部分人对美国社会过于乐观的乌托邦式认识①。随着20世纪六七十年代美国国内种族和阶级矛盾的加深,抗议和骚乱事件频发,学者们对自由民主制度的信心也遭遇了挫败。而且,如果仔细推敲发达国家中的各种实践,不难发现那里盛行的价值观也未必多么"现代"。美国大学招生制度中充斥着"特殊主义"的社会关系,这一点只需看看推荐信和校友捐款在录取决定中的影响便可知晓。中国古代的科举取士和当代美国大学录取体制相比,哪一个更有"普遍主义"的现代性尚未可知。在比较政治委员会编撰的"政治发展研究"丛书的最后几卷中,参与者越来越表现出对现代化范式的不满。著名社会学家查尔斯·蒂利(Charles Tilly)认为,这一范式最大的问题在于将单个国家作为分析单位,却忽略了世界市场结构、经济帝国主义和国际体系对国内发展的影响②。

二、来自保守主义学者的批评

第二类批评来自政治观点趋于保守的知识分子,他们重视传统习俗的适应性演化,强调秩序和稳定,对政府主导的社会改革深表怀疑。保守主义者猛烈抨击试图以经济援助帮助第三世界国家实现现代化的做法,恰如他们批评美国政府在国内建立福利国家的尝试。除了政策层面的反对意见以外,保守主义者对现代化理论系统性的批判主要来自亨廷顿的一系列著作。亨廷顿于1951年从哈佛大学获政治学博士学位,此后在哈佛任教直到去世,是20世纪最具有影响力的政治学家之一。亨廷顿对现代化理论的批判集中在社会经济发展与政治稳定的关系上。

现代化理论总体上认为,经济、社会和政治的现代化是一个统一过程的

---

① Joseph R. Gusfield, "Tradition and Modernity: Misplaced Polarities in the Study of Social Change", *American Journal of Sociology*, 1967, 72(4), pp.351-362; Dean C. Tipps, "Modernization Theory and The Comparative Study of National Societies: A Critical Perspective", *Comparative Studies in Society and History*, 1973, 15(2), pp.199-226.
② Charles Tilly and Gabriel Ardant, eds., *The Formation of National States in Western Europe*, Princeton University Press, 1975.

不同面向,政治的现代化应当是文化变迁和经济发展的自然延伸。由于这一假设的存在,现代化理论家对于刻意的政治秩序维持和制度建设着墨不多。亨廷顿集中攻击了这一假设,他指出第三世界中社会经济发展是广泛存在的,但这绝不意味着政治现代化的如期而至。实际上,政治制度建设落后于经济发展和社会动员,这是发展中国家的普遍现象,也是政治不稳定的根源。正如经济学家曼瑟·奥尔森(Mancur Olson)在一篇论文中指出的那样,在落后国家中收入增长的速度往往和政治不稳定成正比[1]。亨廷顿指出,快速的社会动员[2]增加了人们对生活的期望值,特别是随着受教育水平的增加,他们对就业、工作待遇、自我表达等的需求也成比例上升。当这些期望无法得到满足时,他们参与政治的热情迅速提高。一旦政治体制无法很好地疏导这些参与热情,政治上的不稳定甚至暴力行为随之增加。

亨廷顿辩证地分析了经济发展和人均收入提升对于政治稳定的影响。一方面,经济发展能够增加就业机会和阶层之间的流动性,对于缓解民众的不满情绪是至关重要的。另一方面,经济发展可能通过不同途径破坏政治稳定:它使得传统的社会组织形式(如大家庭、部落等)走向瓦解,其中的成员开始背井离乡,失去了过去的身份依托,容易在大城市生活中产生疏离感;它导致暴发户阶层的出现,这些"新贵族"迫切要求获得与其经济地位相称的政治权力,势必对现有的政治架构形成挑战;它增大收入分配的不平等,导致下层阶级对现存体制的怨恨;识字率和受教育水平的提升,加之大众传媒的普及,使得民众的社会期望值迅速蹿升。

从亨廷顿的以上观点可以看出,他赞同现代化理论关于人们在态度、价值观和期望值等方面经历的一系列变化。亨廷顿的独到见解在于,社会经济发展和政治发展是两个不同的目标,前者未必能促成后者。必须有一批掌握高度政治技能的人去推动政治制度的建设,让政治发展足以应付现代化过程所带来的种种复杂问题。亨廷顿用"制度化(institutionalization)"的

---

[1] Mancur Olson, "Rapid Growth as a Destabilizing Force", *The Journal of Economic History*, 1963, 23(4), pp.529-552.
[2] 参见上文对多伊奇观点的介绍。

概念来概括政治发展的目标,并将其定义为"政治组织和政治程序获取价值和稳定性的过程"①。高度制度化的政治体制是具有适应性(能够应对环境的变化、调整自身目标)、复杂性(内部功能差异化和专业化、组织目标多元化)、自主性(独立于社会团体、有稳定的程序来减少暴力的使用、控制金钱的影响力)和凝聚力(团结、士气和组织纪律性)的。当高度发达的政治制度能够调解社会集团之间的冲突、疏导政治参与的需求时,政治稳定就实现了。

亨廷顿明确拒绝了西方民主体制是政治现代化的唯一形式。在《变化社会中的政治秩序》一书中,他开宗明义地指出:"国家之间在政治方面最大的区别不是政府的形式,而是政府的程度。"②该书对以苏联共产党为代表的列宁式政党不吝溢美之词,认为共产党国家的政治制度为发展中国家组织大众参政和建立政治秩序提供了一个极为有效的模板。亨廷顿不无嘲讽地评论道,正当美国政府忙于为第三世界国家提供经济援助时,共产党的政治组织方法早已在全世界赢得了大量拥趸。他的学术观点有着明确的政策启示:美国在第三世界的首要目标既不是促进经济发展,也不是推进政治民主化,而是鼓励能够建立具有稳定的政治秩序,且能抑制共产主义影响的亲美政府。保守主义者的这一观点为冷战时期美国政府支持包括军人政权在内的各式威权政府提供了理论依据。

三、来自依附理论的批评

对现代化理论的第三类批评来自受马克思主义影响的学者,他们在研究第三世界国家的发展问题时提出了一套与现代化理论大异其趣的理论——依附理论。该理论最初起源于20世纪40年代联合国拉丁美洲经济委员会(Economic Commission for Latin America)内一些经济学家对拉美发展问题的研究。依附理论家多数来自拉丁美洲,主要以葡萄牙语和西班牙语著书立说,主要研究的对象也是拉美国家。盛行于20世纪六七十年代

---

① Samuel P. Huntington, *Political Order in Changing Societies*, Yale University Press, 1968, p.12.
② Ibid., p.1.

的依附理论内部各种流派的分歧差异很大,但我们还是可以勾勒出其基本假设和观点与现代化理论的本质区别。

其一,区别于现代化理论,依附理论认为发展研究的基本分析单位不是民族国家,而是世界经济体系。一国的发展或欠发展只能在欧洲全球扩张、世界经济一体化的大背景下理解。其二,传统与现代的二元对立不是分析发展问题的关键。拉丁美洲国家内部的文化和社会结构不是解释该地区欠发达的关键因素,至多只是影响其他因素起作用的中间变量。发达的资本主义社会属于一个已经被彻底超越的历史阶段,其发展所凭借的特定历史条件已不可能再现,因此无法要求发展中国家沿着类似的路径向现代化前进。发达社会的"模式"不应成为后发国家争取实现的目标。拉美的不发达不是先于资本主义的一个落后阶段,而是资本主义的一个后果。

依附理论认为,发达和欠发达是同一个历史进程的两个维度,这两方面的发生是同时进行的,也是彼此制约的。理论将世界分为中心(center)国家和边缘(periphery)国家,前者的发展是一个内生的过程,后者的发展则是被动的、反应式的。边缘国家受到世界体系的制约,必须被动地适应中心国家扩张的需求。"依附是这样一种状况,即一些国家的经济受制于它所依附的另一国经济的发展和扩张……结果某些国家(统治国)能够扩展和加强自己,而另外一些国家(依附国)的扩展和自身的加强则仅是前者扩展……的反映……依附状态导致依附国处于落后和受统治国剥削这样一种局面。"[①] 由于经济问题的根本重要性,经济上的依附导致边缘国家在政治、社会等领域全面丧失主导权[②]。

依附状态的形成可以追溯到16世纪资本主义在全球的经济扩张。这一时期,中心国家专注于生产工业品,而边缘国家则负责提供农产品、矿石等初级产品。与国际贸易中的比较优势理论不同,依附理论认为贸易分工并没有导致中心和边缘的双赢局面,核心的繁荣发展是建立在边缘的停滞落

---

① [巴西]特奥托尼奥·多斯桑托斯:《帝国主义与依附》,杨衍永等译,社会科学文献出版社1999年版,第302页。
② 燕继荣:《发展政治学:政治发展研究的概念与理论》,北京大学出版社2006年版,第87页。

后的基础上的。与此同时,核心和边缘的关系对于国家内部的社会和政治结构也产生了深远的影响。"从原则上讲,'外部'统治是无法实现的。外部统治只有得到当地国家内部一些从外部统治中获益的阶层的支持才能实现。"①在依附国家中存在这样一个主导阶层,他们是大庄园主或矿山所有者,获益于现存的国际经济体系,但他们的财富积累却不利于依附国家的长远和总体发展。这个主导阶层并不缺乏理性计算和企业家精神,他们倾向于维护现存的依附状态。这一事实被用来驳斥现代化理论的观点:依附国的落后不是由于传统价值观导致理性的缺失,而恰恰是因为这个主导阶层十分理性!

中心国家与边缘(拉美)国家的政治经济关系在几个历史时期呈现出不同特点。根据特奥托尼奥·多斯桑托斯(Theotonio dos Santos)的分析,依附形态大致经历了三个阶段②。第一个阶段为"殖民地商业-出口依附",时间大约从16世纪到19世纪初拉美各国独立为止。这一时期,在重商主义思想的指导下,西班牙建立起了殖民地和宗主国之间的贸易垄断制度,禁止外国商人参与西属美洲的贸易,严禁将非西班牙产品直接运进西属美洲。拉美在经济上只是宗主国的附庸,殖民地为母国提供必要的矿产品和其他原料,不能根据自己的需要发展经济和开发资源。拉美国家形成了依赖于出口的单一产品生产结构。据统计,在300多年的殖民地时期,总计约有259万公斤的黄金和1亿公斤的白银被输入宗主国③。出口所获收入主要用于购买奴隶以及庄园主和矿山主的奢侈消费,而劳动力受到的剥削则限制了他们的消费能力。殖民经济的另一个遗产是形成了大庄园制度。大庄园内部等级森严,成为一个自成一体的独立社会,其中有商店、教堂、学校、医院等配套设施,有的甚至拥有私人武装和监狱。到了19世纪后,大庄园成为考迪罗制度的温床,为拉美寡头政治奠定了社会基础。依附形态的第二个阶段是

---

① [巴西]特奥托尼奥·多斯桑托斯:《帝国主义与依附》,杨衍永等译,社会科学文献出版社1999年版,第307页。
② 同上书,第309—310页。
③ 韩琦:《论拉丁美洲殖民制度的遗产》,《历史研究》2000年第6期,第128页。

"金融-工业依附",它在19世纪末得以巩固,其特点是大资本在中心国家占据主导地位并向外扩张,对边缘国家的工业原料和农产品部门进行投资,以此满足中心国家的消费需求。拉美各国独立后,英国、法国、德国等欧洲国家加速了对拉美国家的资本输出,拉美则形成了依赖出口经济的生产结构。第三个阶段是"技术-工业依附",这是二战结束后获得巩固的一种依附形态,基本特点是跨国公司对拉美国家的"技术-工业统治"。具体来说,20世纪二三十年代的大萧条和两次世界大战导致欧洲对从拉美进口的需求大幅度减少,拉美国家于是开始发展"替代进口"的战略,其目标是:改变出口单一作物、进口工业品的生产模式;通过支持民族工业,建立"内向型"发展的机制;国家完成各项基础设施工程;削弱大庄园主、矿山主等从事出口的寡头集团,让权力在国内重新分配;建立大众消费社会,强化中产阶级力量,巩固民主制度。

根据依附理论的观点,进口替代战略虽然给墨西哥、巴西和阿根廷等国家带来了工业化和经济增长,但这一战略很快遇到了瓶颈[1]。一方面,拉美的工业发展需要从发达国家进口大量机器和半加工的原料,并且对外来投资和技术引进具有较高的依赖性,这导致拉美国家过去积累的外汇消耗殆尽,外债不断扩大。落后国家为了获得购买机器和原材料的资本,不得不通过对外出口赚取外汇,出口产品受制于世界价格的波动,而世界市场上的价格又是由中心国家控制的。另一方面,工业化过程加深了掌握着资本和技术的跨国公司对拉美经济的渗透和控制[2]。依附理论家对于引入外资发展经济的做法持批判的态度,认为这些跨国企业享受到了各种优惠政策,但其产生的利润却未能真正惠及拉美国家的经济。由于新建立的工业多以资本和技术密集型为主,使用的劳动力较少,因此未能创造出足够的就业机会,从农村涌

---

[1] J. Samuel Valenzuela and Arturo Valenzuela, "Modernization and Dependency: Alternative Perspectives in The Study of Latin American Underdevelopment", *Comparative Politics*, 1978, 10(4), pp.548-549.
[2] 关于跨国公司、国家和当地资产阶级在依附性发展中的关系和作用,参见 Peter B. Evans, *Dependent Development: The Alliance of Multinational, State, and Local Capital in Brazil*, Princeton University Press, 1979.

入城市的大量人口最终导致了贫民窟的泛滥。总之,跨国公司攫取利益的过程,也是边缘国家走向更加不平等和更加依附的过程。

综上所述,依附理论批评了现代化理论以民族国家为分析单位的做法,并且抛弃了传统—现代二元对立的假设。它强调必须从中心国家对边缘国家的剥削机制出发来理解后者的欠发达状态,并且分析了历史不同阶段中心国家控制策略的转变。不过需要指出,依附理论自身也存在一些严重缺陷。从研究方法上看,依附理论的学者们带有较强的意识形态色彩,近乎排除了和其他学派进行学术探讨的可能性。他们普遍不愿意接受主流社会科学的研究规范,认为实证主义的假设—求证方法根本不适合依附理论的探讨。更重要的是,依附理论将所有的不发达问题都归因于资本主义世界经济体系,却忽视了边缘国家的主观能动性,排除了他们通过参与到这个体系之中实现自身发展的可能性。事实上,面对资本主义体系的扩张,后发国家的反应是有很大差异的,有不少"边缘国家"在强有力的政府引领之下成功实现了现代化[1]。按照依附理论,新加坡、中国香港地区、中国台湾地区和韩国等国家和地区严重依赖发达国家,是不大可能实现经济大发展的,然而20世纪60年代以来,这些经济体通过发展出口导向型产业和利用发达国家的资金技术,创造了举世瞩目的经济成就[2]。中国改革开放以来的历史经验也说明了后发国家融入世界经济,从中汲取养分的可能性。在大量理论和现实的冲击下,依附理论自20世纪80年代以来逐渐淡出主流的学术讨论,也就不足为奇了。

---

[1] Tony Smith, "The Underdevelopment of Development Literature: The Case of Dependency Theory", *World Politics*, 1979, 31(2), pp.247-288.
[2] 燕继荣:《发展政治学:政治发展研究的概念与理论》,北京大学出版社 2006 年版,第 105 页。

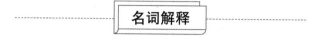

现代化理论、结构功能主义、社会动员、政治制度化、依附理论

1. 现代化理论兴起于美国社会科学界的国内外背景是什么？

2. 现代化理论对于传统和现代的二元划分，是否是一个有益于分析发展中国家政治的出发点？

3. 当代对发展中国家的研究，是否还在某些方面受到了现代化理论的影响？

第三章
现代国家建构

本章导读

政治学的核心研究问题是权力的使用,而国家往往是权力使用最为频繁、后果最为深远的社会活动领域。国家权力的性质、边界和效能是政治研究中不能忽略的问题。现代国家是最近四五个世纪出现的一种全新的政治实体,有着一系列传统政体不具备的独特属性,它首先在西欧出现,并随着帝国主义和殖民主义的全球扩张被传播到其他地区。本章第一节将讨论现代国家的定义,国家的起源,以及战后社会科学对国家研究的演变过程。第二节回顾现代国家在西欧的形成过程,以及推动国家建构的历史因素。第三节梳理二战之后发展中国家的国家建构,重点分析历史条件差异的若干重要方面,并讨论这些关键性区别如何影响了发展中国家的国家结构和国家能力。

第一节 政治发展视角下的国家

一、现代国家的定义

政治的本质是权力的运用及其造成的后果,这里的权力指的是达到所期望的结果的能力,特别是克服他人的反对以达到某种结果的能力①。权力的运用充满生活中的每一个角落,政治也因此存在于社会活动的所有层次②。不过,政治学者一般聚焦于权力的运用产生最广泛后果的社会活动领域,其中最重要的领域之一就是国家。若要理解发展中国家的政治,就绕不开国家的形成、组织形式和权力运用等一系列重要问题。在讨论这些问题之前,必须首先指出,政治学使用的国家概念与日常汉语所使用的国家概念之间的差异。简而言之,日常汉语中的国家是一定范围领土内人口和政府的总称,其隐含的侧重点是共同体性质以及领土的范围局限性。与之相比,政治学中的国家(state)强调的是政权机构对暴力的排他性使用,其侧重点在于政权的强力机关。举例而言,当晚清重臣林则徐在诗中写道"苟利国家生死以"时,他想到的是由全体大清子民组成的政治共同体,而不是帝国的暴力专政机构。而在威尔·史密斯(Will Smith)主演的著名影片《国家的敌人》(*Enemy of the State*)中,国家指的恰恰是阴谋扩大监视民众隐私的美国国安局。可以说,这部电影是在政治学的意义上使用国家一词。有趣的是,该片片名被一些人译为《全民公敌》,可见译者并不理解"state"在政治学中强调暴力专政机构的含义。

当前学术讨论中使用国家一词,一般特指的是现代国家,这是一个具有鲜明时空特征的概念。具体说来,现代国家是欧洲从约16世纪至20世纪上半叶逐渐形成的一种政治组织形式,这种政治形态通过殖民扩张被传播到世界其他地区。19世纪的许多学者已经敏锐地觉察到现代国家区别于其他政治形态的特征,而马克斯·韦伯在这方面的论述是影响最为深远的。在一篇论文中,韦伯将国家定义为"在一个特定领土范围内垄断了暴力的正当使用的人类组织"③。在这个定义中,韦伯突出了国家的三个要素。第一,国家是具有固定领土的,其疆界应该是大致稳定的。第二,国家区别于其他组织的特性是对暴力的掌控。国家之所以能对领土内的人民发号施令,达成

---

① 对于政治学中权力概念的不同理解,参见 Steven Lukes, *Power: A Radical View*, Palgrave MacMillan, 1974。
② [英]安德鲁·海伍德:《政治学》(第三版),张立鹏译,中国人民大学出版社2013年版,第11页。
③ Max Weber, "Politics as a Vocation", in Hans H. Gerth and C. Wright Mills, eds., *From Max Weber: Essays in Sociology*, Oxford University Press, 1958, p.78.

自身目的，根本上是凭借使用或威胁使用暴力。第三，韦伯当然认识到，现实中没有任何一个国家能够完全垄断暴力的使用，犯罪分子、黑社会和叛军都有可能掌握一定程度的暴力。然而在韦伯看来，国家之所以能成为国家，是由于其垄断了暴力的正当性（legitimacy）[①]，其他一切个人或组织使用的暴力都是非正当的。也就是说，国家对暴力的运用是得到至少大多数国民认可和接受的，此外一切形式的暴力都不具有这样的认受性。

韦伯这一论断在后世影响极大，但同时也遭遇到许多质疑。从社会科学方法上看，一个政权使用的暴力能得到多少国民的认可，应该由经验研究确定，而不是在定义中假设。从政治实践来看，历史上不少政权是依靠血腥镇压而存在的，他们对暴力的使用无论如何也谈不上正当（如伊拉克前总统萨达姆对境内库尔德人使用化学武器）。如果要将这些政治组织都排除在国家的定义之外，显然是不合适的。

有鉴于此，后来的学者们不再将暴力的正当性作为国家的必需条件。比如，著名政治社会学家查尔斯·蒂利认为，现代国家是"相对集权的、差异化的组织，组织中的官员大体上能够在一个较大的、互相毗邻的领土内部控制最重要的、集中性暴力（chief concentrated means of violence）的使用"[②]。蒂利保留了韦伯定义中对领土性和暴力性的强调，所不同的是，蒂利不再赋予国家的暴力运用任何道德上的判断。在一定的领土内，哪一个组织能够客观上控制最主要的集中暴力手段，它便可以被认为是国家。在此基础上，蒂利的定义还涉及现代国家的一些其他特征：权力相对集中于中央政府，即国家的主权性；政府机构的专业性；领土的规模和相互毗邻等。下文介绍现代国家在欧洲的缘起时，我们对于蒂利定义的针对性会有更深的理解。总之，国家最主要的特征是领土性（控制具有一定边界的领土）和暴力性（基本

[①] 英语中的"legitimacy"一词在中文文献中常被译为"合法性"，这实际上是不准确的。"legitimacy"强调的是某种事物得到人们普遍的认可和接受，通常是由于它符合了道德规范，而不是由于遵守了实际存在的法律。因此中国一些地区的学者将其翻译为"认受性"是不无道理的。本书则一律将"legitimacy"译为"正当性"。

[②] Charles Tilly, "War Making and State Making as Organized Crime", in Peter B. Evans, Dietrich Rueschemeyer, and Theda Skocpol, eds., *Bringing the State Back in*, Cambridge University Press, 1985, p.170.

垄断暴力的使用)。我们由此可以这样认为：国家是在一个特定领土范围内通过使用或威胁使用暴力进行统治的实体。

二、国家的起源

关于国家的起源，政治思想史上大致存在两种思考的角度[①]。第一种视角来自社会契约论，它认为在国家出现之前存在一个"自然状态(state of nature)"，该状态中存在着安全困境和协作困难等问题。为了克服这些难题，人们自发地进入一种契约关系，将自然状态下享有的权力转交给了一个中心组织——国家。社会契约论的代表人物包括英国哲学家托马斯·霍布斯(Thomas Hobbes)和约翰·洛克(John Locke)等，他们对于自然状态的性质以及人们脱离自然状态的原因有着不同认识。以霍布斯的自然状态为例，他认为人们最初都生存在一种"安全困境"中，只有不断扩充自己的力量才能免于被他人攻击和掠夺。在这样一种缺乏相互信任的环境中，世界是一场"每个人对每个人的战争"，人们"不断处于暴力死亡的恐惧和危险中，人的生活孤独、贫困、卑污、残忍而短寿"[②]。为了摆脱这种恶劣的生存环境，人们相互订立契约，放弃在自然状态下的所有权利。他们将权利转交给一个客观的、超然的实体，让它来保证社会的和平和安全。一旦订立这一契约，人们必须无条件地服从主权者。换言之，这种契约是单向的，只对被统治者有约束力。霍布斯认为，主权者滥用权力的害处，远比不上内战或无政府状态下的悲惨境遇。洛克修正了霍布斯的观点，认为社会契约同时约束着统治者和被统治者。如果主权者违背了契约，将手中的权力用来鱼肉人民，则人民有发动革命推翻统治者的权利。

解释国家起源的第二种视角将国家看成一个"捕食性"的团体，其本质与有组织的犯罪团伙无异[③]。根据这种观点，国家最初源于人类社会中出现

[①] William R. Clark, Matt Golder, and Sona N. Golder, eds., *Principles of Comparative Politics*, CQ Press, 2017, p.100.
[②] 转引自唐士其：《西方政治思想史》，北京大学出版社2008年版，第198页。
[③] Mancur Olson, *Power and Prosperity: Outgrowing Communist and Capitalist Dictatorships*, Basic Books, 2000, pp.3-24; Charles Tilly, "War Making and State Making as Organized Crime", in Peter B. Evans, Dietrich Rueschemeyer, and Theda Skocpol, eds., *Bringing the State Back in*, Cambridge University Press, 1985, p.170.

的匪帮,他们自己不从事生产,而是专靠暴力抢劫他人的劳动成果为生。如果这个匪帮始终流窜于各地,那么他们会毫无顾忌地烧光抢光。然而,一旦匪帮在某处安定下来,垄断了在该地实施抢劫的行为,那么符合他们利益最大化的行为就不再是抢光居民的所有财产。这样的做法无异于杀鸡取卵,将导致居民放弃一切生产性活动。为了把自己的长期收益最大化,安定下来的犯罪集团会将自己的抢掠定时化、定量化。居民对于抢劫行为有了预期,也就保留了一定的生产积极性,而这种制度化的抢劫就被称作税收。在匪帮从流寇转变为坐寇以后,国家的雏形就出现了,它不仅会将抢夺行为制度化,还会打击其他在境内试图抢劫的集团。此外,国家还会提供修路架桥一类的公共品,目的是为了增加社会的总产出,从而提升自己从社会中攫取资源的总量。根据第二种国家起源的视角,无论统治者给自己的统治提供怎样冠冕堂皇的理由,都无法掩饰国家作为犯罪团伙的本质。查尔斯·蒂利曾略带讽刺地评论道:"许多政府的运作方式与劫匪无异。当然有一个区别:根据一般的定义,劫匪不具备政府的神圣性。"[1]

三、国家能力

在二战后的社会科学领域,研究者们对国家在政治发展中的地位和作用的认识经历了一个变化过程。20世纪五六十年代,现代化理论和结构功能主义范式盛行一时,它们在解释政治现象时都采用了一种以社会为中心的路径。正如第二章中所提到的,现代化的主要动力源于社会,经济模式、社会结构、价值观的转变是发展的原动力,而国家在这一过程中的主观能动性是被忽略的。政治向多元民主体制和功能差异化的过渡被看作社会变迁的衍生结果,而不是引领社会发展的火车头。结构功能主义甚至避而不用"国家"一词,而是代之以"政治体系"的概念。政治体系的功能是将多元的社会利益进行表达和聚合,并最终将社会需求转化为各种政策输出。政治

---

[1] Charles Tilly , "War Making and State Making as Organized Crime", in Peter B. Evans, Dietrich Rueschemeyer, and Theda Skocpol, eds., *Bringing the State Back in*, Cambridge University Press, 1985, p.171.

体系只是社会团体相互竞争的中立平台，它的政策反映的是对各团体利益的调和与妥协，国家自身并没有独特的目标和利益。

随着对发达国家和发展中国家政治过程研究的深入，学者们逐渐发现结构功能主义和多元主义的理论假设与经验事实之间的不符。实证研究揭示，政府领导人经常主导社会发展的方向，他们的政策目标并不反映某一个特定社会群体的需要；具有专业知识技能的政府部门往往在政策制定过程中扮演最重要的角色；发展中国家的政治走向很大程度上取决于政治家构建现代国家的努力。在这些研究的推动下，学者们开始重新思考国家在政治过程中的角色，掀起了一场"重新找回国家"的运动①。与社会中心的路径不同，国家主义的研究出发点是"国家自主性"的概念，即国家可以制定和追求独立于社会团体和阶级利益的目标。可见，国家的能力（state capacity）包含两个方面：制定独立目标的能力和贯彻执行这些目标的能力。在追求这些自主性目标时，国家会遭遇来自社会不同程度的阻力，如果不能克服社会组织、利益集团和阶级的阻力，国家能力将寸步难行。接下来要回答的问题是：如何解释发展中国家之间国家能力的巨大差异？建设强大的国家能力需要哪些条件？有哪些宏观和微观的因素限定了国家能力的实现？

国家在政治发展中的作用不仅限于对自主目标的追求。国家结构和国家行为还可能在无意之中塑造社会。这种影响的范围包括利益集团的形成、利益集团和阶级集体行动的能力、政治文化等。例如，在解释为何有些国家工人阶级能组成强有力的政党，而其他国家工人阶级集体行动能力薄弱时，不能将眼光仅限于工人自身的利益和组织能力；国家的法律结构、央地分权制度、议会和行政机关关系等因素都会制约工人阶级利益表达的空间。再比如，国家政治的运行状况很大程度上决定了政治文化，特别是公民对民族国家的忠诚、对政治制度的认同和对政府的信任。

---

① Theda Skocpol, "Bringing the State Back in", in Peter B. Evans, Dietrich Rueschemeyer, and Theda Skocpol, eds., *Bringing the State Back in*, Cambridge University Press, 1985, p.171.

第二节　现代国家在西欧的形成

一、西欧封建制度

现代国家以及由现代国家所组成的国家体系首先出现在西欧,并随着帝国主义和殖民主义的全球扩张被传播到世界其他地区。要理解非西方地区建构现代国家的努力,首先必须清楚这一政治组织形式在西欧的崛起。现代国家是在欧洲中世纪①的封建秩序中孕育而成的,在大约四五个世纪的漫长时段中,一种全新的政治实体从封建制度中破茧而出,彻底改变了欧洲乃至世界的政治图景。如前文所述,现代国家最重要的两个特征是拥有清晰划定的领土边界和在领土范围内对暴力的基本垄断。而在中世纪的欧洲,这两大特征是和占据主导地位的封建主义政治秩序格格不入的。

为了更好地说明这一点,有必要了解一下西欧封建制度的基本原则和架构。按照研究欧洲的知名学者陈乐民的说法,中世纪的本质是北方的日耳曼人在征服了罗马帝国之后,同西欧的大部分人民融合起来,接受了罗马文化和基督教的影响,同时又继承了古希腊的文化遗产②。日耳曼人入主西欧以后,原本统一的罗马帝国分裂成了大大小小的封建王国,这些王国就是现代国家的雏形。

封建制度的一大特点是政治权力的分散化以及权力边界的模糊性。在这种制度下,国王在理论上是土地的所有者,并将土地分封给贵族,这些被分配的土地被称为采邑。罗马帝国解体之后,日耳曼人没有足够的智力和财力资源去建立像罗马帝国那样精致的国家机构,如法院、司法系统和正规军。于是,日耳曼首领们自封为国王,并把占领的土地分封给身边一群带兵作战的将领,后者慢慢就成为拥有采邑的贵族。这些贵族向国王提供各类

---

① 欧洲中世纪,指的大致是公元 500—1500 年,起自罗马帝国的灭亡,结束于文艺复兴和地理大发现。
② 陈乐民:《欧洲文明史十五讲》,北京大学出版社 2004 年版,第 81 页。

服务,如进贡和参加军事征伐,并以此换取国王的保护和承认。类似地,贵族又把土地分封给下面的封臣,这种封建依附关系一直延伸到最下层的农奴,形成了一种金字塔结构。

封建秩序下权力的分散性主要体现在垄断暴力的主权者的缺位。所谓主权,指的是在一定地域范围内至高无上的权力所有者,该地域内没有其他的组织或个人能够挑战主权者的权威,该地域外也没有组织或个人能够干预主权者统治其领地的权利。在封建主义的权力架构中,这样的主权者是不存在的。首先,国王在把土地授予贵族的同时,也赋予了贵族对封地的实际统治权,包括财政权和司法权。国王与他的贵族封臣之间的义务是相互性的,从理论上讲,如果领主不尊重其对封臣的义务,封臣也可以不再效忠领主,并放弃履行其义务。封建契约关系对领主和封臣的权力都形成了制约。

国王和贵族的权力不仅被封建契约关系所束缚,而且还受到宗教性权威的掣肘。中世纪的罗马天主教会在政治生活中占据非常重要的地位,足以和世俗权力的所有者一争高下。教会对自己权威正当性的最有力捍卫,来自其自称的拯救人类灵魂的特权以及其与上帝的直接联系。世俗国家只是教徒们过渡性的栖息地,他们最终目的是上帝的天国。根据教会所阐述的理论,世俗国家只是君主对外征服和对内奴役民众的工具,在这样的国家中不可能真正实现正义和善。人们服从世俗国家的秩序只是出于一种无奈,毕竟再不正义的秩序也好过冲突和动荡,但最终的和平与正义只有在"上帝之城"才能实现①。基督教理论家主张"把恺撒的东西归恺撒,把上帝的东西归上帝",即民众只在世俗领域服从王国的法律,教会主管精神层面的事务。然而在现实中,精神和世俗事务的界限常常难以划清,教会也时常借自身的精神权威挑战国王的统治。除了宗教思想的支持外,天主教会还是一个严密的行政组织,拥有庞大的地产,教职人员在民众的日常生活中扮演不可或缺的角色。凭借着这些思想和组织资源,天主教会的最高领袖——教皇

---

① 唐士其:《西方政治思想史》,北京大学出版社2008年版,第139—148页。

能与各国的君主分庭抗礼也就顺理成章了。宗教和世俗权威争夺的焦点问题包括国王能否向教会的财产征税,能否任命辖区内的神职人员等。当教皇和国王之间的冲突激化时,教皇可以将国王逐出教会,剥夺国王的合法性,并宣布解除其附庸对他的义务。这在君权神授的封建社会对君主而言是一个巨大的威胁。

因此,在国王、封建贵族和教会权威犬牙交错的竞争格局中,中世纪的欧洲并不存在最高权威的来源。亨德里克·斯普鲁伊特(Hendrik Spruyt)对这样一种权威互相重叠的碎片化局面有如下精辟的描述:

> 一个人可以同时是德国皇帝、法国国王、不同伯爵和主教的附庸,这些主人中谁都不必优先于谁。比如,卢森堡伯爵是神圣罗马帝国内的一个诸侯王,因此理论上应臣服于帝国的皇帝,但他同时从法国国王那里领取一份货币采邑(一笔津贴),所以也臣服于法国国王。一个附庸在不同情境下可能承认不同的主人,因此他会身陷于纵横交错的义务关系中,这在当今的"国际"关系思维框架内是很难理解的。①

与权力的分散性相辅相成的是权力边界的模糊性,也就是说,封建社会中的权力并不是基于具有明确边界的领土范围的。封建义务是一种高度私人化的联系,封建统治不是基于固定的领土,而是基于人和人之间的封建依附关系。领主和封臣之间的誓约是绑定两者权力义务关系的核心,封臣走到哪里,领主的权威便被带到哪里。脱离了人身依附关系去谈论统治的范围是没有意义的。此外,天主教会也不是将统治建立在固定领土范围上的政治组织,它宣称其权威覆盖所有天主教信徒,不承认自己的权力受边界限制,也不承认存在与自己竞争的平等政治实体。

综上所述,封建秩序下并不存在掌握着主权并控制固定领土的政治组织形式。不过,中世纪晚期开始缓慢出现了主权国家的雏形,也就是以法

---

① Hendrik Spruyt, *The Sovereign State and Its Competitors: An Analysis of Systems Change*, Princeton University Press, 1996, p.39.

国、英国和西班牙为代表的封建王国。和这些王国并存的是形形色色的其他政治实体,包括罗马天主教会、神圣罗马帝国、城市国家、城市联盟等。其中,神圣罗马帝国是一个地跨西欧和中欧的封建帝国。和天主教会一样,帝国声称自己的统治是无远弗届的,但它实际上是一个松散的政治联盟,底下包括各种诸侯国和自由城市。这些政治体的主人(亲王、公爵、侯爵、主教)是帝国皇帝的封臣,但事实上享受着高度的自治权。在亚平宁半岛的中北部,存在着为数众多的城市国家,每个国家包括一个中心城市和周边城镇。较著名的城市国家包括威尼斯和米兰,它们大多保留了共和制的政体形式,鼓励资本主义工商业的发展。城市国家间有明确的边界,是具有领土性的实体,但内部主权却是分散的,城镇始终在挑战中心城市的权威。在德国北部,商业行会和自由城市组建了"汉萨同盟(Hanseatic League)",保护商人的贸易自由和经济利益。汉萨同盟的活动包括打击海盗、取消不合理的通行税、在海外扩展商业利益等。汉萨同盟拥有自己的海军,加入同盟的城市可以获得军事保护。汉萨同盟既没有主权性,因为加盟城市之间相互平等,也没有领土性,因为它没有固定疆界[①]。可以说,中世纪向现代国家体系过渡的历史,就是封建王国不断成长为主权国家,并逐渐取代其他不同时具有主权性和领土性的政治实体的历史。

二、破茧而出的现代国家

大约从15、16世纪开始,西欧封建制的政治形态开始向现代主权国家转化,这一过程到19世纪末20世纪初基本完成。与中世纪分散的权力结构不同,现代国家有一个集中的、层级分明的权力体系,以及和其他类似国家清晰划分的权力边界。为了支撑中央集权,现代国家发展出了一系列配套设施,包括庞大的官僚机构、常备军、全国性的法律和统一的市场、民族主义思潮等。

现代国家崛起的最初表现是"绝对主义君主制(absolute monarchy)"

---

① Hendrik Spruyt, *The Sovereign State and Its Competitors: An Analysis of Systems Change*, Princeton University Press, 1996, pp.153-154.

的出现①。绝对主义指的是君主享有不受限制的权力,特别是摆脱了封建契约关系和教会权威限制的权力。这一时期欧洲各国涌现了一批雄才大略的君主,比如英国的亨利八世、法国的路易十四、普鲁士的腓特烈大帝等,他们采取了各种措施打击贵族集团和罗马教皇的权力基础,确立了现代国家的基本框架。在法国,15世纪末期王室的专制权力开始明显增强。为了将地方统治权从贵族手中收回中央,国王任命一批官员前往各省,掌握司法、警察和财政大权。作为打击地方贵族势力的重要措施,路易十四将大贵族接到凡尔赛宫中居住,使得这些过去心怀不满、屡屡反叛的贵族被奢靡的宫廷生活所笼络腐化,甚至以受邀居住于宫中为荣。与此同时,一个由专制君主直接任命、效忠君主并对君主负责的文官集团日益发展壮大,取代了过去贵族和教士的行政职能。

除了主权、统一的官僚机构和常备军之外,现代国家不可缺少的一个因素是民族主义思潮的兴起。这里的民族指的是"人们在历史上形成的一个有共同语言、共同地域、共同经济生活以及表现于共同文化上的共同心理素质的稳定的共同体"②。民族主义者认为,每个民族应当在政治上能够自决,不受外来势力的操控。每个民族都应该拥有一个和自己生活地域相符的政治共同体,即国家③。民族的成员对于自己所属的民族和国家有一种强烈的认同感和自豪感。

在15世纪以前的欧洲,民族主义所歌颂的对民族国家的认同感是不存在的。普通民众一般生活在村庄和农场中,对于村庄以外的政治现象缺乏了解,民族对他们而言是一个抽象而遥远的概念。此外,封建国家的疆土经常随着王朝之间的联姻、战争赔款等方式发生变化,国家的领地之间常常彼此不相邻,呈现支离破碎的状态。一个农民今天在英国国王的统治下,明天就可能臣属于法国国王,这种情况下国家观念自然无从谈起。中世纪的知

---

① 佩里·安德森的《绝对主义国家的谱系》是研究绝对君主制的经典之作。参见 Perry Anderson, *Lineages of the Absolutist State*, New Left Books, 1974。
② [苏]约瑟夫·斯大林:《民族问题与列宁主义》,曹葆华、毛岸青译,人民出版社1951年版。
③ Ernest Gellner, *Nations and Nationalism*, Cornell University Press, 1983.

识精英同样没有多少国家观念,他们大多认为自己属于一个泛欧洲的文化圈,直到 17 世纪,知识分子还普遍使用拉丁文而不是地方性的语言进行创作。各国的贵族精英彼此之间的亲近感要远超过他们对本国平民阶层的亲近感。在中世纪的战争中,外国雇佣军经常扮演重要的角色:法国国王可以雇佣英国士兵去打英国,反之亦然。直到美国独立战争时期,英国国王还曾经雇佣德国士兵去美洲大陆作战。这些今天看起来光怪陆离的现象,要等到 19 世纪民族主义兴起才慢慢退出历史舞台[①]。此后,政治实体的疆界基本趋于稳定;疆界内人口的文化同质性增强,逐渐差异于疆界以外的异国文化;民众将效忠的对象由村落、庄园转向了日益集权的国家。

斯坦·罗坎(Stein Rokkan)在分析西欧的国家构建历程时,曾经模式化地将其分为四个阶段[②]。第一阶段从中世纪晚期至法国大革命,其主要内容是中央和地方的政治精英形成文化认同,中央权力渗透至边远地区,为达成共同防御目的而进行资源汲取的行政机构逐步完善。第二阶段的核心是普通民众形成国家认同:征兵制、义务教育和大众传媒等渠道让民众与国家间的接触日益频繁,全国各地的居民开始对统一国家产生认同感,基于地区、教会或族群的狭隘认同被慢慢吞噬。第三阶段的主要任务是扩大政治参与的空间,政治反对派的权利得到承认,群众型政党发展壮大,普选权逐步确立。到了最后一个阶段,为缓解工业革命造成的阶级矛盾,国家负责再分配的制度和机构进一步发展,包括社会福利部门的组建,福利政策的完善,累进税和财政转移支付体系的确立等。这四个阶段可以分别被概括为"中央集权""认同构建""扩大参与"和"再分配"。

三、现代国家崛起的原因

哪些原因导致了前现代的政治秩序向现代国家的转变?为什么享有主

[①] W. Phillips Shively, *Power of Choice: An Introduction to Political Science*, McGraw-Hill, 1997, pp.23-25.

[②] Stein Rokkan, "Dimensions of State Formation and Nation-Building: A Possible Paradigm for Research on Variations within Europe", in Charles Tilly and Gabriel Ardant, eds., *The Formation of National States in Western Europe*, Princeton University Press 1975, p.572.

权和固定领土的现代国家逐渐取代了其他形式的政治组织？关于现代国家兴起最有影响力的一种解释可以概括为"国家发动战争，战争塑造国家"。这种观点与上文介绍的将国家本质视为犯罪集团的学说一脉相承。既然国家要把掠夺的财物最大化，那么它就无法克服对外征伐、抢夺土地和人口的贪欲。事实上，中世纪晚期的欧洲各国君主的确对于对外战争乐此不疲：

> 国家间武装冲突的持续不断是绝对主义大气候下的标志性特征。在这种气候占统治地位的几个世纪中，和平是极少出现的天气状况。据估计，整个16世纪的欧洲，只有25年的时间未发生大规模的军事行动，而在17世纪，国家之间未爆发大战的时间只有7年。[1]

根据查尔斯·蒂利的分析，现代国家的各项属性很大程度上是欧洲君主频繁发动战争所导致的结果。为了赢得对外战争，或者至少不被敌国消灭，国家必须掌握一系列物质、组织和思想资源，而获取这些资源的过程正是现代国家建构的过程。不少军事史专家指出，中世纪后期军事技术出现了重大变革，战争的成本大大提高。比如，在冷兵器的封建时代，军队主要由重装骑士构成，只有贵族才能供养和装备这样的骑士，因此不可能发展出大规模的军队。后来，火器的发明使得普通人也可以成为士兵，而且让组建大规模的步兵方阵成为可能，这就对国家动员战争资源提出了更高的要求。

频繁且趋于昂贵的战争，迫使国家从人民那里攫取越来越多的资源，包括士兵、武器、粮饷、交通工具等。为了更顺利无阻地汲取各类资源，国家必须消灭或笼络国内各种反动势力（地方贵族、教会等），确立起领土范围内至高无上的权威。同时，国家也要建立起辅助资源获取的各类组织，如税收和财政部门、警察、法院等。这些资源最终被用来供养一支越来越庞大的军队、战争相关产业和辅助性的官僚组织。对资源的迫切需求，让国家与国内

---

[1] Perry Anderson, *Lineages of the Absolutist State*, New Left Book, 1974, p.33.

最具生产性的部门(工商业主、金融家、科学家等)结成了联盟,为这些部门提供保护和服务。最后,国家开始借用民族主义意识形态来动员国内民众,从而导致了标准化的教育机构和大众传媒的兴起。总之,现代国家很大程度上是君主们发动战争努力的一个副产品[①]。主权国家以外的政治实体之所以被历史淘汰,归根结底是由于它们动员战争资源的能力略逊一筹。

不过,也有学者指出,战争动员不足以解释现代国家的崛起。亨德里克·斯普鲁伊特考察了法国卡佩王朝(987—1328年)治下的政治发展[②],发现王朝末期法国君主已经有效抑制了贵族和教会的权力,为现代国家奠定了坚实的基础,而此时距离军事技术革命的发生还有相当一段时间。而且,意大利的一些城市国家的战争动员能力甚至超过了幅员辽阔的主权国家,强大的军事能力保证它们一直存活到19世纪末。斯普鲁伊特提出了另外一种解释路径,它主要关注市镇、贸易和资产阶级的兴起在现代国家建构中所起的作用。在封建主义秩序下,新的经济元素的成长受到严重的束缚,它们渴望出现一个强大的主权国家来消除这些束缚。因此,资产阶级和君主达成了一个社会联盟,共同推动了主权国家的出现。

中世纪晚期兴起的市镇是撬动封建秩序基石的新动态,市镇运行的逻辑对封建社会的基本规则构成了挑战。与自给自足的农业生产不同,市镇中主要的经济活动是以交换为目的的生产。城市中生活的人们一定程度上远离了封建人身依附关系,享受更多经商、迁徙和参与城市治理的权利。斯普鲁伊特强调,市镇中的工商业者希望政治环境能够减少他们的交易成本和经商的不确定性,因此他们支持一个权力集中、领土固定的主权国家,尽快结束权力碎片化的封建秩序。首先,资产阶级乐于见到标准化的税收体制。在政出多头的封建社会,平民往往有向若干个贵族领主缴税的义务,且

[①] Charles Tilly, "War Making and State Making as Organized Crime", in Peter B. Evans, Dietrich Rueschemeyer, and Theda Skocpol, eds., *Bringing the State Back in*, Cambridge University Press, 1985, pp.161-191; Charles Tilly and Gabriel Ardant, *Coercion, Capital, and European States, AD 990-1990*, Basil Blackwell, 1990.

[②] Hendrik Spruyt, *The Sovereign State and Its Competitors: An Analysis of Systems Change*, Princeton University Press, 1996.

缴税的时间和数量都颇为随意,这对商业的发展显然是不利的。于是,工商业者便把目光投向了封建等级制理论上的最高权威——君主,希望能出现一个中央集权的政府,制定稳定的、可预期的税收制度。对于王国的君主而言,与国内贵族集团和国外敌对势力的较量都需要钱,而商业和贸易迅速发展的市镇恰恰能提供大量的财政收入。由此,君主与市镇中的商人结成了一个互利互惠的联盟,君主赋予市镇自治的特权和经商的自由,并与市镇约定一定的税率,而市镇则为君主提供稳定的收入。这样一种双赢局面让中央政府和市镇都发展壮大起来,而贵族、教会和封建庄园则逐渐成为被历史遗弃的事物。

除了税收制度的标准化,急于扩大税源的君主还采取"重商主义"的策略,推行了一系列促进工商业发展的措施,如统一度量衡、修路架桥、废除各种封建的贸易壁垒等,这无疑受到市镇中工商业者的欢迎。相比之下,主权国家以外的政治实体则面临各种集体行动的难题,无法为工商业提供一个最有利的发展环境。比如,汉萨同盟虽然是一个旨在促进商业贸易的城市联盟,但由于同盟是由多个城市自发结成的松散联盟,其成员都视自身利益高于同盟的整体利益。在面对错综复杂的利益威胁时,联盟开始出现内部分歧,一些加盟城市试图通过损害其他城市的方式来取得优势地位。斯普鲁伊特认为,主权国家在降低工商业的交易成本和提供公共品上的优势,才是它取代城市联盟和帝国等政治实体的主要原因。

第三节 发展中国家的国家建构

一、失败国家和弱国家

二战结束以后,发展中国家的领袖们绝大多数是在反对帝国主义和殖民主义的运动中夺权上台的。尽管如此,这些建国之父深受西方国家观念和民族主义思潮的影响,建成以主权性和领土性为特征的现代国家是他们重要的努力目标。正如乔尔·米格达尔(Joel Migdal)所说:"西方帝国主义列强在殖民地向国家状态的转变过程中不只是令人讨厌的东西,而且还是被效仿的对象。"①这既反映了民族解放运动领袖们普遍的西化教育背景②,也说明了现代国家在推动社会进步发展上的作用已经深入人心。

发展中国家数量众多,分布地域辽阔,它们构建现代国家的成效自然也不能一概而论。总的来说,国家建构的努力在非西方世界遭遇到了特有的挑战。在最极端的情况中,一些地方出现了所谓的"失败国家(failed state)",它们已经完全失去了对国内大规模暴力运用的垄断,无法为国民提供最基本的安全和秩序,更遑论教育、医疗、基础设施这些关键性的公共品。失败国家的常见症状包括:政府失去对大片领土的控制;立法和司法功能丧失;基础设施严重破败;少数权势集团攫取暴利;面临叛军武装、内战、族群冲突等顽疾;国家对民众的严酷镇压激起社会的反抗。在21世纪初,阿富汗、安哥拉、布隆迪和索马里等国家是较为典型的失败案例③。更多的国家虽然还没有陷入彻底失败的深渊,尚能够维持国内秩序的和平与稳定,但还是展现出不同程度的弱属性,在一项或几项关键公共品的提供上能力不足。

还有一些国家的弱属性主要体现在它们无法有计划地改造社会,引领社会朝着特定的方向前进。社会上的各类团体和组织成功地阻止了国家塑造民众生活的努力,"国家正如投入小池塘的巨石,它们在池面每个角落都泛起了涟漪,却抓不住一条小鱼"④。米格达尔提出了三个指标,来衡量国家

---

① [美]乔尔·S.米格达尔:《强社会与弱国家:第三世界的国家社会关系及国家能力》,张长东等译,江苏人民出版社 2009 年版,第 4 页。
② 比如,加纳国父弗朗西斯·恩克鲁玛(Francis Nkrumah)1935 年到美国留学,在宾夕法尼亚州的林肯大学攻读经济学和社会学,1943 年后在几所美国黑人大学任教,1945 年到英国的伦敦政治经济学院深造,攻读博士学位,1947 年应邀回国领导反对殖民主义的斗争;塞内加尔国父列奥波尔德·桑戈尔(Leopold Senghor)毕业于法国巴黎大学文学院;肯尼亚国父乔莫·肯雅塔(Jomo Kenyatta)曾长期在伦敦政治经济学院求学;等等。
③ Robert I. Rotberg, ed., *When States Fail: Causes and Consequences*, Princeton University Press, 2004, p.11.
④ [美]乔尔·S.米格达尔:《强社会与弱国家:第三世界的国家社会关系及国家能力》,张长东等译,江苏人民出版社 2009 年版,第 9 页。

实现有效社会控制的程度：(1)服从，即国民对国家命令的遵从；(2)参与，即通过组织民众进入国家机构、参与国家组织的行动，以实现各种特定任务；(3)正当性，即民众对于国家制定的各项规则和控制社会能力的接受。当国家有着高度社会控制力的时候，官员能够克服各种社会组织的阻力，按照自身偏好来决定社会该采取何种规则，并且建立起有效的官僚结构来实现这些自主偏好。然而在亚非拉的广大地区，国家自主性和高度的社会控制仍然是一个遥远的目标。社会中存在着林林总总的组织（家庭、跨国公司、宗族、俱乐部、社区），各自有一套奖惩体制和精神控制手段，来引导人们按照特定的规则行事。在国家试图扩充自己权力的时候，社会组织的头头脑脑们却拼命争斗，以维持他们的特权。结果，社会控制可能分布在众多形式各异的组织中，于是形成了"强社会与弱国家"的局面。①

二、国家建构遭遇挫折的原因

为什么发展中国家出现了西欧经验中较少出现的弱国家和失败国家？政治发展的文献为我们提供了若干极具洞见的解释，这些解释背后有一个一以贯之的论点：现代国家和国家体系是在特定的历史条件下出现的，脱离了这些孕育国家的特定历史过程，维持现代国家的运转是充满挑战的。现代国家的结构被殖民者从西方引入世界其他地区，但这些地区未必具备支持国家存在的历史条件。对于一个政治组织而言，要想在相对辽阔的国土境内垄断暴力的运用，并且抵御外部势力对境内事务的干涉，这其实是一个非常艰巨的任务。许多发展中国家虽然接受了西方国家强加的政府组织框架，但显然还没有准备好承担这样的重任。

审视发展中国家所面临的历史情境，可以发现弱国家或失败国家的出现有一些共性的原因，细分起来可概括为以下五点。

第一，许多有过殖民地经历的国家边界是被宗主国强制划定的，这个过程只照顾到了殖民者的管理便利或彼此之间的利益交换，结果导致了国家

---

① [美]乔尔·S.米格达尔：《强社会与弱国家：第三世界的国家社会关系及国家能力》，张长东等译，江苏人民出版社2009年版，第29—35页。

内部族群成分的复杂,为国家独立后统一民族的建构留下了巨大的隐患①。武断划定的领土边界在撒哈拉以南非洲最为明显,这一地区本不存在有固定疆界的政治实体。19世纪末,欧洲殖民列强在谈判桌上讨价还价,最后达成协议,按照经纬线的走向划分了殖民地的边界,这也成了后来独立国家的领土范围。即使在先前存在传统政体的东亚和东南亚地区,殖民扩张的影响也使得固定的疆界取代了过去较为模糊的边界。这些从殖民时期继承下来的领土边界内,可能生活着语言、文化和宗教完全不同的群体。不仅这些族群之间有产生冲突的可能,而且一些族群甚至要求成立自己的独立国家。

土耳其和伊拉克等国家面临的库尔德人分离主义问题,就与殖民强国在大战后的政治安排息息相关。库尔德人是生活在今天土耳其、伊朗、伊拉克和叙利亚交界处广大地区的古老民族,他们的聚居区也被称作"库尔德斯坦"。按照人口计算,库尔德人是仅次于阿拉伯人、土耳其人和波斯人的中东第四大民族。随着欧洲的民族主义思潮于19世纪后期扩散到中东,库尔德人开始萌发建立属于自己的独立国家的理想。一战结束后,原本控制中东地区的奥斯曼帝国解体,库尔德的领袖人物向获胜的协约国提出要求,依照美国总统伍德罗·威尔逊(Woodrow Wilson)的"十四点原则"给库尔德人建国的权利。然而,库尔德人的要求并没有得到大国的支持,在协约国与土耳其签署的《洛桑条约》(1923年)里,一大部分库尔德人的土地被划归新成立的伊拉克和叙利亚国,因而确定了库尔德人分居四国的局面②。时至今日,库尔德人问题依然困扰着土耳其和伊拉克建构现代民族国家的努力。

在非洲,新独立国家的建国之父们十分清楚,他们虽然从殖民者那里继承了国家组织,但国境内却往往不存在一个拥有共同文化的民族,这与民族主义思潮主张的"一个民族,一个国家"的理想状态相去甚远。因此,利用国

---

① Christopher S. Clapham, *Third World Politics: An Introduction*, Routledge, 1985, p.18; Mohammed Ayoob, "The Security Problematic of the Third World", *World Politics*, 1991, 43(2), p.271.
② 郭晔旻:《没有祖国的民族——库尔德人的千年之殇》,《国家人文历史》2016年第10期,第22—27页。

家权力将文化风俗各异的族群整合成一个新民族，就成了摆在新国家面前的一个艰难任务。赞比亚国父肯尼思·卡翁达（Kenneth Kaunda）曾表示："我们的目标是从殖民者人为划分出的不规则制品中创建真正的民族。"① 塞内加尔国父列奥波尔德·桑戈尔的言论同样具有启发性："国家是民族的表达形式，它首先是建成民族的一种手段……政治史教导我们，国家组织的缺失是一个弱点，它会导致民族致命性的分崩离析。"②

第二，新独立国家的国家机构是从殖民时期继承下来的，是外部强加的产物，它在国民眼中的正当性就成了一大难题。殖民宗主国在组建国家机器时，目的主要是镇压当地人民的反抗和汲取殖民地的资源。在这样的考虑下形成的国家部门长于专政和攫取资源的职能，在提供代表性和社会服务方面却先天不足。结果，国家不是被看作体现民族统一、代表社会利益和服务民众的公器，而是被视为权力斗争的战利品。谁控制了国家机器，就能够利用它来攫取财富和镇压反对派③。而且，独立后掌权的政治精英普遍受过西式教育、来自现代产业部门、生活在都市中，他们与绝大多数生活在农村的民众在物质上和精神上都存在巨大的距离④。政府与民众之间缺乏基本的共同价值观和政治共识，这进一步加剧了国家的正当性缺失。

第三，许多发展中国家，尤其是撒哈拉以南的非洲国家，并没有经历过"战争塑造国家"的过程，这导致了国家建构动力不足和国家能力的脆弱。关于战争在推动欧洲国家建构中的作用，前文已经有所阐述。在西欧，频繁的对外战争驱使各国政府加快了集权的步伐，在国境内垄断暴力的使用权，并且将中央的控制能力蔓延到边境地区，以满足战备的需要。如果我们将国家的属性分为实证和法律两个层面⑤，前者指国家对于边界内暴力使用的

---

① Benyamin Neuberger, "State and Nation in African Thought", *Journal of African Studies*, 1977, 4(2), p.204.
② Ibid., p.200.
③ Christopher S. Clapham, *Third World Politics: An Introduction*, Routledge, 1985, p.40.
④ Ibid., p.52.
⑤ 关于非洲国家实证和法律两个层面属性的比较，参见 Robert H. Jackson and Carl G. Rosberg, "Why Africa's Weak States Persist: The Empirical and the Juridical in Statehood", *World Politics*, 1982, 35(1), pp.1-24.

有效垄断、国民共同体的塑造、理性官僚制度的建立等,后者指主权国家彼此不干涉内政、平等交往、国际社会保护主权国家的生存权利等,那么可以说,欧洲国家是首先建立了实证属性(empirical statehood)之后,才获得了法律属性(juridical statehood)。

在殖民者到达亚非拉以前,第三世界的广大地区并没有自发形成彼此相邻、各守边界的国家体系。即使是先前存在国家的地方,国家的控制力也主要集中在首都地区,越是远离都城,控制能力就越弱。由于国家间战争并不频繁,这些传统政体没有动力花费巨大的精力去加强对辽阔腹地的控制。在非洲殖民的过程中,西方列强关注的是通过控制港口城市来保证贸易的进行,并不愿意承担管理非洲内陆地区的行政成本。1884年列强讨论瓜分非洲的柏林会议实际认可了一个原则:"一个欧洲国家所要做的只是在沿海地区建立一个领土据点,然后便可以向内陆自由扩张,无需建立一套行政体系来满足有效占领的义务。"[①]也就是说,欧洲列强虽然划定并互相承认了非洲殖民地的正式边界,但他们的有效统治只是集中于城市地区,对于内陆腹地的权力覆盖则很薄弱。这造成了战后殖民地获得独立之后,新国家所继承的行政机构与多数人口生活的乡村地区缺乏紧密的联系。

无论新独立国家对领土的实际控制能力如何,其主权者的地位都得到了国际社会的承认。如果和欧洲经验作一比较,不难发现许多发展中国家在还没有奠定实证属性的情况下,其法律属性就受到了国际社会(国际组织及各种国际公约)的承认和保护。事实上,作为非洲最重要的国家间组织,非洲统一组织(Organization of African Unity)在成立之初的1963年就通过决议,要求各成员国"尊重各国的主权和领土完整及其不可剥夺的独立生存权"[②]。这一时期,非洲国家的实证属性还非常虚弱,体现在以下一些方面:缺乏国民共同体,部落和族群认同高于对国家的认同;权力高度个人化和家族化,没有发展出脱离于私人利益的公权力;军队对政府高度不信任,政变

---

① Jeffrey Herbst, *States and Power in Africa: Comparative Lessons in Authority and Control*, Princeton University Press, 2000, p.72.
② Ibid., p.104.

频繁；政府机构不发达，人手和财政高度紧张；腐败盛行等。尽管国家的实证属性虚化，但国家的法律属性却被国际社会保护了起来。国家没有被敌对势力吞并和消灭之虞，也就没有动力去强化自身的实证属性。这与孟子所说的"无敌国外患者，国恒亡"有异曲同工之妙，只不过这些国家恰恰不会"亡"，而是长期处在一种孱弱的状态。以非洲为例，二战结束以后这一地区的领土几乎没有发生过变化，少数的例外是厄立特里亚于1993年脱离埃塞俄比亚而独立和2011年南苏丹共和国脱离苏丹而独立。非洲国家间几乎没有发生过旨在吞并领土的战争，所发生的国家间冲突也是围绕与国家生存无关的相对次要问题：

> 坦桑尼亚1979年入侵乌干达是为了推翻伊迪·阿明的政府，不是为了吞并乌干达……如果南非有任何领土野心，那么莱索托和斯威士兰今天都不会存在。类似地，在1990年代末围绕扎伊尔（民主刚果共和国）的流血冲突中，旧的边界也持续得到了承认。比如，卢旺达和乌干达为了解决自身的安全问题，曾于1998年试图推翻劳伦特·卡比拉（Laurent Kabila），并拥立一个更容易控制的傀儡取而代之。他们没有试图吞并民主刚果共和国东部的领土并宣布本国领土扩张，虽然这样做的难度要远远小于在遥远的金沙萨实现一次政府更替。[1]

第四，一些发展中国家的财政收入高度依赖外来援助，它们无需与国内的民众和利益集团进行讨价还价，这极大地降低了政治体制的代表性和回应性[2]。在欧洲国家建构的历程中，国家用来应付对外战争的人力物力资源主要是从国内获取的，因此它必须和国民进行一场旷日持久的谈判和妥协。

---

[1] Jeffrey Herbst, *States and Power in Africa: Comparative Lessons in Authority and Control*, Princeton University Press, 2000, pp.104-105. 劳伦特·卡比拉（Laurent Kabila）于1997—2001年任民主刚果共和国总统。
[2] Charles Tilly, "War Making and State Making as Organized Crime", in Peter B. Evans, Dietrich Rueschemeyer, and Theda Skocpol, eds., *Bringing the State Back in*, Cambridge University Press, 1985, pp.185-186; Jeffrey Herbst, *States and Power in Africa: Comparative Lessons in Authority and Control*, Princeton University Press, 2000, pp.131-133.

为了降低国内民众对资源汲取的反抗情绪,国家不得不赋予国民更多的政治权利,包括代议机关中的代表权,对财政的知情权和监督权,文官集团对武装力量的控制权等。与此相比,二战之后发展中国家的财政收入相当一部分来自外国援助(或其他形式的非税收收入)。在冷战时期,第三世界成了美苏两国试探对方实力和发动代理人战争的场所,因而得到了大量的经济和军事援助,这意味着国家获取资源时不必通过制度安排向民众作出妥协。因此,国民在政治上没有代表权,对政府问责的能力低下;制度监督的缺失让政府领导人可以从事大量中饱私囊、损公肥私的勾当。导致发展中国家腐败问题猖獗的因素有很多,但因财政收入来源性质所导致的国家与社会脱节的确是一大祸根。此外,外来军事援助还让军事组织的力量不断膨胀,为频繁发生的军人政变埋下了伏笔,这一点在第五章分析军人政权起因时还会提到。

第五,在比较欧洲和世界其他地区的国家建构经历时,不能不提到一个简单却直接的变量——时间。西欧国家的建构是在四五个世纪的漫长时段中完成的。前文提到,现代国家形成所遭遇的四阶段挑战——中央集权、认同构建、扩大参与和再分配——在西欧诸国是逐次出现并得到解决的。发展中国家则没有这样充裕的时间,它们"必须同时处理与国家文化认同、政治参与和经济不平等相关的一系列问题:发展的脚步使得它们还没有来得及为解决一组挑战形成暂时性的制度方案,下一组挑战就接踵而至"①。

正如克里斯托弗·S. 克拉彭(Christopher S. Clapham)所指出的,国家建构的文献倾向于谈论现代国家所带来的益处,却很少涉及建构过程中当事者所要承担的巨大代价。为了建成具有高度同质性的现代国家,许多地方性的文化认同逐渐式微,一些传统的社会结构也要被打破②。这一过程中,不少构建现代国家的尝试最终遭遇了失败,比如曾经辉煌一时的奥匈帝国和

---

① Stein Rokkan, "Dimensions of State Formation and Nation-Building: A Possible Paradigm for Research on Variations within Europe", in Charles Tilly and Gabriel Ardant, eds., *The Formation of National States in Western Europe*, Princeton University Press 1975, p.574.
② Christopher S. Clapham, "The Global-local Politics of State Decay", in Robert I. Rotberg, ed., *When States Fail: Causes and Consequences*, Princeton University Press, 2004, pp.77-93.

奥斯曼帝国,这些故事的主角已经淹没在大多数人的记忆中。对发展中国家而言,要在半个多世纪的时间里同时面对这一系列历史问题,操作的难度可想而知。20世纪60年代担任尼日利亚领导人的雅库布·戈翁(Yakubu Gowon)曾感言:"一个新独立的非洲国家要与历史、地理、族群分布和帝国主义的邪恶后果等不利因素作斗争,并用欧洲国家所用时间的五十分之一来建构自己的国家。"① 从这个角度看,许多新兴国家的建构努力遭遇到挫折,也是值得同情和理解的。

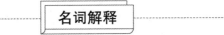

名词解释

国家、国家能力、民族主义、失败国家

思考题

1. 现代世界中大量存在的弱国家或失败国家,多大程度上是由殖民主义和国际政治等外部因素导致的?多大程度上又是由发展中国家领导人自身的失误造成的?

2. 以领土性和主权性为特征的现代国家,是否是适合世界上所有地区的政治组织形式?除了现代国家外,是否有替代性的组织形式,能够改善世界上一些地区居民的福祉?

---

① Benyamin Neuberger, "State and Nation in African Thought", *Journal of African Studies*, 1977, 4(2), p.204.

第四章
民主化与民主倒退

本章导读

政体指的是一个国家就如何决定最高权力的行使者,以及如何作出重大政治决定的系统性安排。民主和非民主政体的区分和两类政体之间的转换是政治发展研究中的重要问题。本章第一节将回顾人类对民主这一概念的理解所经历的历史演变。第二节将介绍政治学中对民主的一般定义,以及区别民主和非民主政体的一些操作方式。既然民主制在各种政体形式中占有不可否认的道德制高点,学术界自然关心其他政体在何种情况下会向民主政体转型。因此,第三节会重点讨论已有文献对于民主化原因的解释。接下来,第四节将关注20世纪末期世界范围内比较集中的一次民主化浪潮,即第三波民主化。另外,发展中国家的政体既可能向民主制过渡,也可能逐渐失去民主体制的特质,甚至从民主体制转变为非民主制。第五节将审视这种与民主化相反的政治现象——民主的倒退。

第一节 民主理念的发展历史

在对发展中国家政治的研究中,恐怕没有哪个话题比民主和民主化引发了更多的兴趣和辩论。这一学术现象源于民主理念在 20 世纪下半叶所取得的全球范围的空前胜利。北京大学的许振洲教授对这个重大历史转变有一段极为精辟的论述：

> 首先是在各社会主义国家中,建立起来了与西方民主迥然不同的新型民主制度——人民民主制(列宁早已指出,无产阶级专政比最民主的资产阶级共和国还要民主一百万倍);接着,大多数第三世界国家也都公开宣称了各自政权的民主性质。这样,民主就成为当今世界上绝大多数国家的政权合法性的理论依据……论争自然由此产生而远没有结束。但这种论争一般已不是民主与其他政体形式之间的论争,而是在民主范围内的论争了。大家都宣称自己的民主更深刻、更全面、更真实。我们似乎可以这样说:民主这个词在当今世界上已经具有了无可置疑的权威地位。大家都在力图说明自己是真正的民主主义者,而很少有人敢于公开宣称自己是它的敌人。①

在民主一词被广泛认可的今天,我们很容易忽视一个事实:在漫长人类政治史的绝大多数时间里,民主并不占据任何形式的道德高度,民主制被不少思想家认为是一种被遗弃的、乏善可陈的政治制度。我们知道,民主发源于古希腊城邦,当时所实行的是一种直接民主的制度②。这种制度下,所有的公民都有平等地担任官职和参与公共决策的机会。公民大会上,每个参与者都有权发表演说,所提的提案可以付诸大会表决通过。绝大多数行政官员通过抽签的方式产生,并且有严格的任期限制,以保证公民的平等参政权。尽管当时的城邦公民大多对民主制度感到自豪,但古希腊的思想家已经对这种制度采取颇为批判的态度。民主被看作是经济上缺乏独立性的下层阶级的统治,他们会为了本阶级的利益而牺牲城邦的整体利益,就这种阶

---

① 许振洲:《关于民主的笔记》,《欧洲研究》1996 年第 2 期,第 18—19 页。
② 参见[丹麦]摩根斯·赫曼·汉森:《德摩斯提尼时代的雅典民主:结构、原则与意识形态》,何世健、欧阳旭东译,华东师范大学出版社 2014 年版。

级的利己主义而言,民主制并不比一人专制的君主制或精英共治的贵族制优越。更何况,民主制中的统治阶级极度缺乏从政所需的修养和知识,他们容易受到野心家的蛊惑而采纳错误的政策,这为政治混乱埋下了祸根①。

古希腊哲学家对民主的观点影响了后世近两千年之久。直到 18 世纪,民主一词仍然被理解成一种已经完全过时的、只适用于古希腊时期小国寡民的政治制度。多数思想家都将民主制与抽签选官和全民决策(全民参与立法)划等号,而将选举制认为是一种贵族制度。1789 年,法国爆发了人类政治史上意义不同凡响的大革命,推翻了君主制度,确立了人民主权的原则。从此以后,由公民参与的选举逐渐成为政府正当性的来源②。法国大革命的原则和理念随着拿破仑战争被传播到欧洲各地。不过,革命的参与者几乎从未将"民主"作为他们争取的目标,而是呼吁实现代议制政府(或共和制,republic)。所谓代议制,指的是"在理论上拥有主权的人民通过直接或间接的方式选出自己的代表,然后将国家的治理及相应的权力委托给他们,同时保持监督他们的工作,并在必要时撤换他们的权力"③。在 18 世纪和 19 世纪之交,自由主义思潮在欧洲逐渐流行,有限政府、责任制政府和保护公民权利等观念得到广泛传播,代议制作为实现这些理念的制度形式开始流行起来。

19 世纪以后,民主一词的语意不断发展演化,在一些思想家那里,民主被理解成一种人人在政治上享有平等权利的社会状态④。更重要的是,一些人开始将民主和代议制联系起来。法国外交家爱德华·阿莱茨(Edouard Alletz)在其著作中区分了由多数人直接统治、代表了愚蠢和灾难的"旧民主

---

① Russell L. Hanson, "Democracy", in Terence Ball, James Farr, and Russell L. Hanson, eds., *Political Innovation and Conceptual Change*, Cambridge University Press, 1989, pp.70-71.
② Samuel E. Finer, *The History of Government from the Earliest Times: Ancient Monarchies and Empire*, Oxford University Press, 1997, p.1519.
③ 许振洲:《关于民主的笔记》,《欧洲研究》1996 年第 2 期,第 20—21 页。
④ 法国波旁王朝复辟时期的思想家罗伊尔·科拉德(Royer Collard)曾表示:"经历过各种不幸之后,权利的平等(即民主的真谛)获得了胜利,在宪法那里得到了承认和保障,现在它成了社会的一种普遍形式,在这个意义上说,民主无所不在。"参见 Philip J. Costopoulos and Pierre Rosanvallon, "The History of the Word 'Democracy' in France", *Journal of Democracy*, 1995, 6(4), p.149。

制"和基于代议制与权利平等之上的"新民主制"。类似地,历史学家弗朗索瓦·基佐(Francois Guizot)将现代民主制和古代民主制区别开来,认为在现代民主制中权力是受到代议机关约束的[①]。1848年革命之后,各国陆续引入了男性普选制,随着选举政治和群众型政党的发展,政治家开始频繁地用"人民主权"和"民主"一类的口号来讨好选民,民主的贬义内涵也慢慢消失,甚至成了一切美好事物的代名词。到了20世纪,英国、法国和美国等西方民主国家在两次世界大战中取得胜利,民主的理念和制度也通过示范效应和武装占领等方式得到了推广,终于出现了上文所说的民主在全球范围的胜利。于是,发展中国家能否确立稳定的、运转良好的民主制度,成为学术界经久不衰的研究课题。

不过,正是由于民主制成为所有政府捍卫自身正当性的工具,它的内涵被赋予了太多不同的阐释。如果要讨论发展中国家的民主化问题,首先必须对民主的含义达成基本的共识。下一节中,我们就来讨论民主的定义问题。

第二节 民 主 的 定 义

一、实质民主与程序民主

如果说政治学者和实践家对于民主的定义有某种共识的话,它恐怕仅限于把民主看作"人民的统治",或在中文语境下常常提到的"人民当家作主"。一旦要深究人民的统治是如何实现的,或者说怎样的具体指标能够将民主和非民主政体准确区分开来,共识的成分就大大减少了。一般来说,定义民主的方法可分为实质性和程序性两种路径。实质性定义偏重于政治体制所产生的社会结果,即民主体制应该能够实现某些与人民统治相吻合的社会理想,比如,分配结果的公平,或者政府的决策体现多数民众的意志。与

[①] Philip J. Costopoulos and Pierre Rosanvallon, "The History of the Word 'Democracy' in France", *Journal of Democracy*, 1995, 6(4), pp.150-151.

之相对，程序性定义只把政治实践中的程序和制度作为识别民主制的标准，而不去讨论制度所产生的社会结果。

应当说，在二战后的社会科学领域，实质性的民主定义已经让位于程序性定义，而著名的美籍奥地利学者约瑟夫·熊彼特（Joseph Schumpeter）在这一转变中起到了关键性的作用。在1942年出版的《资本主义、社会主义与民主》一书中，熊彼特系统阐述了程序性定义的优越性。他首先批评了将民主看作能够实现全体人民"共同的善（commond good）"的古典主义学说，认为该学说所假设的人民共同意志实际是不存在的。对于每个个体或社会团体而言，"共同的善"总是意味着不同的事物，这种价值观上的差异有时是无法协调的，根本无法通过简单的叠加进行综合。而且，在重要的政治问题上，并不存在确定的个人意志；人们由于缺乏必要的信息、兴趣和责任感，对许多问题并不存在真实的意见或偏好。既然确定的个人意志尚且不存在，讨论共同体的集体意志就更没有意义。熊彼特于是提出了对民主的一种替代性定义："民主方法是为达到政治决定的一种制度安排，在这种安排中，某些人通过竞取人民的选票而获得决策权。"[1]和古典型定义相比，熊彼特的定义不再关注人民意志的实现，而是强调不同政治团体去竞争民众选票的过程。在论证这种定义的优越性时，熊彼特指出，程序性定义正视了精英领导在现代国家中的不可或缺性：民众的意志很大程度上是被媒体、政党和利益集团所塑造的，只有精英而不是民众才能有意识地作出政治决定[2]。更重要的是，这种定义建立了一个比较易于操作的区分民主和非民主政体的标准。现实世界中，一个国家是否实现了与民主理念相符的社会结果，是否体现了人民的共同意志，是难以用具体指标来衡量的，触碰这样的问题容易陷入各执一词的无意义争论中。相反，某政体是否通过自由的选举竞争来产生决策者，是有比较明确的观察指标的[3]。

此后，美国政治学家罗伯特·达尔（Robert Dahl）对熊彼特的民主理论

---

[1] Joseph A. Schumpeter, *Capitalism, Socialism and Democracy*, Routledge, 2006, p.269.
[2] Ibid., p.270.
[3] Ibid., pp.269-270.

进行了继承和完善。在其经典之作《多头政体》中,达尔也认为通过结果来定义民主制在现实中存在许多困难,因此定义应该更关注比较容易观察到并且进行跨国比较的制度形式①。在此基础上,他提出了衡量民主政治的两个关键维度:竞争性(contestation)与包容性(inclusion)。在竞争性高的政体中,领导人是通过公平、自由的选举产生的,且所有人都可以自由地组成政治集团(主要为政党)参与竞争,竞选活动应不受过多限制。包容性则主要指有多大的人群能参与到民主过程中来,更直白地说,即哪些人享有选举权和被选举权。在包容性高的政体中,任何身份的公民都能够参与选举。达尔认为,历史上的多头政体②通常是先具备了较高的竞争性,再逐渐地扩大包容性。比如,1800年的英国政体在包容性上是很低的,1 600万人口中大约只有50万人拥有投票权③,但辉格党人和托利党人轮流控制政府的竞争局面已经成形,因此在竞争性的维度上得分颇高。到了19世纪,英国通过历次议会改革方案又逐渐提升了政体的包容性。

达尔对民主的看法深受多元主义传统的影响。在多元主义者看来,虽然依据政治竞争程序来定义的民主实际仍为精英的统治,民众是无法直接参与政治决策的,但选举竞争的存在仍然是有意义的,它使得政府对民众有更强的回应性。由于精英集团内部分裂为若干相互竞争的集团,普通民众总能在其中某些集团中找到自己利益的代表。而且,民众能够通过威胁令现任政府下台以更好地对其进行问责。总之,精英集团内部的分裂和多元性,使得没有哪一个小团体能够垄断政府权力。④

以公平的选举为核心的民主定义,因为其简洁性和易操作性被大多数实证研究者所接受。不过,对这种定义的批评也一直没有停止过,反对者认

---

① Robert A. Dahl, *Polyarchy: Participation and Opposition*, Yale University Press, 1971.
② 实际上,达尔在书中将民主定义为能够完全回应民众需求的政体,而民主包含的维度可能不止竞争性和包容性。因此,他将实现了高竞争性和包容性的政体称为多头政体(polyarchy)而不是民主政体。参见 Robert A. Dahl, *Polyarchy: Participation and Opposition*, Yale University Press, 1971, p.8.
③ Stephen Ingle, *The British Party System: An Introduction*, Routledge, 2008, p.8.
④ 研究政治多元主义的另一本经典著作是达尔的《谁在统治? 一座美国城市中的民主与权力》。参见 Robert A. Dahl, *Who Governs? Democracy and Power in an American City*, Yale University Press, 2005。

为,选举是若干年才有一次的政治活动,而且选民只能在有限的几个政党间进行选择。真正的民主应当允许公民在选举以外通过各种渠道表达观点和影响政府决策。尤其重要的是,公民应该能自发组成各种团体,通过讨论达成共识,实现不完全依赖于国家的社会治理能力。由这些团体所组成的空间被称作市民社会(civil society):

> (市民社会)不仅可以限制统治者的专断行为,而且可以让公民对他人的偏好有更强的意识,对自己的行动有更强的自信,以及对公共利益有更强的献身精神。在最好的情况下,市民社会可以在国家和个人之间提供一个治理空间,在不使用强制力的条件下解决冲突,控制社会成员的行为。[1]

二、民主政体的具体指标

为了更好地进行民主和民主化的跨国比较研究,政治学者以民主的程序性定义为基础,同时也结合了实质性民主的部分观点,提出了一些区分民主和非民主政体的具体指标。这些分类指标的一个最基本的差别在于,它们是将民主和非民主政体看作非此即彼的两种状态,还是将民主看作一个程度由低到高的渐进过程。

根据前一种假设,民主与非民主政体间存在质的区别,没有一种政体能将两者混合,也不存在所谓的中间地带。约瑟·柴巴布(José Cheibub)和詹妮弗·甘地(Jennifer Gandhi)等学者在 2010 年发表的一篇文章中,详细地介绍了一种较有代表性的二分型分类法[2]。文章追随约瑟夫·熊彼特的传统,把民主定义为"通过竞争性选举产生政府领导人的政权"。具体而言,民

---

[1] Philippe C. Schmitter and Terry L. Karl, "What Democracy Is ... and Is Not", *Journal of Democracy*, 1991, 2(3), pp.79-80.
[2] José Antonio Cheibub, Jennifer Gandhi, and James Raymond Vreeland, "Democracy and Dictatorship Revisited", *Public Choice*, 2010, 143(1-2), pp.67-101.

主政体必须满足四个条件：(1)行政首脑由选举产生；(2)立法机关由选举产生；(3)有两个或两个以上的政党参与选举竞争；(4)在现行选举制度下，已经发生至少一次权力的更迭。换言之，必须有证据表明，当权者愿意在输掉选举后交出政权，只有这样才能认为政权和平更替的民主规范已经基本确立。

第二类政体分类的指标将民主视作一个从低到高的连续性变量，换言之，政体间的差别是民主程度的高低，而不是非黑即白的划分。这方面较有代表性的是政体数据库(Polity Project)和"自由之家(Freedom House)"数据库。政体数据库[1]将达尔的两个维度进行细分，观察每个政体五个方面的特性，即"政府首脑产生的竞争性""政府首脑竞争的开放性""对政府首脑权力的限制""对政治参与的管控"和"政治参与的竞争性"。综合这五方面的表现，研究者对每个政体进行打分，分数的值域为-10—10。使用该数据库的学者一般将得分为6—10分的政体认为是民主制，-6—-10分的认为是非民主制，而其他政体则归为混合型。

"自由之家"是一个二战期间由美国人创建的非政府组织，它雇用了数十名专业分析师，通过阅读新闻报道、学术出版物、私人联系和现场调查等方式，搜集各国的信息，写成年度报告[2]。在报告中，分析师们对每个国家的政治权利和公民自由状况进行打分，并根据这些分数最终将所有国家分为"自由""部分自由"和"不自由"三类。与前面提到的数据库不同，自由之家数据库不是严格依循程序性民主的定义，而是考虑了许多实质性民主的内容，包括政治清廉程度、学术和新闻自由、收入分配平等。研究者究竟应该使用哪一个数据库，最终还是取决于具体的研究问题[3]。应当指出，尽管组建这些数据库的学者和机构都自称是严守学术自由和客观中立原则的，但

---

[1] Monty G. Marshall, Keith Jaggers, and Ted R. Gurr, *Political Regime Characteristics and Transitions*, *1800—2016*, *Dataset Users' Manual*, Center for Systemic Peace, http://www.systemicpeace.org/inscr/p4manualv2016.pdf, retrieved July 12, 2018.

[2] 关于自由之家数据库，见其网站：https://freedomhouse.org.，最后浏览日期：2018年2月26日。

[3] Hans Lueders and Ellen Lust, "Multiple Measurements, Elusive Agreement, and Unstable Outcomes in The Study of Regime Change", *The Journal of Politics*, 2018, 80(2), pp.736-741.

数据库的中立性和严谨性最终仍要由研究者自行判断。比如,自由之家的资金很大一部分源于美国政府的拨款,因此有人批评自由之家成了美国政府的外交和宣传工具。事实如何还有待研究者做更深入的调查。

第三节 民主化的原因分析

顾名思义,民主化指的是其他政体形式向民主制的转型。民主化是比较政治学中长期"集万千宠爱于一身"的研究课题,这方面积累的文献可谓浩如烟海。导致民主化备受学者关注的原因大致可归结为三点。第一,发展中国家在二战后,尤其是冷战结束后,出现了为数众多的民主化案例,现实政治研究无法回避这一现象。第二,西方学术界普遍认为民主制是一种较为优良的政体,如何帮助发展中国家实现民主转型成了一种道德关怀。第三,西方发达国家的决策层中有一种很有影响力的思潮,认为世界上更多国家采用民主制是符合西方国家的整体利益的。以美国为首的西方国家因此采取了多层次的推广民主战略,包括对民主化研究的大量资金支持。

尽管民主化研究的文献汗牛充栋,但正如该领域的权威芭芭拉·格迪斯(Barbara Geddes)所指出的,在这一问题上真正积累的知识却少得可怜[①]。本节将首先对已有文献中民主化原因的各种解释作一简短总结。在此基础上,我们将介绍格迪斯的一个颇具洞察力的观点:由于民主化发生的情境是多种多样的,因此并不存在一个单一的理论模型可以适用于大多数民主化实例。未来的研究应该对民主化的背景情境进行细分,然后对每一种情境下的民主化进程作单独的研究。

非民主的政体在什么情况下会转型为民主制?哪些条件有利于转型后的民主制度得到巩固?数十年来的民主化研究提出了一系列的影响因素,

---

① Barbara Geddes, "What Causes Democratization", in Carles Boix and Susan C. Stokes, eds., *The Oxford Handbook of Comparative Politics*, Oxford University Press, 2007, pp.317-339.

这些解释性因素大致可被分为五大类：经济条件、社会条件、时间与次序、精英能动性和国际影响。由于第八章将专门论及国际因素对国内政体的影响，此处不作赘述，以下篇幅将重点介绍前四类影响因素。

一、经济条件

国家实现民主化需要一定的经济发展基础，这是政体转型研究中源远流长的观点。简单地说，国家越富裕，发生民主化的概率就越大。当代政治学中首先系统论述这一观点的是李普赛特，他借用了古希腊哲学家的理论，认为在贫穷者占据人口绝大多数的社会中，政治要么被少数寡头垄断，要么被易受野心家蛊惑的民众所把持，导致暴政的产生。只有当大多数民众都具有基本的物质条件时，他们才能够理性地参与政治，不容易被寡头收买，也不会被野心家所煽动。李普赛特搜集了一些欧洲和拉美国家的数据，展示了经济发展指标与建立稳定民主制之间的相关性[1]。

在讨论经济发展和民主转型之间的因果机制时，一种很流行的解释将关注的焦点集中在税收结构的变化，以及统治者攫取税收资源的需要如何导致了代议制的产生[2]。一些学者基于欧洲的经验，认为在农业社会中，统治者的主要财政来源是针对土地和农产品所征收的各种税收。由于土地的不可流动性，贵族和农民很难将他们的财富进行隐藏和转移，统治者可以凭借对暴力机关的控制强迫征税。经济发展导致了税源的变化，新兴阶级所控制的资本具有更高的流动性，比如商人可以藏匿他们的收益，或者将资本转移到国外进行投资。这样一来，统治者不能仅靠暴力征税，而是必须和各类经济界的精英进行谈判，向他们让渡一部分权力。精英们借助自己讨价还价的能力，开始强化如议会等参政议政机构。代议制机构的发展，是民主发端的关键环节，在此基础上才有可能讨论代表权的逐渐扩大。

---

[1] Seymour M. Lipset, "Some Social Requisites of Democracy: Economic Development and Political Legitimacy", *American Political Science Review*, 1959, 53(1), pp.69-105.

[2] Douglass C. North and Barry R. Weingast, "Constitutions and Commitment: The Evolution of Institutions Governing Public Choice in Seventeenth-Century England", *The Journal of Economic History*, 1989, 49(4), pp.803-832.

从税收和代表权的角度研究民主化，可以发现并非任何一种形式的经济发展都有利于民主的发生。某些性质的财富积累过程，可能阻碍民主化的进程。比如，当国家控制了石油、矿产等固定资产，并依靠自然资源的出口获得税收时，统治者无需与经济精英进行谈判和妥协。他们不必向民众征收高额的税收，反而可以利用资源出口所得的财富来收买支持者。在这样的情况下，民众没有动力去争取政治代表权，限制国家权力的代议制机构于是失去了产生的土壤。许多研究表明，在那些大量出口自然资源的国家中，民主制度产生的概率较低。诸如沙特阿拉伯和阿曼等石油出口国，虽然已经实现了相当高的富裕程度，但仍然没有像现代化理论所预测的那样过渡到民主制度。这一现象也被称为"资源的诅咒（resource curse）"[1]。

除了经济发展和人均收入的提高以外，收入的平等分配也被认为是有利于民主化。根据这种观点，非民主政体中的掌权者往往是国家的富人阶层。当贫富两极分化严重时，统治者会全力抵制民主化，因为他们担心穷人会凭借多数的选票对富人的财富进行没收和瓜分。相反，当国内收入分配较为平均时，统治者对于财富再分配的恐惧感下降，他们会更愿意让渡一部分权力给民众，以规避自下而上革命的风险[2]。不过，实证研究还没有为这一论点提供坚实的证据，一些学者发现收入平等与民主的稳定性之间并无关联[3]。

应当说，经济发展程度与民主政体间存在相关性，这一点已经被学术研究所证实（如图4-1所示）。从图4-1中可以看出，在收入水平较高的国家中，民主政体所占的比例更大。在人均收入超过8 000美元的国家中，民主政体的比例接近100%；而在人均收入为1 500美元的国家中，该比例只有

---

[1] Robert J. Barro, "Determinants of Democracy", *Journal of Political Economy*, 1999, 107 (S6), pp.158-183; Michael L. Ross, "Does Oil Hinder Democracy?", *World Politics*, 2001, 53(3), pp.325-361.
[2] Carles Boix, *Democracy and Redistribution*, Cambridge University Press, 2003; Daron Acemoglu and James A. Robinson, "A Theory of Political Transitions", *American Economic Review*, 2001, 91(4), pp.938-963.
[3] Robert J. Barro, "Determinants of Democracy", *Journal of Political Economy*, 1999, 107 (S6), pp.158-183; Kenneth A. Bollen and Robert W. Jackman, "Political Democracy and the Size Distribution of Income", *American Sociological Review*, 1985, pp.438-457.

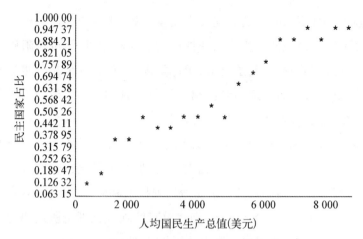

图 4-1　人均国民生产总值与民主的关系(1950—1990 年)

注：人均国民生产总值根据 1985 年的购买力平价计算得出。图中星点代表的是 1950—1990 年,处于某一个收入水平的若干国家中,民主政体所占的比例。

资料来源：Adam Przeworski, et al., *Democracy and Development: Political Institutions and Well Being in the World*, 1950-1990, Cambridge University Press, 2000, p.80。

12%。不过,这种相关性究竟是由于经济发展导致了民主转型,还是发达的经济体更有利于民主制的存活,学者们的观点不一。亚当·普沃斯基(Adam Przeworski)将前一种因果机制称作内生型民主化,将后一种机制称作外生型民主化。他认为,经济的发展未必导致民主化的发生,但民主制在富裕国家中更容易存活。导致民主转型的原因可能有很多,发达国家一旦建立了民主制度,这种体制就会稳定下来,而落后国家则不断地在民主和非民主体制之间转换。这可以解释为何现实中民主体制与经济发展程度有很强的关联。普沃斯基等学者分析了 1945—1990 年政体转型的数据,认为外生型民主化理论得到了更有力的证据支持[1]。不过需要指出,普沃斯基等人的实证分析存在不少瑕疵,后来的研究对他们的发现提出了有力的质疑[2]。

---

[1] Adam Przeworski, et al., *Democracy and Development: Political Institutions and Well Being in The World*, 1950-1990, Cambridge University Press, 2000.

[2] 如果我们仔细分析亚当·普沃斯基所提供的数据,会发现在人均收入介于 4 000—7 000 美元时,经济发展的确增加了民主转型的概率,因此数据仍然是支持内生型民主化理论的。其他对普沃斯基等人研究的质疑包括：Carles Boix and Susan C. Stokes, "Endogenous Democratization", *World Politics*, 2003, 55(4), pp.517-549; David L. Epstein, et al., "Democratic Transitions", *American Journal of Political Science*, 2006, 50(3), pp.551-569.

二、社会条件

解释民主化的第二大类因素是社会条件。实际上,这一解释路径和经济发展的关系是很密切的,很多社会层面的变化是经济现代化催生的结果。只不过,经济发展经常可能要通过社会结构和文化、价值观的变化才会对民主化产生影响。有一种著名的观点认为,中产阶级比例的扩大对于民主制的建立至关重要。以商人、专业人士、店主和公务员为代表的中产阶级积极支持社会稳定、偏好制度化和透明的政治过程。在民主制建立以后,面对精英和下层阶级可能出现的反民主倾向,中产阶级温和的政治倾向将成为维持民主政体的定海神针。这种观点被著名社会学家巴林顿·摩尔(Barrington Moore)精辟地总结为"没有资产阶级,便没有民主"①。

还有一个重要的理论学派强调政治文化对民主的支持作用。在20世纪60年代,美国学者阿尔蒙德和西德尼·维巴(Sidney Verba)提出,政治文化指的是人们对于一国政治体系(包括政治制度、政治任务和政治过程)的思考和感受。民主国家的顺利运转需要一种"公民文化(civic culture)",这种文化心理包含的要素有:人们相信自己有能力影响政治决策;人们对政治体系怀有积极的感情;人与人之间的高度信任;对渐进式社会变革的偏好。阿尔蒙德和维巴通过对德国、意大利、墨西哥、美国和英国公民的问卷调查,发现英美两国的文化心理最接近于公民文化的理想模型②。

美国密歇根大学的罗纳德·英格尔哈特(Ronald Inglehart)教授是研究政治文化与民主化关系的集大成者③。他认为,经济发展所带来的文化转变可以被划分为两个层面:一是,现代化使得人们对于宗教和家庭的依赖逐渐减少,对于中央集权式的、官僚化的权威服从增加。这个层面的变化被称为

---

① 摩尔在这里所说的资产阶级,一般被认为是中产阶级的同义词。见 Barrington Moore, *Social Origins of Dictatorship and Democracy: Lord and Peasant in The Making of The Modern World*, Beacon Press, 1966。
② Gabriel A. Almond and Sidney Verba, *The Civic Culture*, Princeton University Press, 1963.
③ 以下观点摘要主要取自:Ronald Inglehart and Christian Welzel, *Modernization, Cultural Change, and Democracy: The Human Development Sequence*, Cambridge University Press, 2005。

从传统权威向世俗-理性权威的转变。二是,现代化使得人们对于经济安全的强调程度降低,而价值观中自我表达和包容少数群体的重要性上升。这个层面的变化被称为从生存价值观向自我表达价值观的转变。

通过对80多个国家的四波价值观问卷调查,英格尔哈特提供了经济发展与文化转变两者关系的切实证据。高收入国家的公民更加强调世俗-理性的权威和自我表达的重要性,而低收入国家的受访者则更依赖传统权威,更看重生存需要和经济安全。研究还显示,从农业社会向工业社会的发展主要带来的是传统权威向世俗-理性权威这一维度的文化转变,而从工业社会向后工业社会的发展则主要导致生存价值观向自我表达价值观的转变。

此外,英格尔哈特认为一个人的童年和成年早期的经历对其价值观有决定性的影响,一旦形成,价值观在未来的生活中将基本保持稳定。那些早年经历过艰难的生活环境的人,其价值观会更强调对传统权威的尊重和物质安全;反之,那些早年生活条件较为优越的人,其价值观会更强调世俗-理性权威和自我表达。研究发现,在那些二战之后经历了大幅经济增长的国家中,老年人和年轻人之间存在着较大的代际文化差异,这主要是由于两代人成长环境在物质上的巨大差距导致的。然而,在那些战后经济增长缓慢或停滞的国家中,这种代际文化差异则较小或不存在。

为什么经济发展会导致价值观的转变?在经济欠发达的社会中,紧密团结的小集体,如家庭、部落和宗族,对个人的生存提供了不可缺少的资源,因此个人对于集体组织是高度依赖的,违反组织纪律或破坏集体凝聚力的行为(如亵渎神明、离婚、堕胎、同性恋等)会得到严厉的制裁。只有高度团结的小集体才能在艰难的经济环境中通过互助协作维持生存。这就是为什么在前现代化社会中,人们如此强调物质安全和对权威的尊重。而在经济发达的现代社会中,人们的生计不再主要依靠传统的小集体,而是开始在大的组织机构中获得物质报酬。同时,人们交往的对象和接触的思想变得更为多元和复杂。因此,现代社会的人们倾向于把权威、习俗和纪律视作对自己自由的限制,他们渴望自我表达、个人独立和尊重多元的生活方式。

由于现代社会导致的文化变迁使得人们不再盲从权威,不再无条件地服从集体,更加重视个人自由和自我表达,因此限制人们各种政治权利和公民自由的非民主政体难以在现代化社会中长期存在。保证人们言论自由、结社自由和政治参与权利的民主制度才能适应现代社会的价值观。英格尔哈特对全球各国的民主程度制定了一个衡量指标。他发现,民主指标和一国国民的文化价值观有密切的联系,越是强调自我表达价值的国家,民主指标的得分也越高(如图4-2所示)。总之,经济发展的确会导致民主制度的产生,但它必须通过改变文化来影响政治制度。

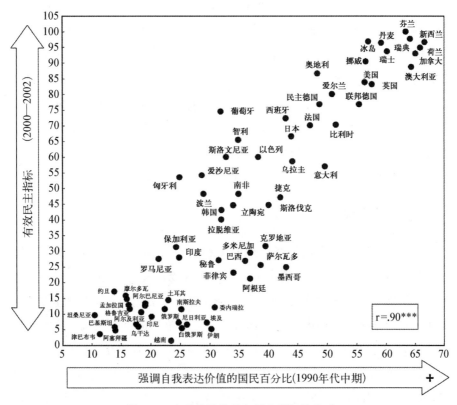

图4-2 自我表达价值与民主指标的关系

资料来源:Ronald Inglehart, Christian Welzel, *Modernization, Cultural Change, and Democracy: The Human Development Sequence*, Cambridge University Press, 2005, p.155。

三、时间与次序

第三类影响民主化的因素涉及的是重大政治事件发生的时间点和次序问题。前文已经提到,达尔认为历史上首先出现的民主政体大多是先建立起了精英集团的政治竞争,然后再将参与政治的权利逐渐赋予全体公民。这样循序渐进的改革进程,能够先在一个同质性较强的精英群体内部培养起民主竞争的习惯,建立对政权轮替规则的尊重,从而使得以后的政治参与扩大更加顺利。如果一步到位地将参政权开放给所有社会阶层,可能导致政体无法承受转型所带来的压力。当然,在政治平等观念深入人心的21世纪,任何哪怕是暂时限制选举权的措施都将遭受道德上的谴责。不过在学理上,一些研究者还是将民主制度在一些发展中国家的失败归因为此类渐进性改革的缺失[1]。有关民主化时间点的另一个关键变量是一国在历史上是否曾经建立起某种具有民主制特性的政体。经验研究已反复表明,曾经有过民主体验的国家相比从未有类似经历的国家更可能发生民主转型。一方面,对过往民主制的记忆会让国民倾向于认为民主是一种现实可行的制度选项;另一方面,前一段民主制运转的经历可能留下诸如政党和公民团体等重要的制度遗产,这些遗产对民主的复兴是至关重要的。

四、精英能动性

前面三种解释民主化的路径侧重于宏观的结构性因素,但对于激发民主化的直接因素,特别是民主化过程中关键人物的动机和行为模式却谈及甚少。第四类解释民主化的理论关注的恰恰是政治精英之间的互动,特别是非民主政体统治集团内部的分裂为政权反对派所提供的契机。这类理论一般认为,非民主政体的执政精英并不是铁板一块,他们在职位的分配、政权的目标和应付反对派的策略等问题上存在着一系列分歧。在许多情况下,统治集团内部会分裂为强硬派和温和派,前者倾向于维持高压统治的

---

[1] Eric M. Jepsen, "Processes of Democratization", in John T. Ishiyama and Marijke Breuning, eds., *21st Century Political Science: A Reference Handbook*, Sage, 2010, p.279.

现状,而后者则支持采取一些自由化的改革措施,目的是增强政权的合法性,拉拢社会上的反对势力。如果此时反对派中的代表能够抓住机会,与政权中的温和派代表展开谈判并达成某种协议,则国家可以向民主制和平过渡①。

提出"精英间协议"民主化模式的学者大多取材于拉丁美洲和南欧国家的历史经验。20世纪七八十年代的拉美出现了众多的军人政权,依靠极度高压的手段来维持运转。当社会上的反对势力,特别是劳工组织的抗议行动严重威胁了军人政府的统治时,军人集团内部常常会出现温和派人士,试图与反对派通过谈判达成某种协议。协商的结果一方面实现了民主制度的恢复,另一方面也为交还政权的高级军官提供某种保证,承诺民主化之后不追究他们在独裁时期犯下的一些罪行。显然,政府和反对派能否通过协商谈判顺利地实现民主转型取决于诸多因素②。首先,统治集团的性质影响着它进行谈判的意愿。对于军人政府而言,军队的本职工作并不是执掌政权,许多高级军官不愿看见军队因介入政治而"不务正业",因此乐于归政于文官政府,但其他形式的非民主政体可能更加迷恋权力,对谈判采取抵制态度。其次,若要迫使政府展开谈判,社会上的反对势力必须具有相当的组织动员能力,让执政者感受到切实的压力。最后,反对派不仅要擅长组织游行抗议,还必须掌握谈判的技巧,做好执政的准备,才有可能促成谈判的顺利进行。

五、理论普遍性与案例特殊性

从以上介绍可以看出,学者们围绕民主化的主要驱动力进行了旷日持久的辩论。在一篇回顾民主化研究的文章中③,芭芭拉·格迪斯指出,除了

---

① 讨论"精英间协议"的代表性著作是:Guillermo O'Donnell and Philippe C. Schmitter, *Transitions from Authoritarian Rule: Tentative Conclusions about Uncertain Democracies*, Johns Hopkins University Press, 1986。
② Eric M. Jepsen, "Processes of Democratization", in John T. Ishiyama and Marijke Breuning, eds., *21st Century Political Science: A Reference Handbook*, Sage, 2010, p.279.
③ Barbara Geddes, "What Causes Democratization", in Carles Boix and Susan C. Stokes, eds., *The Oxford Handbook of Comparative Politics*, Oxford University Press, 2007, pp.317-339.

经济发展阶段与民主化之间的相关性外,研究这一问题的学者并没有达成什么确定性的共识。之所以出现这种令人失望的局面,主要是由于学者们通常是试图从自己最熟悉的经验案例中提炼普世性的理论。然而,民主化发生的背景是丰富多样的,在特定的地区和历史情境下,民主化过程的特点可能截然不同,如果要套用一个理论模型来解释所有的民主化过程,则无异于削足适履。格迪斯举了若干个例子来说明不同历史情境下驱使民主化动力的差异。比如,在早期的资本主义国家中,富裕阶层掌握着政治权力,这些国家中已经存在某种形式的代议制,但参政权被限制在富人阶层。当时,富人阶层抵制民主化的主要原因是害怕穷人以高税率来瓜分他们的私有财产。一旦收入分配水平趋于平均,统治者对再分配的恐惧随之下降,他们便愿意将参政权开放给更广的人群。然而在二战以后,发展中国家的统治者常常是通过民族解放运动或社会革命上台的,他们在夺权之前并不是富商巨贾,而是职业政治家。对于这些统治者来说,权力并不是捍卫财富的手段,他们担心的不是穷人掌权之后实行再分配,而是害怕失去权力后遭遇到政治迫害。对于这些发展中国家的掌权者,收入分配的均等化丝毫不会降低他们对失去权力的恐惧,自然也不会增加他们分享权力的意愿。

再比如,19世纪以前,西欧国家对经济的控制能力普遍偏弱,财政收入高度依赖对富人的征税,于是形成了国家与资产阶级讨价还价的关系,这为代议制度的产生铺平了道路。二战以后的发展中国家几乎都采用了国家主导的经济发展战略。国有企业和资源出口带来了大量的财政收入,减少了国家对私人投资者的依赖。政府可以用各种国家资源培育忠实于自己的支持者群体,而不必为了税收向国内民众进行政治让步,民主化因此失去了一大动力。总之,格迪斯认为对民主化原因的分析应当区分不同的历史时期和非民主政体的性质,对每一种特定情境下的民主化过程做分别的研究,才能避免生搬硬套单一理论模型的谬误。本书的第五章将详细分析非民主政体之间的形态差异及其对政体转型的影响。

第四节　第三波民主化浪潮

一、历史上的三波民主化

正如前文提到的,民主化之所以成为学者们趋之若鹜的热门话题,原因之一是该现象频繁发生于 20 世纪下半叶的世界政治版图。亨廷顿首开先河地使用了"民主化浪潮(wave of democratization)"的概念,用来指称在一段特定的时期内,一组国家的政治体制由非民主向民主过渡。在该时期,朝民主化转型的国家数量明显地超过向相反方向变化的国家。亨廷顿沿袭了熊彼特对民主的定义,即"看其中最有影响的集体决策者是否通过公平、诚实和定期的选举产生,在这种选举中候选人可以自由地竞争选票,而且基本上所有的成年人都可以参加选举"①。

根据亨廷顿的研究,在近代世界史上一共出现了三波民主化浪潮。第一波浪潮发生于 19 世纪并延续至 20 世纪初。由于历史的局限性,亨廷顿针对这一时期的国家放宽了民主的定义,只要 50% 以上的成年男性有投票权,且最高权力所有者(总统制国家中的总统,议会制国家中的议员)由选举产生,便可以被认为是民主国家。在这波浪潮中,美国首先在总统选举中逐步废除了财产限制,使得大多数成年男子获得了选举最高行政长官的权利。英国及其海外领地陆续过渡到了内阁对议会负责的制度,并且通过普选产生议员。瑞士、法国、西班牙等国也在这一时期实现了民主化。到 20 世纪 30 年代,大约有 30 个国家建立了最低限度的民主制度。1930 年后,世界政治出现了第一次向非民主体制的回潮,意大利、德国、西班牙和日本等国家的民主体制被法西斯政权所取代,葡萄牙、巴西和阿根廷等国家都发生了军事政变,进入了军人统治时期。在 1910—1931 年引入民主制度的 17 个国家

---

① Samuel P. Huntington, *The Third Wave: Democratization in the Late Twentieth Century*, University of Oklahoma Press, 1991, p.7.

中,只有4个国家在这一时期维持住了民主体制。

第二波民主化发生在第二次世界大战之后,以美国为首的盟军占领了联邦德国、意大利、日本和韩国,确保了民主制度在这些国家的确立。这一时期实现了民主化的国家还包括土耳其、希腊、一些拉丁美洲国家以及从殖民统治中获得独立的新国家。在20世纪的六七十年代,世界政治又一次发生向非民主体制的回潮。拉丁美洲中包括阿根廷、巴西等国家都经历了军事政变,民选政府被推翻。印度尼西亚和菲律宾分别涌现了政治强人苏哈托(Mohammad Suharto)和费迪南德·马科斯(Ferdinand Marcos),终结了两国的民主实践。在非洲,1956—1970年共有33个国家获得了独立,但此后不久都建立起了一党制政体或军人政府。根据一项统计,在1958年世界上存在的32个民主国家中,有三分之一到20世纪70年代中期时已经变成了非民主国家。

第三波民主化开始于1974年葡萄牙军人政府的倒台,此后的约15年间,民主政权在欧洲、非洲和拉美的30个国家中取代了威权体制。例如,西班牙长期执政的弗朗西斯科·佛朗哥(Francisco Franco)将军去世,国家在新国王胡安·卡洛斯(Juan Carlos I)的带领下实现了民主转型。拉丁美洲的军人政权由于经济政策失败和大规模的人权侵犯,最终被人民所唾弃,绝大多数以谈判的方式退出政治,将政权交还给了文官政府。在非洲,长期占据统治地位的一党体制于1990年普遍引入了多党竞争的选举体制。亚洲的菲律宾、韩国等也先后实现了民主化。此外,苏联的解体使得一大批东欧国家开始了民主转型。

二、第三波浪潮中政体发展轨迹的多样性

来势凶猛的第三波浪潮让学术界对于民主制度的推广充满了乐观情绪,甚至催生了一种专门用来分析民主化进程的转型范式(transition paradigm)。这种范式假设,非民主政体中一旦出现了控制松动的自由化苗头,那么它必然要开始向民主制度过渡。民主化的进程一般分为三个步骤:首先,统治集团内部出现裂痕,分化为强硬派和温和派两个对立阵营;接下来,非民主政

体垮台，被一个由选举产生的新政府所替代；最后，一个漫长的"民主巩固"的过程开启，它包含国家制度改革、选举的规范化、市民社会的强大等内容。转型范式倾向于认为，民主化能够在任何国家实现，无论这些国家处在何种经济发展阶段，有着怎样的历史和文化遗产[1]。

随着时间的推移，学者们发现第三波中经历民主化的国家，只有极少数能够建立起稳定的民主体制。民主支持者在20世纪90年代初一度被冲昏的头脑，到了2000年后开始慢慢冷静下来。在一篇名为《转型范式的终结》的文章中，托马斯·卡罗瑟斯（Thomas Carothers）尖锐地指出，被认为处于"转型期"的100多个国家，大多数既没有迹象能够实现民主化，也不大可能倒退回自由化改革以前的旧式非民主体制[2]。这些国家进入了一个"政治灰色地带（political grey zone）"。它们虽然进行着定期的民主选举，反对派也有相当的活动空间，但却存在着严重的"民主赤字"。"灰色地带"中的国家呈现两种政治综合征：失败的多元主义（feckless pluralism）和独大型政治（dominant-power politics）。失败的多元主义形容的是这样一类政治生态：它允许不同政党参与选举竞争，政党轮替已成为常态，公民享有相当程度的政治自由，但民主体制的运作却问题丛生——主要政党都被民众看作是腐败和低效的；哪个党上台都解决不了国家面临的紧迫问题；经济表现持续低迷；公民对政治感到不满和冷漠，除了选举投票之外没有参与政治的热情。卡罗瑟斯认为，被这种肤浅的民主制所困扰的主要是巴西和阿根廷等拉美国家以及摩尔多瓦和乌克兰等东欧国家。

独大型政治是发展中国家更常见的一种综合征，它的主要特征包括：执政者利用所掌握的国家资源破坏选举竞争的公平性，导致政府轮替几乎不可能；多党选举只是用来迷惑国际社会的烟幕弹，选举中舞弊和暴力事件频发；反对党被边缘化，长期在野的地位使民众无法信任他们的执政能力。由于缺乏监督和选举竞争的压力，执政党不可避免地被腐败丑闻所困扰。事

---

[1] Thomas Carothers, "The End of the Transition Paradigm", *Journal of Democracy*, 2002, 13(1), pp.6-9.
[2] Ibid., pp.5-19.

实上,卡罗瑟斯所称的独大型政治已成为近年来比较政治学中备受关注的对象,学者们对于这种结合了多党选举和一党独大的矛盾政体作了透彻的研究①。由此可见,独大型政治在发展中国家已经成了一种相当普遍的政治模式。

为了更直观地说明第三波民主化以来世界范围内政体变化的轨迹,我们在此引用2013年发表于《民主杂志》(*Journal of Democracy*)上的一篇名为《第三波——数字中的奥秘》的文章②。这篇文章不仅展示了1972—2012年民主和非民主政体的数量变化趋势,而且在两种政体内部进行了细分,从而使读者可以更好地判断民主化所取得的实际进展。文章的作者按照民主程度实现的高低将民主政体细分为四类:(1)最低限度民主,只要求国家领导人是由定期选举产生的,选举的结果必须带有不确定性;(2)选举型民主,它比最低限度民主具有更公平、规范的选举程序;(3)多头政体,在选举型民主的基础上,还要求对言论和结社自由的充分保障;(4)自由民主制,它比多头政体增加了保障法治的要求,是最高形式的民主政体。作者也把非民主政体进一步分为两类:第一类是选举型威权政体,其特点大致与独大型政治相同,领导人虽然由多党选举产生,但选举不具有竞争性;第二类则是禁止反对党参与选举的封闭式政体。

图4-3展示的是这一时间段内上述六种政体分布情况的变化。首先可以看出,从第三波开始后直到2012年,全球范围内民主政体的数量显著地上升了。1978年,全球的158个国家中只有31%为民主政体;到了2012年,195个国家中有60%建立了民主体制。这一上升趋势在1990年之前是缓慢的,但在冷战结束以后步伐迅速加快。从1995年开始,民主国家的数量开始趋于稳定,只是在2005年后稍有减少。值得注意的是,最低限度民主和选举

---

① 这方面最有影响力的研究包括:Steven Levitsky and Lucan A. Way, *Competitive Authoritarianism: Hybrid Regimes after the Cold War*, Cambridge University Press, 2010; Andreas Schedler, "The Menu of Manipulation", *Journal of Democracy*, 2002, 13(2), pp.36-50; Andreas Schedler, ed., *Electoral Authoritarianism: The Dynamics of Unfree Competition*, Lynne Rienner, 2006.
② Jørgen Møller and Svend-Erik Skaaning, "The Third Wave: Inside the Numbers", *Journal of Democracy*, 2013, 24(4), pp.97-109.

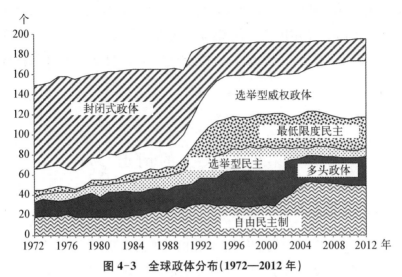

图 4-3　全球政体分布（1972—2012 年）

资料来源：Jørgen Møller and Svend-Erik Skaaning, "The Third Wave: Inside The Numbers", *Journal of Democracy*, 2013, 24(4), p.99。

型威权政体的比重从 1989 年之后大幅增加。在 1988 年,世界上只有 9 个国家属于最低限度民主,21 个国家属于选举型威权政体,到了 2012 年,这两个数字分别攀升到了 30 个和 56 个。这些国家介于最封闭的非民主政体和稳定民主制之间,证明了经历"转型期"的国家大多进入了政治灰色地带。

清华大学的刘瑜在 2015 年发表的一篇文章中,也对第三波民主化的成绩进行了检视[①]。她采用的方法是跟踪观察在第三波期间开启民主转型的共 92 个国家,判断其中有多少确立了稳定的民主制度。根据刘瑜的分析,这组国家中共有 48 个实现了民主的稳固,即已经连续 12 年以上维持民主制度;7 个国家经历了民主的倒退,也就是出现了民主质量的下降,但还没有滑落至非民主政体;14 个国家属于民主崩溃的类别,即民主倒退的程度已经使它们重新回到了非民主政体的范畴;有 12 个国家在民主和非民主之间反复徘徊摇摆;11 个国家虽然经历了民主转型,但还没有过 12 年的观察期,被归为了"有待观察的案例"。总的来说,92 个国家中超过一半确立起了稳固的

[①] 刘瑜:《第三波民主化失败了吗?》,汪丁丁主编:《新政治经济学评论 29》,上海人民出版社 2015 年版,第 85—126 页。

民主制,这是第三波民主化的重大成就。另一方面,有多达39个第三波民主化国家遭遇了民主的倒退甚至崩溃,说明新兴民主政体面临着巨大的挑战。她最后总结道:"对于第三波民主化的稳固程度,'进两步、退一步'是比较贴切的形容。"

第五节 民主的倒退

一、民主倒退的主要形式

进入21世纪以来,研究者对民主化的发展前景开始采取一种更为理智的态度,一些学者甚至对此持一种日益悲观的论调。"自由之家"组织每年会出台一份报告,对过去一年全球民主发展的状况做一个综述。我们只需比较一下2003年和2018年报告的开篇,就能够感受到西方学者的态度变化。2003年的年度报告的开头是令人振奋的:"2002年,尽管面临着全球恐怖主义的威胁,自由与民主在全球范围内取得了显著的进展……28个国家的自由状况取得了进步……其中,巴西、莱索托、塞内加尔和南斯拉夫进入了自由国家的行列,巴林和肯尼亚成为部分自由国家。"[①]而到了2018年,报告执笔者的焦虑情绪已经跃然纸上:

> 民主正处在危机之中。它所代表的价值——特别是通过自由和公平的选举产生领导人,新闻自由,法治——正在全球范围内遭遇围攻,步步退却。四分之一个世纪前,冷战终结之时,似乎极权主义终于被战胜,自由民主制已经赢得了20世纪伟大意识形态斗争的胜利。今天,却轮到民主制遭到打击和弱化。根据《世界自由状况报告》(*Freedom in the World*),连续十二年来,民主遭受挫折的国家数量超过了民主取得

---

① *Freedom in the World 2003*, Freedom House, Https://Freedomhouse.Org/Report/Freedom-World/Freedom-World-2003,最后浏览日期:2018年4月12日。

进步的国家。十年前看似大有希望的成功案例,如土耳其和匈牙利,如今已倒退回威权统治……与此同时,世界上最强大的民主国家却深陷各种国内难题中,如社会和经济的不平等、党派分裂、恐怖袭击,以及破坏同盟国之间团结和增加对"他者"恐惧的移民浪潮。①

不难发现,这种气氛的转变不仅是由于全世界民主政体的总数量在1995年以后趋于停滞,更是因为在已经建立起民主政体的国家,经常出现民主倒退的现象。第三波期间迈向民主转型的绝大多数是发展中国家,事实表明,它们的政治发展轨迹绝不是朝着民主一路前进的单程旅行,这也激发了近年来关于民主倒退的热烈讨论。

所谓民主倒退,指的是维持民主政体所必需的各种制度、惯例和规范所经历的逐步衰退甚至消失。支持民主运作的元素是多样的,包括选举的竞争性和公平性、领导人权力所面临的制度性约束、对公民自由的基本保障等,这其中任何一个要素的质量受损,都可以引发民主倒退的后果。民主倒退与民主崩溃是两个相关但不相同的概念,只有当民主倒退的程度严重到让一个国家无法满足民主政体的最低程序性要求时,才构成民主的崩溃。借用安德烈亚斯·谢德勒(Andreas Schedler)的话来形容,民主崩溃指的是政体以一种"戏剧性的、突然的和易于观察到的方式退回到威权统治",而民主倒退则是一个更加低调、渐进和不透明的过程,可以被看作民主制的"慢性死亡"②。

民主倒退一般是以什么样的形式出现的?牛津大学的学者南希·贝尔梅奥(Nancy Bermeo)列举了六种常见的形式③,其中三种是对民主制公开露骨的亵渎,而其他三种相对应的形式则较为隐蔽和渐进。自冷战结束以后,赤裸裸摧毁民主的做法已不常见,政客们学会了用更加精致巧妙的手段对

---

① *Freedom in the World 2018*, Freedom House, Https://Freedomhouse.Org/Report/Freedom-World/Freedom-World-2018,最后浏览日期:2018年4月12日。
② Andreas Schedler, "What Is Democratic Consolidation?", *Journal of Democracy*, 1998, 9(2), pp.91-107.
③ Nancy Bermeo, "On Democratic Backsliding", *Journal of Democracy*, 2016, 27(1), pp.5-19.

民主要素进行蚕食。

民主倒退的第一种形式是"经典式政变",即军队或其他政治精英发动政变,驱逐现任领导人,以非法的手段夺取政权。经典式政变最盛行的时期是1960年代,此后发生的频率下降,1989年之后,民主国家被政变成功推翻的可能性始终在5%以下徘徊。

一种被称为"承诺式政变"的倒退形式却在近年来悄悄抬头,政变的夺权者为了赢得国内外的支持,宣称政变是为了保护民主,并且许诺在不久的将来召开选举,恢复民主体制。然而,接下来选举的获胜者往往是政变的发动者或其政治盟友。无论选举结果如何,现实中这一政变类型几乎没有例外地导致民主质量的下降。

第三种民主倒退的形式是由民选产生的政府首脑宣布中止宪法,一步到位地废除各项民主制度,将权力揽于自己手中。通过这种方式被推翻的民主政体在冷战时期较为普遍,1990年代也曾出现五个案例,而2000—2013年只有尼日尔一例。与军人政变类似,政府首脑夺权的手段在冷战后也经历了演变,贝尔梅奥将这种进化版本的夺权方式称作"行政机关扩权"。典型的做法是,民选产生的总统推行一系列制度改革,削弱其他机构对总统权力的制约,限制反对派的活动空间。如果立法机关阻碍了总统的扩权行为,总统可以让民众选出"制宪会议(constitutional assembly)"一类的新决策机构,取代原立法机关的职能,或者诉诸全民公决。行政机关扩权的特点在于,对民主体制的逐步削弱大多获得了某种形式的民众授权,而且披上了法律程序的外衣。

民主倒退的第五种形式是公开的选举舞弊,执政者为了避免输掉选举,可能在选举当天使用贿选、填充假选票、暴力袭击反对党支持者、篡改计票结果等破坏选举的手段。随着国际社会对选举监督的加强和选举技术的改进,公然的选举舞弊在近年来已不多见。然而,破坏选举公平性的行为却在以更加隐蔽的形式出现,对"选举的策略性操纵"一般在选举日之前已经长期进行,而且无需使用明显的违法手段。比如,执政党可以控制媒体的报道口径、减少反对党的媒体曝光度、使用公共财政为执政党竞选活动埋单、为反对党选民注册增加难度、任命亲政府的选举委员会成员、修改选举规则等。与选举舞弊相比,平时性的操纵选举手段不会大张旗鼓地进行,因此容易逃过国际社会的监督视线和谴责。图 4-4 显示的是西方选举观察团所监测到的不同选举操纵行为的频率变化。该图表明,选举日当天的舞弊行为呈显著下降的趋势,但在选举前骚扰反对派、取消反对派参选资格的操纵行为却有增无减。有研究表明,西方国家对发展中国家的选举监督,迫使统治者转而采用一些更为隐性的办法来盗取选举胜利①。

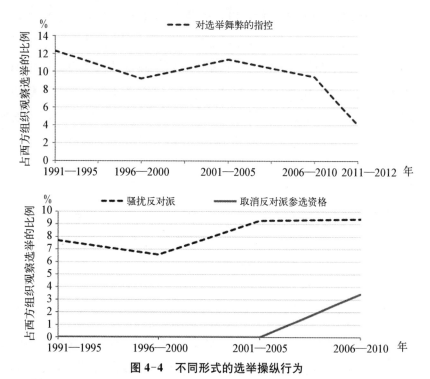

图 4-4　不同形式的选举操纵行为

资料来源:Nancy Bermeo, "On Democratic Backsliding", *Journal of Democracy*, 2016, 27(1), pp. 8,13。

二、导致民主倒退的因素

哪些因素可能导致民主政体在建立之后遭遇倒退的命运?不难理解,

---

① Susan D. Hyde and Angela O'Mahony, "International Scrutiny and Pre-Electoral Fiscal Manipulation in Developing Countries", *The Journal of Politics*, 2010, 72(3), pp.690-704.

对这一问题的研究与民主化原因的探索有重合之处：有助于一个国家迈向民主化的结构性因素，也可能在民主化之后防止倒退的发生。有学者研究了1960—2004年88个不同国家中发生的123次民主转型①，这其中，67个民主政体一直存活到了研究截止时，而其余的56个则倒退回了非民主政体。研究者希望从这些主要是发展中国家的数据中寻找民主倒退的解释因素。他们发现，国家经历民主化时的初始社会经济条件对民主倒退的概率有明显的影响。比如，那些民主政体得以巩固的国家，在经历民主化时的平均人均GDP为2 618美元，而这一指标在最终倒退回非民主政体的国家中只有866美元。初始时期收入分配较为平等和贫困率较低的国家遭遇民主倒退的概率也更低。除了社会经济发展水平以外，研究者还发现政府首脑的扩权行为是导致民主倒退的一大隐患。如果在民主化的初期，国家制度安排对行政机构负责人的限权较为有力，则可以显著降低民主倒退发生的可能性。针对这一发现，研究者评论道：

> 如果一个领导人面对的是弱的制度约束，无论他是总统或者首相，都会面临将经济和政治权力揽于行政机关的诱惑。随着权力的集中，其他政府部门的成员、投资者和市民社会便开始怀疑公共政策还能否促进社会的总体福利。②

鉴于政府首脑的扩权行为对民主体制构成的威胁，有研究拉美的学者提出，反对党如何应对总统的僭越举动是能否遏止民主倒退的关键。如果反对党能够在总统刚有越轨行为时，就利用现有民主体制（国会、法院和选举）展开寸土必争的反击，则民主倒退的势头很有可能得到抑制。反之，如果反对党为了抗议选举不公，轻易地放弃在立法机关中的议席，并诉诸体制以外的暴力抗争手段，那么这正给了总统进一步打击反对党的正当理由。

---

① Ethan B. Kapstein and Nathan Converse, "Why Democracies Fail", *Journal of Democracy*, 2008, 19(4), pp.57-68.
② Ibid., pp.57-58.

由于总统的扩权行为是缓慢渐进、分为不同步骤的,因此反对党一般有足够的时间和资源与具有野心的政府首脑进行长期斗争[1]。

民主体制在发展中国家的巩固或倒退趋势对世界政治格局有着重大的意义,未来仍然会得到学者们的密切关注。从更宽广的视野来看,发展中国家不可避免地受到大国、强国内部发展态势的影响。研究民主的著名学者拉里·戴蒙德(Larry Diamond)在2015年指出,当今世界民主政体总体上处于一个衰退时期,这不仅是由于已建立的民主体制遭遇了倒退,还因为另外两个重要趋势。第一,一些地区性大国的威权特征不断深化,比如,在俄罗斯,反对派和独立社会团体的生存空间被持续压缩,普京的执政地位更加不可撼动。这些非民主国家可以利用自己的国际影响力,把民主描绘成一种弊端丛生的体制,在发展中国家推广自己的治理模式。尤其对于那些依赖地区性大国的援助或投资的国家而言,其国内的反民主力量必然得到壮大。第二,以美国为代表的西方民主国家,正遭遇到民粹主义、移民危机和恐怖主义等难题的困扰,其民主体制的运作质量以及对本国体制的自信心似乎都在下降。在美国,民主共和两党的两极分化导致立法效率低下,种族矛盾和枪支泛滥问题也有恶化的倾向,而极具威权气质的特朗普当选总统更是令形势雪上加霜。如今的国际舞台上,推广民主已经沦为美国外交政策中无关紧要的议题。如果西方国家的民主质量持续走低,并且逐渐丧失了推广民主的信心和意愿,那么无疑会助推发展中国家的民主倒退[2]。

---

[1] Laura Gamboa-Gutiérrez, "The Dynamics of Erosion in Latin America", Paper presented at The ECPR Joint Sessions of Workshops, Salamanca Spain, 2014.
[2] Larry Diamond, "Facing up to The Democratic Recession", in Larry Diamond and M. Platter, eds., *Democracy in Decline?*, John Hopkins University Press, 2015, pp.98-118.

名词解释

民主的程序性定义、第三波民主化、民主倒退

思考题

1. 如何解释民主一词的含义在历史上的变化历程？为什么民主理念在20世纪下半叶取得了全球范围内的空前胜利？

2. 推动一个国家民主化的因素，在不同的历史时段（二战之前，冷战时期，后冷战时代等）有何显著区别？

3. 为什么在2005年前后，民主政体在全世界扩张的势头减缓，而民主倒退的案例明显增加？

第五章
发展中国家的政体类型

本章导读

　　发展中国家的政体形式纷繁多样,其复杂性远不是民主与非民主的二元划分所能囊括的。在非民主政体内部,还可以根据不同标准进行更加精致的类型学研究。本章第一节将介绍学者们对非民主政体进行分类的几种尝试,并指出近年来,人们逐渐开始将国家统治集团的性质作为最重要的分类标准。大体而言,非民主政体依据统治集团的性质不同可分为三大类:君主政体、军人政体和政党政体。接下来的三节将分别对这三种政体的相关问题展开论述,包括历史起源、制度安排特征和维系统治的手段。讨论的过程将结合已有文献,重点关注非民主政体的分类法对我们理解实际的政治现象有何裨益。

第一节　非民主政体的多样性

　　将发展中国家的政体类型分为民主与非民主,这只是政体分析的第一步。第四章已经对民主政体的形成原因和发展轨迹,以及有利于民主巩固的要素做了介绍。在发展中国家内部,由于成熟的民主体制只是少数特例,因此对非民主政体特点的准确把握就显得尤为重要。本章将对不同类型的非民主政体展开研究,重点关注它们的历史起源、制度安排特征和维系统治的手段。

上一章中提到,芭芭拉·格迪斯在评点民主化文献时,着重提醒研究者注意不同历史和制度背景下民主化进程的区别。非民主政体在制度形态上存在显著的区别,推动它们走向民主化的原因也可能因此不同。实际上学者们很早就认识到,非民主政体是一个极为粗略的分析概念,依据研究目的将政体做更细致的分类,绝不只是理解民主化的需要,也是探索发展中国家其他重大政治问题的需要。早在20世纪五六十年代,胡安·林茨(Juan Linz)等学者就区分了威权主义(authoritarianism)和极权主义(totalitarianism)国家[1]。在极权主义国家中,政府要求民众接受一种包罗万象的意识形态,集体性的政治活动渗透到人们生活的每一个领域,私人空间被最大限度地压缩;同时,国家对社会组织和经济生活实施全面控制,几乎不存在公民自愿组成的团体和私营经济部门[2]。与极权主义国家相比,威权国家并不进行严密的意识形态控制和政治动员,在经济和社会领域也允许更多的多元化,市场经济、私人企业和社会组织等元素能够获得更多发展空间。

极权主义模型最早被汉娜·阿伦特(Hannah Arendt)等学者用来理解纳粹政权因何能给欧洲各国的人民带来如此深重的灾难[3]。现代国家凭借新的组织手段和通信、交通技术获取了前所未有的控制社会和公民的能力,这解释了其史无前例的破坏性。然而作为一个分析概念,极权主义的应用范围是狭窄的,历史上大概只有纳粹德国、斯大林时期的苏联和萨达姆统治下的伊拉克等少数案例能符合极权主义的定义[4]。当今世界是否还存在极权主义政体尚不明确,而与之相对的威权主义国家又充满了多样性,因此极权主义和威权主义的二分法显然无法满足现实的政治分析需要。

---

[1] Juan Linz, *Totalitarian and Authoritarian Regimes*, Addison-Wesley, 1985.
[2] 对极权主义模型的一个经典研究参见 Carl J. Friedrich and Zbigniew K. Brzezinski, *Totalitarian Dictatorship and Autocracy*, Harvard University Press, 1965.
[3] Hannah Arendt, *The Origins of Totalitarianism*, Houghton Mifflin Harcourt, 1973.
[4] Edward Webb, "Totalitarianism and Authoritarianism", in John T. Ishiyama and Marijke Breuning, eds., *21st Century Political Science: A Reference Handbook*, Sage, 2010, p.251.

胡安·林茨与阿尔弗莱德·斯泰潘（Alfred Stepan）在后期的著作中对分类法进行了修正，在极权主义和威权主义的基础上新增了"后极权主义（post-authoritarianism）"和"苏丹制（Sultanism）"两种政体形式①。所谓后极权主义，实际上是指苏联东欧的社会主义国家对高度集中的斯大林体制进行改革后形成的政治局面。在这些国家中，独立的社会和经济组织有所增长，领导人的权力开始受到规则的制约，官方意识形态的重要性下降，动员民众的努力也成为强弩之末。如果说极权主义的指导思想是"不支持我们的人就是反对我们的人"，那么后极权主义默认的原则就是"不反对我们的人就是支持我们的人"。后极权主义和威权主义的最大区别在于，前者"形成于极权主义政体的常规化、衰退，或者精英的恐惧"，而后者一般没有经历过极权主义的阶段。正因如此，后极权主义国家在政治、经济和社会的多元化程度仍然是低于威权主义国家的。至于苏丹制，指的是统治者个人享有不受限制的权力，并且具有家族统治和朝代延续特征的政体。苏丹制下，国家财产和统治者的私产之间的界限模糊，经济上的成功取决于与统治者的私人关系，所有的组织和机构都无法抵制苏丹无法预测的专制干涉。接近这一理想型的政体广泛存在于非洲、中东和加勒比海地区。林茨与斯泰潘无疑对理解非民主政体间的差异作出了重大贡献，他们对每一种政体类型特点的刻画也入木三分、发人深思。不过，这种分类法的主要目的是描绘几种理想型的政体，它在涵盖所有非民主国家方面是有缺陷的。从实证研究的角度看，政体之间的分类标准比较模糊，许多现实中的案例似乎找不到相对应的类型②。

第三波民主化以来，大量的发展中国家驶入了"政治灰色地带"（见本书第四章），非民主政体普遍地将多党选举作为提升政治正当性的手段。一些学者相应地提出了"选举型威权主义（electoral authoritarianism）"的政体类

---

① ［美］胡安·J.林茨、阿尔弗莱德·斯泰潘：《民主转型与巩固的问题：南欧、南美和后共产主义的欧洲》，孙龙译，浙江人民出版社2008年版。
② Axel Hadenius and Jan Teorell, "Pathways from Authoritarianism", *Journal of Democracy*, 2007, 18(1), p.144.

型，以区别于没有多党选举的封闭式政体①。在选举型威权政体中，尽管反对党能够通过选举竞争立法机关和行政机关的职位，但执政者对选举的操纵破坏了竞争的公平性，导致政体无法满足民主制的最低要求。另有研究者根据选举竞争的激烈程度，将选举型威权进一步划分为竞争型和霸权型②。在前者中，反对党遭遇的打压和限制相对较小，在选举中所获票数和控制的立法机关席位相对较高③。也就是说，选举的游戏规则虽然被执政者扭曲，发生政党轮替的可能性也很小，但反对派仍有一定存在和活动的空间，他们在议会中的力量也能给执政者造成相当的制约和压力。而在后者中，执政党经常性地赢得90%以上的选票，多党选举的象征意义大于实际意义。

这种基于选举竞争性的分类法也遭遇了一些批评。第一，区分霸权型和竞争型政体的标准模糊，究竟反对派赢得多大比例的选票，才能将政体算作是竞争型，不同学者众说纷纭，莫衷一是。第二，选举型威权国家中反对党的得票比例可能是经常变动的，这种变化反映的是执政者和反对派策略性互动的结果，而不是政体性质发生了改变。比如，执政者在一个特定时期为了获取国际社会援助，可能适当放松对选举的控制，反对党则因此扩大了得票数量。依据这样临时性的选举结果变化，就认为政体发生了转型，这无疑是一种幼稚的看法④。

近年来，不少研究发展中国家的领军学者开始关注统治集团内部的制度安排，并据此对政体进行划分，其中有三种分类的尝试最具影响力。

首先在这一方向上开辟路径的是芭芭拉·格迪斯，她认为，一个政体最核心的特征是"决定统治者来自哪一个集团，以及谁能够影响领导人的选择

---

① Andreas Schedler, "The Menu of Manipulation", *Journal of Democracy*, 2002, 13(2), pp.36-50; Andreas Schedler, eds., *Electoral Authoritarianism: The Dynamics of Unfree Competition*, Lynne Rienner, 2006.
② Larry Diamond, "Thinking about Hybrid Regimes," *Journal of Democracy*, 2002, 13(2), pp.21-35; Steven Levitsky and Lucan A. Way, *Competitive Authoritarianism: Hybrid Regimes after the Cold War*, Cambridge University Press, 2010.
③ 虽然不存在唯一的标准，但一般认为，反对党如果能控制30%左右的议席，则该政体可被看作竞争性威权主义。
④ William R. Clark, Matt Golder and Sona N. Golder, eds., *Principles of Comparative Politics*, CQ Press, 2017, pp.369-370.

和政策制定的规则"①。这些规则往往不是宪法和法律中规定的,而是影响实际政治运作的非正式规则。在非民主政体内,通常有一个组织化的集团控制着政局,这个集团的利益最能够得到实现,集团的性质决定了政体的性质。格迪斯列出了三种类型的统治集团:执政党、军队和王室家族,并依次划分出了三种政体:政党政体、军人政体和君主制。此外,还有一些国家中的统治集团轮廓并不清晰,权力高度集中于一个人手中,最高领袖依靠身边的家人、密友和亲信而非有组织的集团进行统治。这样的政体代表的是最高领袖个人的利益,而不是集团利益,形式上存在的组织对个人权力缺乏制约,格迪斯于是用个人式政体(personalist regime)来描述这一现象。

第二种分类的努力来自阿克塞尔·哈迪纽斯(Axel Hadenius)及其合作团队,他们分类的依据是非民主政体中三种不同的"获取和保持政治权力的模式":世袭继承、使用或威胁使用武力、选举②。三种维系权力的方式分别对应君主制、军人政体和选举型政体。其中,选举型政体根据参选政党的数量又可细分为无党派政体、多党政体和一党政体。哈迪纽斯等人拒绝将个人式政体看作一种独特的类型,因为权力的集中是一切非民主政体中都或多或少存在的特质。

作出第三种分类尝试的是约瑟·柴巴布及其合作者。他们比喻道,统治者一般会有一个"小密室",用它来作出重大决定,同时密切监控精英群体内可能的挑战者。"密室"在现实中的体现一般是王室家族、军官统治团或政党的高级决策机构,非民主政体因此可分为君主制、军人政体和文官政体。"由于这些小型机构掌握着真实的决策权,它们标志着政权内的权力是

---

① Barbara Geddes, Joseph Wright, and Erica Frantz, "Autocratic Breakdown and Regime Transitions: A New Data Set", *Perspectives On Politics*, 2014, 12(2), pp. 313-331.格迪斯在早期的不同著作中阐释了这一分类法的雏形。详见:Barbara Geddes, "What Do We Know about Democratization after Twenty Years?", *Annual Review of Political Science*, 1999, 2(1), pp.115-144; Barbara Geddes, *Paradigms and Sand Castles: Theory Building and Research Design in Comparative Politics*, University of Michigan Press, 2003。

② Axel Hadenius and Jan Teorell, "Pathways from Authoritarianism", *Journal of Democracy*, 2007, 18(1), pp.143-157; Michael Wahman, Jan Teorell and Axel Hadenius, "Authoritarian Regime Types Revisited: Updated Data in Comparative Perspective", *Contemporary Politics*, 2013, 19(1), pp.19-34.

如何组织,统治者必须向谁负责,以及谁有可能撤换统治者。"①

上述三种分类方法虽然存在着细节上的差异,但总体上看共识大于分歧,它们都将焦点集中在组织化的统治集团上。这个集团是权力的真正掌控者,有一套内部的人事任命和政策制定的规则与程序。集团内部的规则明确了获取和维系权力的方式,集团的决策机构也是处理精英间关系的核心场所。当然,这些规则和程序常常不是以正式文本的形式出现,而是精英互动而形成的非正式惯例。集团的规则越是模糊多变和不稳定,则政体的个人化倾向就越发明显。基于以上分析,我们认为,非民主政体依据统治集团的性质不同可分为三大类:君主政体、军人政体和政党政体。以下将分别对这三种政体的相关问题展开论述,包括历史起源、制度安排特征和维系统治的手段。

第二节 君主制政体

一、当代君主政体的起源

君主制指的是由一个王室掌控人事权和政策制定权的政体。君主担任国家元首并终身任职,政治继承一般由兄终弟及或父死子继的方式完成。君主制是前现代社会普遍采用的政体形式,随着法国大革命将人人平等、主权在民的观念传播到欧洲各国乃至全世界,传统的君主制政体纷纷走向没落,要么转型为君主立宪制,要么被革命力量所推翻,让位于共和制政体。君主立宪政体中,王室集团已经不掌握最高权力,君主只是名义上的国家元首,充当国家统一的象征,实际权力由议会中的政党行使。由于君主立宪制中权力已经发生根本性转移,这类政体将不在本节考察范围内。当今世界仍然由王室垄断实际权力的国家约有十余个,包括沙特阿拉伯、卡塔尔、阿

---

① José Antonio Cheibub, Jennifer Gandhi, and James Raymond Vreeland, "Democracy and Dictatorship Revisited", *Public Choice*, 2010, 143(1-2), p.84.

曼、科威特、约旦、巴林、阿联酋、摩洛哥、斯威士兰、汤加和文莱等。

从以上列举的国家中不难看出，中东和北非地区的阿拉伯世界是当代君主制政体聚集的地区。在近代史上，中东君主政体一度是欧洲国家殖民政策的工具，它们的产生和内部特性大多受英国殖民政策的影响[①]。在西方殖民主义势力到来以前，该地区主要为奥斯曼土耳其帝国的势力范围，同时存在各式各样较为独立的传统君主制政体。19世纪以来，以英帝国为首的殖民势力全面渗透至中东北非地区，奥斯曼帝国版图以外的君主国纷纷沦为西方国家的保护国[②]。阿曼、巴林和阿联酋先后成为英国的保护国，摩洛哥则被法国和西班牙所控制。西方强国一方面承认这些君主国名义上的独立地位，另一方面控制它们的外交和国防事务。另外，卡塔尔、科威特和约旦原为奥斯曼帝国控制下的领土。一战时期，英国和奥斯曼帝国成为交战国，为了加速取得战争胜利，英国人支持中东地区的精英起来反抗奥斯曼帝国的统治。随着奥斯曼帝国的战败和瓦解，其原先控制的地区实际被纳入英、法殖民帝国的范围。最后，沙特阿拉伯的情况有所不同。曾经在18和19世纪两度统治阿拉伯半岛、崩溃后逃到科威特避难的沙特家族，于1902年在伊本·沙特（Ibn Saud）的带领下卷土重来，先后击败了土耳其人和其他当地部落，逐渐将阿拉伯半岛置于沙特王室的统一控制下。二战结束以后，西方国家的保护国和委任统治地陆续获得独立，无论是历史上传承已久的传统君主制，还是英国人所扶植的新君主政体，都开始面临新时代的挑战。

二、君主政体面临的挑战

当代君主制政体所要面对的最大挑战，是主权在君的政体与政治上人人平等、政府权威来自民众授权等现代观念的冲突。执政的君主必须时刻

[①] 关于这一点，参见 Lisa Anderson, "Absolutism and the Resilience of Monarchy in the Middle East", *Political Science Quarterly*, 1991, 106(1), pp.1-5。

[②] 本自然段的史实主要基于：Tom Lansford, ed., *Political Handbook of the World 2014*, CQ Press, 2014。

应对其政治正当性所受的质疑。因此，20世纪的君主们推动现代化改革的决心甚至超过共和制国家的领导人，后者可以宣称已经和过时的旧制度分道扬镳，而君主则必须通过改革成就来不断证明自身的正当性。他们担心如果不这样做，随时可能被革命者取而代之①。事实上，中东和北非的君主们推动了一系列的社会经济改革，包括采用现代科学技术、提升居民生活水平、普及教育和发展经济，而石油出口带来的财富为这些改革措施提供了强大的物质保障。同时，针对民众与日俱增的参政要求，君主们普遍设立了一些代议机关和选举体。为了维持君主政体的性质，君主又对这些机构施加了种种限制。参政机构与君主垄断权力之间形成了一种紧张关系，这成了君主制国家中的一大政治难题。

社会经济改革所带来的政治后果将君主政体置于一种尴尬的局面，亨廷顿称之为"国王的两难处境（the King's dilemma）"。一方面，君主必须将权力集中，以此来推动社会和经济体制的现代化转型；另一方面，现代化进程催生了以中产阶级为代表的新的社会集团，他们是传统君主制的天然反对者：

> 20世纪知识分子和中产阶级集团的思想和观点倾向于把甚至是最仁慈的专制主义也看成是封建而悖时的，君主政体在中产阶级圈内没有市场。无论他们在多大程度上能支持现代化君主的社会和经济政策，他们都反对把君主政体当作一种制度。他们反对进行现代化的君主政体加诸于通讯、选举和议会上的限制。他们必然会认为君主的改革是微不足道的，姗姗来迟的，虚情假意的，骨子里仍然是为了拼命维持现状。②

在亨廷顿看来，君主政体的传统性质使之难于形成现代的政治参与机

---

① ［美］赛缪尔·亨廷顿：《变化社会中的政治秩序》，王冠华等译，三联书店1996年版，第154—155页。
② 同上书，第164页。

构,现代化产生的政治参与压力最终会将君主制吞噬。从二战以后传统君主制的命运来看,的确有不少君主政体被政变或革命所终结,1952 年被"自由军官组织"推翻的埃及法鲁克王朝,1958 年被军事政变推翻的伊拉克费萨尔王朝和 1979 年被伊斯兰革命推翻的伊朗巴列维王朝是其中的重要代表。不过,自从 20 世纪 80 年代以来,君主政体寿终正寝的趋势似乎得到了遏制,还存活下来的君主制国家展现出了相当的韧性。特别是在 2011 年席卷阿拉伯世界的政治动荡浪潮中,中东、北非的君主政体虽然经历了不同程度的抗议活动,但都避免了垮台的命运。与之相对比,该地区的非君主政体遭遇了更大规模的政治动荡,突尼斯、埃及、也门和利比亚四国中长期执政的领导人纷纷下台,政体发生了更替,而叙利亚则陷入旷日持久的内战。有学者进一步指出,如果将暗杀、罢工、游击战、反政府游行和革命等事件加权平均,制作一个"冲突指数",那么可以发现,战后中东、北非的君主制国家所经历的政治性冲突要远少于共和制国家(如图 5-1 所示)①。

图 5-1　中东、北非政治冲突指数的对比(1950—2005 年)

资料来源:Victor Menaldo, "The Middle East and North Africa's Resilient Monarchs", *The Journal of Politics*,2012,74(3),p.709。

---

① Victor Menaldo, "The Middle East and North Africa's Resilient Monarchs", *The Journal of Politics*,2012,74(3),p.708。

三、解释君主政体的韧性

君主政体在当代世界的持续存在，以及它们所维持的相对稳定的政治局面，引发人们思考背后的原因。一些学者在解释君主政体韧性时，认为君主政体本身的一些特性有利于维护政治的稳定。

以中东政治专家迈克尔·赫伯（Michael Herb）为首的研究者主张，君主政体的存续仰仗于一种名为"王朝式君主制（dynastic monarchy）"的制度安排[1]。这种制度下，王室家族的显要成员垄断国家的重要职位，君主必须和家族成员共治天下。君主的叔伯、兄弟、子侄占据内阁总理、内政部长、外交部长和国防部长等要职，他们形成了一个庞大的利益集团，齐心协力地捍卫君主制。君主虽然身居高位，但却不能行使不受限制的权力，而是必须接受家族的问责和制约。王室家族的内部规则对权力和利益的分配作出了规定，君主一旦严重侵犯这些规则，宗室显贵可以联手将其废黜，另立新君。作为家族共享权力的典型体现，王位继承人不能由君主独自决定，而是必须由家族成员共同协商挑选。维克托·梅那尔多（Victor Menaldo）在一篇文章中也将君主制的韧性归结为利益分配的稳定性和政权规则对君主权威的限制：

> 对行政权的控制经常在王室家族的不同派系间轮换。针对王室成员中谁能够出任内阁、官僚和军队中的职位，中东北非地区的君主国大多发展出了详细的规范。世袭继承制、王室成员资格以及各自角色的清晰规定，都让王室家族的成员变为政权的利益攸关者。[2]

沙特、科威特、卡塔尔、阿联酋和巴林是典型的王朝式君主制。其中，沙

---

[1] Michael Herb, *All in the Family: Absolutism, Revolution, and Democracy in Middle Eastern Monarchies*, SUNY Press, 1999.
[2] Victor Menaldo, "The Middle East and North Africa's Resilient Monarchs", *The Journal of Politics*, 2012, 74(3), p.711.

特的第二任国王曾在 20 世纪五六十年代试图改变家族共治的局面，实现个人集权，这种做法触怒了王室的重要成员，他们合力将国王废黜，保证了个人利益不凌驾于家族利益之上。王朝式君主制维持了家族内各派系的利益均衡，避免了大规模的权力清洗，相对扩大了统治的支持基础，同时又把家族以外的势力排除在权力之外。与王朝式君主制形成对比的是个人式君主制，后者禁止王室成员进入政府重要部门任职，君主可以不受制约地任命高官和指定继承人。在这种体制中，虽然君主个人掌握了更多权力，但却失去了王室群体的支持。比如，1951 年成为利比亚国王的伊德里斯惧怕家族成员对王位的威胁，通过法律的形式禁止他们参与政治。当以卡扎菲为首的中层军官发动政变时，成为孤家寡人的伊德里斯已经没有多少抵抗力。除利比亚外，赫伯还将君主制在埃及、伊朗和伊拉克的覆亡归因为他们未能确立王室家族对政治权力的集体性垄断。

君主政体第二个可能有利于维持自身存在的特性是，君主可以向反对派作出让步的姿态，承诺逐步实现君主立宪制，这种让步姿态有利于分化反对派阵营，减弱君主所面临的政治压力。当民众要求民主权利的呼声不断高涨时，君主能够采取一系列措施来安抚民众，包括重组内阁、任命反对派领袖为内阁成员、承诺修改法律以扩大立法机关的权力、增强选举的真实性和竞争性等。君主的改革承诺往往会造成反对派的分裂，一部分反对者由于担心革命可能带来的社会动荡，转而支持君主立宪的改革。反对派中的这种分裂类似于中国在晚清时期存在的"立宪派"与"革命派"的分化。一旦改革许诺降低了社会动员力量，抗议示威的人潮逐渐平息时，君主实际推行的改革措施可能大打折扣，并不会真正削弱君主的权威。正如一名研究者指出来："具有讽刺意义的是，（君主）所具备的领导一场向民主制过渡的能力，可能使得他最终无需实现民主。"[①]

[①] Adria Lawrence, "Kings in a Democratic Age: Collective Protest and the Institutional Promise of Monarchy", paper presented at the American Political Science Association Annual Meeting, Washington, D.C., August 28, 2014, https://ssrn.com/abstract=2454601. retrieved July 12, 2018.

事实上，摩洛哥在2011年"阿拉伯之春"中所经历的事件一定程度上佐证了上述观点。面对民众要求改革的抗议呼声，国王穆罕默德六世（Mohammed VI）迅速在电视讲话中作出了一系列修改宪法的承诺，包括让议会中最大党领袖进行组阁。修改后的新宪法很快在全民公决中以压倒性多数通过，这虽然是一部充满了民主词句的宪法，但仍然保留了君主的各项特权，包括统帅军队以及解散政府和议会的权力。宪法公布后，街头抗议活动果然消退，人们将注意力转移到了即将进行的议会选举。从改革的后果上看，新宪法并没有根本性地改变摩洛哥的权力分配，内阁首相依然处在国王的控制之下。因此，"穆罕默德六世巧妙地对抗议运动釜底抽薪，同时又维持了君主的核心权力"①。相比较而言，共和制国家的性质，决定了统治者无法作出君主立宪制的承诺，任何有意义的改革都意味着现任领导人的下台②。当然，利用改革的承诺驱散抗议者，但事态平息后又不完全兑现承诺，这样的伎俩大概无法反复使用。而且有学者指出，能够作出政治改革许诺的恰恰是赫伯所称的"个人式君主"，因为他们的权力所受限制较小，与反对派协商时有足够的回旋余地。但在王朝式君主制中，君主的权力受到家族的制约，任何改组内阁或强化议会的做法都会触及家族的核心利益，因此要作出改革的承诺将会步履维艰③。

君主制与共和制政体还存在另外一个差别，这个差别也被用来解释君主政体的稳定性。从理论上说，君主是国家统一的象征，本身并不倡导特定的意识形态和政治主张。正因如此，君主可以声称自己超脱于不同的社会集团之间的争斗，是多元利益的调和者，也是社会中少数群体利益的保护者。由于历史原因，中东、北非国家内部因宗教教派、意识形态和族群而形

---

① F. Gregory Gause III, "Kings for All Seasons: How the Middle East's Monarchies Survived the Arab Spring", *Brookings Doha Center Analysis Paper*, 2013, p.16.
② Adria Lawrence, "Kings in a Democratic Age: Collective Protest and the Institutional Promise of Monarchy", paper presented at the American Political Science Association Annual Meeting, Washington, D.C., August 28, 2014, https://ssrn.com/abstract=2454601. retrieved July 12, 2018.
③ F. Gregory Gause III, "Kings for All Seasons: How the Middle East's Monarchies Survived the Arab Spring", *Brookings Doha Center Analysis Paper*, 2013.

成了社会高度多元化的局面。一旦推行激进的民主改革,可能导致多数派上台后迫害少数群体的局面,所以多数暴政的潜在受害者更乐于支持相对超然的君主执政①。在共和制国家中,统治者所主张的民族主义、社会主义等世俗意识形态往往是高度分裂性和排他性的,容易激化社会冲突②。

  以上介绍的几种观点都从君主制自身特性来解释这种政体在现代社会中的生命力。然而,一些观察家否认君主制的存活与其制度特性有必然的联系,而是强调石油财富和外来强权支持等与政体形式无关的因素。其一,以沙特为首的产油国有充足的财政收入来收买民众的支持,经济条件大大改善的国民自然不会发动革命。沙特在2011年年初宣布增加1 000亿美元的国内支出,用于提高国家雇员的工资,创造更多的政府工作岗位,改善民众福利③。海湾地区的其他产油国在此关键时期也采取了类似的举措,而且还为不具备丰富石油资源的君主国提供了慷慨的援助。海湾地区最重要的跨国合作组织海湾合作委员会(Gulf Cooperation Council)在2011年邀请摩洛哥和约旦加入时,曾经许诺为两国提供50亿美元的援助。在沙特的资助下,约旦才有能力通过价格补助和增加就业的方式渡过"阿拉伯之春"的危机④。其二,由于海湾君主国具有的重要地缘战略价值,它们得到了美国强有力的外交支持。美国在沙特、科威特和卡塔尔等国均有军队,部署在中东地区的美国第五舰队,司令部就设在巴林。和美国的密切关系,意味着海湾国家在镇压反对派时不会面临强烈的国际批评和制裁,它们的生存环境明显好于叙利亚和利比亚等与美国交恶的共和制国家⑤。可以假设,如果君主制国家未来失去了石油财富和外力支持,它们的命运可以更好地被用来检

---

① Daniel Brumberg, "Sustaining Mechanics of Arab Autocracies" (December 19, 2011), *Foreign Policy*, Http://Mideast. Foreign-Policy. Com/Posts/2011/12/19/Sustaining _ Mechanics _ of _ Arab_Autocracies, retrieved April 15, 2018.
② Victor Menaldo, "The Middle East and North Africa's Resilient Monarchs", *The Journal of Politics*, 2012,74(3), pp.711-712.
③ F. Gregory Gause III, "Kings for All Seasons: How the Middle East's Monarchies Survived the Arab Spring", *Brookings Doha Center Analysis Paper*, 2013, p.25.
④ Sean L. Yom, "The Survival of the Arab Monarchies", in Marc Lynch, ed., *The Arab Monarchy Debate*, *POMEPS (Project on Middle East Political Science) Briefings*, 2012, p.15.
⑤ Ibid., p.16.

验其政体特质与政治稳定的关系。

第三节 军 人 政 体

一、军人政体的定义

在军人政体中,军官集团掌握着国家的最高统治权。军人政体的建立是军队干预政治的最高表现形式,而"军队干预政治"的概念本身已经假设现代社会中政治功能的差异化。传统社会中,政治统治功能和军事功能的分离是模糊的,军人干政根本无从谈起。只有当这两个功能出现分化,并逐渐由文官集团和军队分别承担时,才可能谈论军人介入政治,甚至取代文官政府而履行政治统治的职能。对战后的发展中国家而言,军人发动政变、推翻文官政府并取而代之的例子屡见不鲜。二战结束到20世纪70年代中期曾被西方学者称之为军人政治的"黄金岁月",此后军人政权的数量大为减少,然而根据一项统计,21世纪的头十年中依然有21个国家曾建立军人统治[1]。

学者们对军人政体的定义持不同看法,这也导致对军人政体的数量统计不一。芭芭拉·格迪斯等人将军人政体定义为"由权力受到其同僚约束的军官进行统治的国家"[2]。在他们的数据库中,截至2010年,只有阿尔及利亚和缅甸两国还是军人政府。相较之下,阿克塞尔·哈迪纽斯等人认为在军人政体中,"军官通过使用或威胁使用武力成为国家中主要的或占主导地位的行为者"[3]。根据这一定义,截至2010年的军人政府有:泰国、叙利亚、刚果(金)、苏丹、巴基斯坦、毛里塔尼亚、缅甸、摩洛哥、几内亚比绍、斐济、艾利特里亚、刚果(布)、中非。

---

[1] Barbara Geddes, Joseph Wright and Erica Frantz, "Military Rule", *Annual Review of Political Science*, 2014, 17(7), pp.147-162.
[2] Barbara Geddes, Joseph Wright and Erica Frantz, "Autocratic Breakdown and Regime Transitions: A New Data Set", *Perspectives on Politics*, 2014, 12(2), p.319.
[3] Michael Wahman, Jan Teorell, and Axel Hadenius, "Authoritarian Regime Types Revisited: Updated Data in Comparative Perspective", *Contemporary Politics*, 2013, 19(1), p.25.

之所以出现统计数量上的分歧,一个重要原因在于格迪斯将军官团的集体统治与将军个人的统治区别开来,并且只把前者看作军人政体。这种划分类似于君主制国家中存在的"王朝式"和"个人式"统治的区别。军官集团的统治限制了统治者个人的权威,强调执政的将军必须向整个军官群体负责。1976—1983年在阿根廷出现的军人政体就是一个军官集体统治的典型案例。为了避免此前出现的将军独裁统治,1976年夺权的军人成立了由海陆空军各军种的一把手组成的"军人执政团(military junta)",由军人出任的总统必须向执政团负责。军人政权还成立了一个"立法顾问委员会(legislative advisory commission)",委员由三军的高级将领担任,实际上成为三个军种之间互相讨论协调政策的实权机构①。与此形成对比的是1973年后统治智利的军人政权。当时执政的陆军统帅奥古斯托·皮诺切特(Augusto Pinochet)采取了一连串措施削弱军人执政团内其他军种的影响力。他首先颁布法令,任命自己为执政团主席,并废除了由陆海空军元帅轮流担任总统的做法。皮诺切特随后又垄断了任命内阁部长和大使等高级官员的权力,而且成立了向他本人而不是执政团负责的军事情报机构,开创了大权独揽的局面②。

二、军人政体的起源

战后发展中国家频繁地发生军人干政,这让学者对军人政权产生了浓厚的兴趣。早期分析军人政权的文献注重解释军队介入政治背后的原因。陈明明在其研究发展中国家军人政治的著作中,详细梳理了关于军人政权起源的五种解释,这里我们将类似的观点进行合并,归纳成如下三种解释③。

第一种解释是"军事援助促成论",认为战后形成的冷战格局是导致发展中国家军人政权出现的重要原因。美苏两国为争夺势力范围,为第三世

---

① Gerardo L. Munck, *Authoritarianism and Democratization: Soldiers and Workers in Argentina, 1976-1983*, Penn State Press, 2010, pp.58-59.
② Karen L. Remmer, *Military Rule in Latin America*, Westview Press, 1991, pp.128-129.
③ 陈明明:《所有的子弹都有归宿:发展中国家军人政治研究》,天津人民出版社2003年版,第41—58页。

界提供了大量的军事援助,客观上使得受援国内的权力天平向军队倾斜,为军人干政提供了物质基础。20世纪六七十年代,美国为了抵制共产主义在拉丁美洲的扩张,为该地区出现的大量军人政权提供了政治和军事上的支持。

近年来的一些研究佐证了冷战时期大国援助对军人政体的扶植作用。有学者比较了冷战期间和冷战结束后军人政权持续时间的长度,他们发现:1960—1990年,世界上一共发生了167次军人政变。在这些案例中,只有四分之一的军人政府在夺权后五年之内的时间里恢复了民主选举。而在1991—2004年发生的43次军人政变中,有74%的案例在五年之内重新召开了民主选举。研究者认为,这两个时段的差别是由于国际社会对军人政变的反应发生了重大转变。冷战时期,国际社会特别是西方国家对军人政权所施加的外交压力和道德谴责远远小于冷战之后。当时,西方国家为了在意识形态上与苏联对抗,对许多反共产主义的军人政权给予了支持,并且害怕民主选举会选出亲苏联的领导人。事实上,美国甚至帮助一些国家中的军人发动政变,推翻民选的左翼领导人,1973年智利发生的政变就是证明。苏联解体之后,两极争霸不再是美国等西方国家的主要考虑因素。因此,西方国家开始推行民主化的外交政策,对于发动军事政变的国家施加经济制裁一类的压力,因此加快了军人交出政权的速度。不过我们有理由相信,无论在什么时期,只要军人政府有助于实现强国在某一地区的战略利益,它们依然可能得到外部持续不断的支持和援助。

外部因素对军人政体的影响毋庸置疑,但"堡垒是先从内部攻破的",军事援助必须通过国内政治的过程发挥作用,因此军人政权出现的更深层次原因还必须从国内因素中寻找。第二种关于军人政体起源的观点是"组织特征决定论",即认为军队自身的组织特征有助于其卷入国内政治,为国家提供有效的政治领导力。军队是以赢得战争为首要目标的,这就要求行动整齐划一、令行禁止,因此军队组织具有很高的内部凝聚力和森严的等级关系。军队内部权威是高度集中化的,军人必须严守纪律,他们的服装、居住地点、行为规范甚至话语体系都和社会上其他人群相区别,这形成了一个以军事生活为中心的独立世界,更增加了军队的内聚力。军队的内部组织化程度因此要高于政党、官僚集团、企业和教会等国内团体①。而且,在多数国家的多数时期,军队是与爱国主义、勇往直前、纪律严明、生活俭朴和自我牺牲等美德联系在一起的,在民众中享有较高的威望和支持。更不必说,军队几乎垄断了对暴力机器的控制。在发展中国家,军队的基本成分是地面部队,它们广泛地部署在城市中心和乡村地区,因此"就有了干预国内政治的巨大潜力"②。难怪有学者提出这样的问题:"奇怪的事情不是军人为何要推翻文官政府,而是它们为什么会服从后者。"③

军队的组织特性为干预政治提供了基本的条件,关于军政关系的早期研究揭示,军队干政可能被多种多样的利益考量所驱使。从军方的公开声明上看,它们几乎无一例外地将自己描绘成国家利益的守护者,宣称军队是超脱于党派和部门利益的。然而实际上,军队参与政治的动机往往不会是纯洁高尚的,而是为了捍卫某些阶级、地区或军方自身的利益。二战之前,德国的军官多数来自土地贵族集团,对于民主政治特别是代表工人阶级的社会民主党怀有着强烈的敌视。阿根廷和巴西的军人多数来自中产阶级,他们之所以一再推翻文官政府,很大程度上是因为仇视捍卫劳工利益的左翼领导人。2011年埃及的胡斯尼·穆巴拉克(Hosni Mubarak)政权倒台后,军方对政治的介入则被认为是出于保护军队的商业利益的需要④。

不过,并非所有的军队组织特征都有利于对政治的介入,早期的许多研究者认为军队不适合管理现代化的经济体,也不擅于调解多元社会中的矛盾冲突⑤。现代社会的治理需要专业的技术官僚,而军人所接受的训练与操纵行政机器所需的专门知识大相径庭。在行政、法律、财经、公共建设、交通

---

① Samuel Finer, *The Man on Horseback: The Role of the Military in Politics*, Pall Mall Press, 1976, pp.8-10.
② Morris Janowitz, *Military Institutions and Coercion in The Developing Nations*, University of Chicago Press, 1975, p.109.
③ Samuel Finer, *The Man on Horseback: The Role of the Military in Politics*, Pall Mall Press, 1976, p.6.
④ Laila, Fadel, "Egypt's Military Guards its Own Power", *The Washington Post*, November 12, 2011.
⑤ Samuel Finer, *The Man on Horseback: The Role of the Military in Politics*, Pall Mall Press, 1976, pp.14-17.

通讯等方面,任何军人政府都必须依赖与技术官僚的合作。同时,军人政府经常还需要政党来代表社会利益和组织民众参与政治,政权的稳定"取决于它争取文官同盟的能力,这些文官愿意服从军人的领导,作为交换,他们能够分享管理国家的权力,特别是分享管理国家所带来的利益"①。历史经验表明,专业训练的限制并不构成军人干政的重要阻碍,军人政府获取政党和技术官僚支持的能力超出了许多早期研究者的预料②。

与"组织特征决定论"针锋相对的是"政治体制软弱论"。这种观点认为,军人干政与否主要不是由军队建制的组织特征决定,而是取决于以文官政府为主角的政治体制的特性。换言之,军人干政的冲动可能始终存在,但文官政府的强大足以抑制政变的发生;相反,文官组织越软弱无能,文官领导军队的政治准则越脆弱,则军人干政的可能性越大。亨廷顿将发展中国家政治体制的软弱总结为政治制度化程度的低下,体现为缺乏一个能够调解社会集团冲突、疏导社会集团参政愿望的政治机构。当政治体制的建设落后于现代化和大众参政愿望的增长速度时,各种社会力量都会以自己的方式参与到政治中来,造成无法调解的激烈对抗,而军人则当然会利用自身的组织优势和暴力垄断来夺取权力。实际上在许多发展中国家,军队比政党、官僚集团和议会等组织的成员所受的教育水平更高,组织也更为制度化,因此它蔑视文官政府,对于提供政治领导力有强烈的自信和使命感。正如陈明明指出的那样:

> (在发展中国家)政府的权威无法遍及全国,一些地区处在中央政府的控制之外……最重要的是部落政治的冲突……在这种落后的社会政治结构中,军队是唯一的或主要的现代化组织。它的兵源来自全国各地,它的军事训练需要掌握现代技术,它的军功制的录用原则和价值

---

① Christopher S. Clapham and George D. E. Philip, "The Political Dilemmas of Military Regimes", in Christopher S. Clapham and George D. E. Philip, eds., *The Political Dilemmas of Military Regimes*, Croom Helm, 1985, pp.12-13.
② Barbara Geddes, Erica Frantz, and Joseph G. Wright, "Military Rule", *Annual Review of Political Science*, 2014, 17(7), pp.147-162.

评估体系具有强烈的现代化气息……(这些特性)使它成为发展中国家最有可能进行社会整合和构建一体化政治体系的力量。①

塞缪尔·芬纳(Samuel Finer)的主张则与亨廷顿异曲同工,亨廷顿所谓的政治制度化,在芬纳那里被称为政治文化的成熟,表现为社会对权力更替程序的广泛赞同、对最高权威的广泛承认、社会团体与基层社会的有序发展等。在政治文化成熟的国度里,文官至上的政治准则被包括军人在内的社会成员普遍接受,军队已经将它视作金科玉律,自然也不会企图武装夺权②。而在政治文化水平低下的国家,军人干政成为一种传统,人们对政变的发生习以为常、见怪不怪。军人政变每发生一次,将进一步削弱政体的制度化程度,从而增加下一次军人政变的概率。在拉丁美洲,"考迪罗主义(Caudillosmo)"就是这种军人干政传统的代名词。拉美长期的独立战争把军人卷入政治之中,使军人的地位不断提高。拥兵自重的军事领袖(考迪罗)与封建大庄园主和天主教会结成保守主义的同盟,他们发动政变夺取政权的事件则在拉美国家层出不穷。

20世纪六七十年代,军人干政传统悠久的拉丁美洲出现了一种独特的军人政体形态,它与拉美过去以及世界上其他地区的军政府有着显著的区别。托马斯·赖特(Thomas Wright)将这一时期的拉美军人政体称作"反革命军人政体",因为它们上台的首要目的是避免本国发生古巴式的共产主义革命。在巴西和秘鲁等国家,军官所接受的教育使他们相信,国家安全仰仗于经济发展和消除贫困,从而消除革命的根源。他们致力于消除左翼思潮对民众的影响,哪怕这样做的代价是牺牲民主制度。除此以外,这些军人政权还具有以下一些特征:军事政变都发生在国家面临社会经济危机,有可能引发无产阶级革命的关键时刻;发动军事政变的决策由三军领导层集体作

---

① 陈明明:《所有的子弹都有归宿:发展中国家军人政治研究》,天津人民出版社2003年版,第300—301页。
② Samuel Finer, *The Man on Horseback: The Role of the Military in Politics*, Pall Mall Press, 1976, pp.28-30.

出,行使权力时基本都采用执政团的集体领导体制;执政者都实施了新自由主义的经济政策,吸引外国投资,促进经济发展;技术性的官僚都在军政府中得到了信任和重用,政党则被排除在决策圈之外;军政府没有承诺立即召开选举,归政于文官集团,而是公开表明要长期执政,并提出了明确的施政纲领①。这种将严厉的社会镇压与经济发展相结合,由军方统治与技术官僚治理相配合,以促进经济发展和遏制革命为目的的体制,被著名学者吉列尔莫·奥唐奈概括为"官僚威权主义"模式②。

三、军人政体的脆弱性

研究者除了关心军人政体的起源以及统治模式,也比较了不同政体的延续时间。政体研究的文献似乎达成了一个共识,即军人政体的平均寿命明显短于其他形式的威权政体。格迪斯最早通过多元回归模型证明了军人政体的持续时间不如个人式政体和政党政体③。哈迪纽斯团队在分析了1972—2003年的政体数据库后,发现军人政体的平均延续时间为11.1年,短于君主制政体的25.4年和政党政体的17.8年。

什么原因导致了军人政体的稍纵即逝?马沙尔·马里克(Mashail Malik)和斯科特·威廉森(Scott Williamson)在一篇论文中提出了一个颇能让人信服的解释④。文章首先指出,文官执政的原则在当代世界各国中都已经不同程度确立,军人夺权总体上被视为一种不正常或不"自然"的统治形式。数次世界价值观调查已经表明,无论具体历史时段或处在哪种政体下,

---

① Thomas C. Wright, *Latin America in the Era of the Cuban Revolution*, Greenwood Publishing Group, 2001, pp.149-151; Jose Enrique Miguens, "The New Latin American Military Coup", *Studies in Comparative International Development*, 1970, 6(1), pp.3-15.
② Guillermo A. O'Donnell, *Modernization and Bureaucratic-Authoritarianism: Studies in South American Politics*, University of California Press, 1973.
③ Barbara Geddes, "What Do We Know about Democratization after Twenty Years?", *Annual Review of Political Science*, 1999, 2(1), pp.115-144; Barbara Geddes, *Paradigms and Sand Castles: Theory Building and Research Design in Comparative Politics*, University of Michigan Press, 2003.
④ Mashail Malik and Scott Willamson, "Why Military Regimes Collapse: Collective Action and the False Promise of Reform", paper presented at the Midwest Political Science Association 74th Annual Conference, Chicago, 2016.

普通民众中的绝大多数都认为军人政体是"糟糕"或"非常糟糕"的（如图5-2所示）。在这样的情况下，军队要想获得发动政变的政治正当性，只有等待国家面临重大的治理危机、文官政府已无力解决问题的时机出现。换言之，相比其他统治集团，军队更有可能在经济危机或社会矛盾激化的关头揭开他们统治的序幕，这本来就对军人政府的治理能力提出了更高的要求。然而已有经验表明，军人集团并不比文官更擅长处理各种治理危机，当社会问题持续发酵甚至恶化时，他们赖以干政的正当性依据也就逐渐消失了。于是，以游行示威和骚乱为代表的反对派动员活动与日俱增，军队内部就是否应该继续执政也产生分化，最后导致他们退出政府，将统治权交还给文官集团。

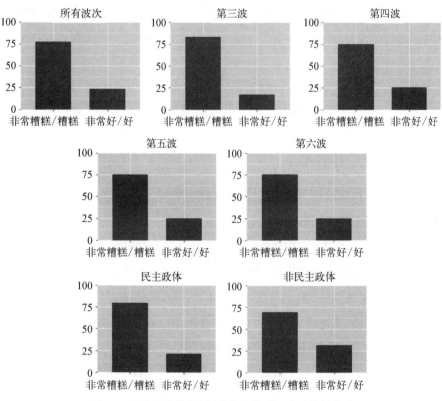

图 5-2 "世界价值观调查"中民众对军人政体的态度

资料来源：Mashail Malik and Scott Willamson, "Why Military Regimes Collapse: Collective Action and the False Promise of Reform", paper presented at the Midwest Political Science Association 74th Annual Conference, Chicago, 2016。

军官进行长期统治的意志不如其他执政的集团,还有两个重要原因。

第一,军人集团在结束统治之后有比较安全的退路。由于他们掌握了武装力量,一般可以确保还政于民之后自身安全不会遭受到太大的威胁。即使失去了统治权,将军们还是可以回到兵营,继续其军旅生涯。而对于其他类型的统治者而言,之所以面临各种反对时要负隅顽抗至最后一刻,恰恰是害怕失去政权后可能面对的严厉惩罚。

第二,军人往往将军队内部的团结与凝聚力视作核心利益,其重要性甚至超过对政权的掌控。一旦开始承担执政任务,军队容易在政策走向、利益分配和如何对待反对派等问题上产生严重分歧,进而划分为不同派别,这是许多将军不愿意看到的。此时,军人往往宁愿交还政权,也要避免出现组织内部的分裂。①

第四节 政党政体

一、政党政体的起源

政党是以执掌政权为主要目标,并在政治精英内部、精英与大众之间建立某种制度化联系的政治组织。政党政体指的是由一个政党行使最高人事任命权和决策权的政体,它也是发展中国家里出现频率最高的非民主政体形式。根据执政党与其他政党的关系,政党政体又可以被分为两类:封闭式政党政体(以下简称封闭式政体)和一党独大制。在封闭式政体中,只有一个政党具有合法的执政资格,其他政党或许有存在的资格,但它们都必须接受执政党的领导。当代政治中,封闭式政体主要存在于以苏联为代表的社会主义政权,以及亚非地区终结了殖民统治后新建立起来的国家中②。在一党独大的体系中,多

---

① Barbara Geddes, "What Do We Know about Democratization after Twenty Years?", *Annual Review of Political Science*, 1999, 2(1), pp.115-144.
② [英]安德鲁·海伍德:《政治学》(第三版),张立鹏译,中国人民大学出版社2013年版,第177页。

个政党可以通过选举竞争执政权,但事实上一个政党能够在每次选举中获胜而连续执政。应当指出,在任何体制中,执政地位都会给政党带来一些选举中的优势,如主导政策制定的能力、媒体中更高的曝光度,以及民众规避风险的心理使其对在野党不信任等①。如果一个执政党只是凭借这些天然优势而连续执政,那么其运作方式尚不足以破坏多党选举竞争的自由度和公平性,这样的政体也仍然属于民主制度。本书中所指的一党独大制,特指那些执政党通过反民主的手段破坏多党竞争公平性的体制。这些手段包括利用国家机器为执政党助选、限制反对派的竞选活动、制造选举暴力和选举舞弊等②。

发展中国家的政党政体主要有三种起源模式。第一,战后大量国家赢得民族独立或推翻旧政权、建立新政权的过程中,领导民族解放运动或革命运动的政治力量掌握了执政权,开创了政党政体。在亚洲和非洲的广大地区,政党是作为反帝国主义、殖民主义的民族解放运动的领导团体成长壮大起来的,它们的最初使命是组织本土政治精英和民众结束殖民者或外国势力代理人的统治。这一过程中涌现出了许多革命型政党,其目标是以法律外手段颠覆现有的政治秩序,它们的组织形式往往带有军事化、机密性和集权化的特征③。在革命型政党夺取国家政权以后,鲜有引入西方国家多党轮流执政模式的案例,而是纷纷确立了一个政党对政权的控制。

革命④与政党在 20 世纪的政治史中结下了不解之缘,革命的持续推进往往离不开政党的组织支持。按照亨廷顿的说法,"革命的胜利就是政党政府的胜利"⑤。这是由于革命既需要集中权力以推动全方位的社会改造,又

---

① Jason J. Thomas, "Party Duration: Examining the Effects of Incumbent Party Tenure on Election Outcomes", Ph.D Dissertation, University of Iowa, 2015, pp.65-75.
② Andreas Schedler, "The Menu of Manipulation", *Journal of Democracy*, 2002, 13(2), pp.36-50.
③ Robert C. Tucker, "Towards a Comparative Politics of Movement-Regimes", *American Political Science Review*, 1961, 55(2), pp.281-289.
④ 亨廷顿将革命定义为"一场迅速的、根本性的和暴力的国内变革,它波及社会的主导价值观和起源神话,政治制度,社会结构,领导阶层以及政府的活动和政策"。参见 Samuel P. Huntington, *Political Order in Changing Societies*, Yale University Press, 1968/2006, p.264。
⑤ Samuel P. Huntington, *Political Order in Changing Societies*, Yale University Press, 1968/2006, p.315。

需要扩大政治参与,让普通民众参加到社会改造之中来。20 世纪的历次重要革命无一例外地是利用政党组织来同时实现权力的集中和参与的扩大。什么样的社会最容易发生革命,进而导致政党政体的诞生?亨廷顿认为,政党政体普遍产生于那些正在经历现代化进程,并且社会结构高度二元分化的国家中。在这些社会中,一个接受了现代化的洗礼、充满了革命性的阶层试图去改造和统治一个更传统、保守的阶层,政党则成为这种改造和统治的工具。革命性的意识形态在一党执政的创建过程中会起到关键性的作用,它引导执政党推行激烈的社会经济变革。然而,当政党政体逐渐进入巩固和调适阶段后,意识形态的重要性趋于减弱,制度建设、技术官僚治理和社会利益整合成为政权稳定的关键因素[1]。

在考察政党政体的起源时,除了客观社会结构的决定作用外,也要注意到新独立国家中精英的主观愿望,他们大多希望通过一个执政党来完成国家的构建,促进民族的整合。尤其是在独立时期内部存在族群、部落和地域离心力的国家中,民族解放运动领导人常常以多党制会导致国家分裂为理由,建立起一党执政的体制。比如,几内亚的国父、民主党的领袖艾哈迈德·塞古·杜尔(Ahmed Sékou Touré)主张,几内亚民主党和人民的整体利益是高度一致的,几内亚不存在欧洲社会中的阶级分野,因此不需要两个或更多的政党去代表不同的阶级。杜尔致力于消除部落分裂势力在政治生活中的影响,以民主党的地方委员会取代了部落酋长的权力。他在 1959 年宣称:"在三四年后,没有人会记得对我们的国家和人民造成了巨大损害的部落、族群和宗教冲突。"[2]与此类似,坦桑尼亚国父朱利叶斯·尼雷尔(Julius Nyerere)认为,当国家正面临消除疾病和贫困等艰巨任务的时刻,全国各族力量应该拧成一股绳,为同一目标奋斗;一党执政不是自上而下强加的,而是人民自由意志的表达[3]。

---

[1] Samuel P. Huntington, "Social and Institutional Dynamics of One-Party Systems", in Samuel P. Huntington and Clement H. Moore, eds., *Authoritarian Politics in Modern Society: The Dynamics of Established One-Party Systems*, Basic Books, 1970.
[2] Joseph La Palombara and Myron Weiner, *Political Parties and Political Development*, Princeton University Press, 1969, p.276.
[3] Ibid., p.285.

值得一提的是,去殖民化过程中反对革命运动的势力所结成的同盟也可能为稳定的政党政体奠定基础。在新加坡和马来西亚等原英国殖民地,殖民当局、亲西方的本地精英和传统上层阶级出于对社会主义革命运动的共同恐惧,结成了一个保守的、反动的联盟,目的是为了避免发生一场由左翼政党领导的自下而上的革命。只要革命的威胁持续存在,这个反革命联盟便能够保持凝聚力,它从宗主国那里继承了完整的行政机器和专政机构,在经济发展上得到本国资产阶级和其他资本主义国家的支持,这些因素的共同作用确保了政党体制的长期稳定[1]。

政党政体的第二种起源模式可以被概括为:通过某种方式夺取政权的统治者,上台后组建新的政党,以维持自身的长期执政地位。比如一些军人在发动政变之后,受限于军人统治的正当性问题,决定组建一个政党作为统治的工具。政党组织可以被用来动员民众支持、参加选举竞争、协调统治者与其他精英之间的关系。在政变后召开的多党选举中,新组建的政党在军队的大力支持下,毫无悬念地赢得压倒性优势,从而形成一党执政的局面。比较典型的例子是在西非国家冈比亚执政二十多年的"爱国调整与建设联盟(Alliance for Patriotic Reorientation and Construction)"。该国于1994年发生军事政变,叶海亚·贾梅(Yahya Jammeh)将军推翻了当时在非洲持续时间最长的多党民主体制。不满文官政府的民众起初对政变表示了欢迎,但西方国家的制裁措施很快让贾梅政府陷入了经济危机。为了重新获得西方的援助,贾梅被迫宣布了一个还政于文官政府、重建多党体制的两年时间表。为了自己能够长期把持政权,贾梅和身边一群支持者辞去军队职务,组建了一个新的政党参与1996年进行的大选。不出人们所料,贾梅引入多党选举并不是真的打算放弃权力,而是要通过看似民主的程序为其统治增加正当性。在接下来进行的四次总统选举中,贾梅及其政党都在一片控诉选举舞弊的声音中获胜,直到2017年反对派赢得选举,贾梅在国际社会的

---

[1] Dan Slater and Nicholas Rush Smith, "The Power of Counterrevolution: Elitist Origins of Political Order in Postcolonial Asia and Africa", *American Journal of Sociology*, 2016, 121 (5), pp.1472-1516.

压力下被迫交出政权①。

另一个重要的案例是目前在俄罗斯执政的统一俄罗斯党(United Russia Party),这个政党很大程度上是统治者个人为了赢得其他政治精英的合作和支持,并使彼此之间承诺更具有可信度而建立起来的组织。在20世纪90年代,担任总统的鲍里斯·叶利钦(Boris Yeltsin)并没有将政党作为支持自己统治的工具,其中一个重要原因是害怕政党组织壮大之后,会挑战叶利钦本人的权威。结果,总统与立法机关之间冲突不断,立法过程常常出现僵局。弗拉基米尔·普京(Vladimir Putin)上台以后为改变这种局面,投入大量精力支持议会中亲克里姆林宫的势力,组建了统一俄罗斯党。该党与总统普京形成了互利共生的合作关系:普京为统一俄罗斯党提供各种行政资源的支持,并利用自己崇高的威望帮助该党的政客当选;党则利用其在杜马中的绝对多数帮助普京通过各种政策法案。2003年以后,统一俄罗斯党在俄罗斯的各级立法机关控制了多数席位,成为普京长期执政的重要组织手段。需要指出的是,这种政党政体的起源模式中,由于个人统治的确立先于政党的形成,因此在最高领袖和政党组织之间难免存在一种微妙的张力,一旦离开了创立政党的领导人,政党对国家的控制是否能够延续,将对政党组织的韧性提出严峻的考验。

第三,政党政体还可能源自民主体制的倒退,即在民主政体下当选的政党采取各项措施,消除反对党对执政党的权力制衡,降低选举的竞争性,使得民主体制的特征逐渐消失。有关民主倒退的原因和过程,第四章中已有交代,此处仅举一例具体说明。2002年,雷杰普·埃尔多安(Recep Erdogan)所领导的正义与发展党(Justice and Development Party)以巨大优势赢得土耳其大选,开始上台执政。此后,该党逐步削弱政府中的民主问责机制。2004年,土耳其政府修改刑法,规定新闻记者讨论任何被当局认为有争议性的话题,都有可能面临刑事起诉。除了加强对言论的管制,埃尔多安还通过多项法

---

① 关于冈比亚的案例,参见 Carlene J. Edie, "Democracy in The Gambia: Past, Present and Prospects for The Future", *Africa Development*, 2000, 25(3), pp.161-198; Claudia Sadowski-Smith, "Post-Coup Politics in The Gambia", *Journal of Democracy*, 2002, 13(4), pp.167-172.

律,增加了行政机关对各级法官的任命权,并将选举候选人的资格审查权从法院转移到了立法机关。正义与发展党随后又赢得了2007年和2011年的大选,埃尔多安本人则从2003年执政至今①。2017年,土耳其通过修宪公投,将原先的议会内阁制改为总统制,进一步扩充了埃尔多安的权力。应当看到,许多导演民主衰退的领导人都和埃尔多安一样,具有强烈的民粹主义色彩,他们在民众的一片支持声中完成了对民主体制的蚕食和政党政体的确立。

二、政党在非民主政体中的功能

有不少实证研究发现,政党政体是各种非民主政体中平均持续时间最长的。这一结论的细节因研究者的政体分类方法不同而存在差异。如芭芭拉·格迪斯发现,政党政体的平均寿命长于军人政体和个人式政体②。比阿特丽斯·玛格罗妮(Beatriz Magaloni)对政体稳定性的排序则是:封闭式政体最优,君主政体次之,一党独大制再次,军人政体最不稳定③。米兰·斯沃里克(Milan Svolik)把非民主政体分为三类:只允许一个政党存在;禁止任何政党存在;允许多个政党存在。他发现,只允许一党存在的政体持续时间明显长于其他两种类型④。另一方面,也有学者反驳了政党政体最为稳定的观点。阿克塞尔·哈迪纽斯等人发现,君主制才是平均存续时间最长的政体,跟随其后的是封闭式政体、军人政体和一党独大制⑤。本杰明·史密斯(Benjamin Smith)则检验了芭芭拉·格迪斯结论的稳健性,他认为墨西哥和苏联的政党政体超长的持续时间可能左右了分析的结果⑥,如果将这两

---

① Nancy Bermeo, "On Democratic Backsliding", *Journal of Democracy*, 2016, 27(1), pp.11-12.
② Barbara Geddes, *Paradigms and Sand Castles: Theory Building and Research Design in Comparative Politics*, University of Michigan Press, 2003, pp.82-83.
③ Beatriz Magaloni, "Credible Power-Sharing and the Longevity of Authoritarian Rule", *Comparative Political Studies*, 2008, 41(4-5), pp.735-736.
④ Milan W. Svolik, *The Politics of Authoritarian Rule*, Cambridge University Press, 2012, pp.186-187.
⑤ Axel Hadenius and Jan Teorell, "Pathways from Authoritarianism", *Journal of Democracy*, 2007, 18(1), pp.150-151.
⑥ 革命制度党(Institutional Revolutionary Party)在墨西哥执政72年,苏联共产党(1918年前称布尔什维克党;1918—1925年称俄国共产党;1925—1952年称全联盟共产党;1952年改称苏联共产党)在原苏联执政74年。

个异常的观察值排除,那么政党政体的平均寿命与其他政体形式并无显著的差别[1]。

尽管政党政体在持续时间上的优势还有待进一步的研究,但它已成为最常见的非民主政体形式,这一点是不存在争议的。有数据显示,1950—2006年,全世界57%的非民主国家为政党政体,而且当君主政体数量基本稳定,军人政体日渐凋零之时,政党政体的声势还在不断扩大(如图5-3所示)[2]。这样的现象激发学者们去思考,政党在维持国家政治稳定方面究竟发挥了何种作用?大致来看,这种作用可以从三个角度进行理解。

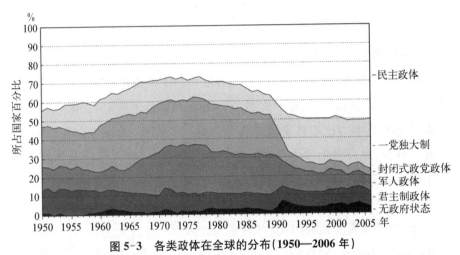

图 5-3　各类政体在全球的分布(1950—2006年)

资料来源:Beatriz Magaloni and Ruth Kricheli, "Political Order and One-party Rule", *Annual Review of Political Science*, 2010, 13, p.125。

首先,执政党垄断了关键的社会资源,并依此对社会精英进行招募和笼络,避免反对势力的出现[3]。比如在苏联,由于苏共控制了所有重要的政治、经济和社会组织,如果想在这些组织内晋升到领导职位,必须成为苏共党员。随着一个人在党内职务的提升,与之相伴随的权力、地位和物质享受也

---

[1] Benjamin Smith, "Life of the Party: The Origins of Regime Breakdown and Persistence Under Single-Party Rule", *World Politics*, 2005, 57(3), p.426.
[2] Beatriz Magaloni and Ruth Kricheli, "Political Order and One-Party Rule", *Annual Review of Political Science*, 2010, 13, p.124.
[3] Ronald Wintrobe, *The Political Economy of Dictatorship*, Cambridge University Press, 2000.

会得到增加。在实行计划经济下的苏联,高级党员干部能够享受普通人享受不到的物质条件,公寓、食物、烟酒、出行车辆等都与党内职务高低相关。为了追求更好的物质条件和社会地位,有志向的年轻人必须加入执政党,学习执政党的意识形态,表示出对党的忠心①。

米兰·斯沃里克进一步指出,政党的组织特征特别有利于对精英的笼络。在执政党内部,任务的指派和福利的发放是具有明显的等级制特征的。级别低的党员主要是为组织提供各种服务,如动员民众、宣传意识形态、搜集情报、组织民众投票等,而高级别党员则享受大部分福利。这种等级制安排使得资深党员将政权的维持看作自己的最高利益,因为一旦执政党下台,则自己早年所付出的努力都将付诸东流。同时,年轻党员也能看到自己逐级晋升、享受更高福利的希望②。不过,斯沃里克虽然是研究非民主政治的大家,他提出的这个观点却缺乏说服力。任何一个运转良好的组织,都是让低级别成员承担大部分劳务、赋予资深成员各种福利的,这并不是什么政党组织特有的发明。王室集团和军队组织也完全可以采用这样的制度安排。

政党对政治稳定的第二个作用是促进政党内部权力分享的制度化。近年来的研究热衷于分析政党制度对权力行使的约束作用,以及这种约束如何增强了党内精英的凝聚力。促成权力分享的具体制度包括集体决策机构、领导人更替机制和利益分配机制等③。总体上看,这一类研究认为权力分享的制度化缓和了党内精英的权力斗争,不同派系能以长远的眼光看待斗争

---

① William R. Clark, Matt Golder, and Sona N. Golder, eds., *Principles of Comparative Politics*, CQ Press, 2017, pp.359-360.
② Milan W. Svolik, *The Politics of Authoritarian Rule*, Cambridge University Press, 2012.
③ 关于党内集体决策机制的研究,参见 Milan W. Svolik, *The Politics of Authoritarian Rule*, Cambridge University Press, 2012; Beatriz Magaloni, "Credible Power-Sharing and the Longevity of Authoritarian Rule", *Comparative Political Studies*, 2008, 41(4-5), pp.735-736. 关于领导人更替机制的研究,参见 Xiao Ma, "Term Limits and Authoritarian Power Sharing: Theory and Evidence from China", *Journal of East Asian Studies*, 2016, 16(1), pp.61-85; Zhengxu Wang and Anastas Vangeli, "The Rules and Norms of Leadership Succession in China: From Deng Xiaoping to Xi Jinping and Beyond", *The China Journal*, 2016, 76(1), pp.24-40. 关于利益分配机制的研究,参见 Qingjie Zeng, "Party Institutions and Authoritarian Power-Sharing: Evidence from China's Provincial Leader Appointment", *Japanese Journal of Political Science*, 2018, 19(2), pp.1-24.

结果,即使是一时失势的一方也愿意等待在下一轮博弈中卷土重来的机会①。

关于政党在规范精英内部关系上所起到的功能,还有两个有待研究的问题。第一个问题是,现代社会是否存在某些特征,使得政党这一组织特别适合扮演规范、调节精英关系的角色?诚然,在大多数现代国家中,规范政治精英关系的功能都是由政党完成的,但这可能是由于其他因素所导致的政党政治的盛行,而不能说明政党在这方面具有其他组织无法替代的优势。前面两节已经讨论了军队和王室集团在凝聚政治精英方面所采取的制度性措施。未来的研究应该更多地比较政党和其他统治集团在这一问题上运作方式的区别。第二个问题是,已有研究在强调权力分享机制与精英内部凝聚力时,通常难以解决制度的内生性问题。真实的因果机制可能是凝聚力较强、个人专断倾向较弱的统治集团更容易建立起正式的权力分享机制,这些制度只是精英团结的"副现象(epiphenomenon)",而不具有独立的解释力②。这说明,对于政党内部正式制度的研究,必须首先解释这些制度诞生背后的社会政治过程。

政党组织对于维持政治稳定的第三个作用是保持政权与民众的联系,动员社会各阶层的政治支持。执政党使用各种渠道来了解民众对体制的支持度高低,包括党组织对各社会团体的渗透,以及对各选区得票数量的观察等。民众为了保护自己的切身利益,必须向现存体制表示忠诚和支持。值得注意的是,执政党动员民众的功能与维护党内团结的功能之间是相辅相成、互为支撑的。执政党越能够彰显自己在民众中不可动摇的支持基础,则党内精英越确信在执政党之外没有政治前途,党内出现分裂的可能性越小。这一逻辑解释了为什么在一些选举中,执政党明知本党的胜选结果不存疑问,却仍然要竭尽全力动员支持者以争取压倒性的票数优势③。同时,动员

---

① Jason Brownlee, *Authoritarianism in an Age of Democratization*, Cambridge University Press, 2007.
② Thomas Pepinsky, "The Institutional Turn in Comparative Authoritarianism", *British Journal of Political Science*, 2014, 44(3), pp.631-653.
③ Alberto Simpser, *Why Governments and Parties Manipulate Elections: Theory, Practice, and Implications*, Cambridge University Press, 2013.

选民的活动也是执政党监督和锻炼基层党员的一种方式。基层党员必须努力做好选举组织工作,如召集选举集会、监视反对派等,才能得到党组织的奖赏,被提名担任重要职务。因此,选举动员使得基层党员不能消极怠工,而是必须积极为党服务,以换取晋升机会①。

  政党固然可以成为维持政体稳定的工具,但不同国家中政党组织的强弱程度差异很大,而这在相当程度上决定了政党政体的韧性。约纳坦·莫斯(Yonatan Morse)在研究非洲国家政党时,提出了衡量政党组织能力的若干个关键指标:政党对社会的渗透程度,特别是基层组织的发达程度;政党对关键社会资源的垄断程度;政党是否对最高领导人实现了制度性限权;政党对不同社会组织和阶层的兼容吸纳能力。他指出,执政党组织能力较强的政党政体无需使用大规模的暴力镇压,就能轻松赢得多党选举、巩固政权,而政党组织涣散的政府则只能依赖暴力勉强赢得选举②。

  与发达国家的政党相比,发展中国家政党组织化的程度存在着更大的差异性。领导社会革命或民族解放运动的政党在夺权以后,是否能够维持政党组织的活跃度是一个很大的疑问。许多政党在上台之后失去了革命时期的热情和动力,政党竞争的缺失让党组织变得日益软弱和涣散。党政合一的体制下,党的干部将越来越多的时间用于政府行政工作,政党建设的工作被逐渐忽视。党的会议次数减少,党费收缴不及时,党的基层组织萎缩,这些症状导致政党在政治体系中的重要性下降,而诸如个人统治者、军队、官僚体系等行为者的相对地位上升③。科特迪瓦首任总统、民主党领袖费利克斯·乌弗埃博瓦尼(Felix Houphouet-Boigny)在位 33 年,加蓬第二任总统、民主党领袖阿里·邦戈·翁丁巴(Ali-Ben Bongo Ondimba)在位 42 年,

---

① Beatriz Magaloni, *Voting for Autocracy: Hegemonic Party Survival and Its Demise in Mexico*, Cambridge University Press, 2006.
② Yonatan L. Morse, "From Single-Party to Electoral Authoritarian Regimes: The Institutional Origins of Competitiveness in Post-Cold War Africa", *Comparative Politics*, 2015, 48(1), pp.126-151.
③ Immanuel Wallerstein, "The Decline of the Party in Single-Party African States", in Joseph La Palombara and Myron Weiner, *Political Parties and Political Development*, Princeton University Press, 1969, pp.201-214.

喀麦隆第二任总统、民族联盟领导人保罗·比亚(Paul Biya)在位36年(截至本书写作时依然在任),这些领导人的超长任期一定程度上说明了政党组织已经沦为个人统治的工具,失去了制度的约束力和自主性。孟安妮(Anne Meng)的研究显示,如果将政党领导人的更替作为制度化的一项指标,那么发展中国家中执政党的组织化程度普遍低下,大多数政党尚未完成哪怕是一次领导人的更替,或在更替之后不久就失去政权(如图5-4所示)[①]。

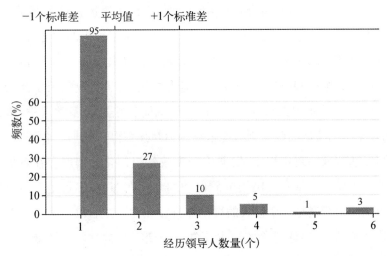

图5-4 政党政体中执政党所经历的领导人数量

注:在政党政体样本中,有95个执政党(67%)还未经历过一次领导人更替,27个执政党(19%)只经历过一次领导人更替,经历过两次或两次以上领导人更替的政党只占13%。

资料来源:Anne Meng, "Ruling Parties in Authoritarian Regimes: Rethinking Institutional Strength", working paper, 2017。

三、政党坚韧性的来源

既然政党组织的强大对于政体的稳定性至关重要,又是哪些因素决定了党组织的发达程度?亨廷顿很早就指出,执政党的强度取决于它在夺取

---

① Anne Meng, "Ruling Parties in Authoritarian Regimes: Rethinking Institutional Strength", Unpublished Manuscript, 2017, http://www.annemeng.com/uploads/5/6/6/6/56666335/meng_final_draft.pdf, retrieved July 12, 2018.

政权的过程中所经历斗争的持续时间和激烈程度。从革命运动中诞生的政党要强于从漫长的民族解放运动中产生的政党,而后者又强于短暂的解放运动中出现的政党。他的评论不可谓不犀利:

> 在许多非洲国家,政党上台得太过容易,没有经历过重大的斗争,因此也没有斗争的遗产可以凭借,没有动机在斗争中发展壮大。它们在掌权时逐渐萎缩。政治领袖只有在面临真实需要时——意识形态或政治上的——才会去动员和组织民众。如果他们已经掌权,已没有意识形态的动力去分裂和改造社会,那么他们便毫无理由去发展和维持一个强大的政党。①

后来的学者将亨廷顿的这一观点进行了补充和拓展。本杰明·史密斯指出,政党的强弱可以通过政治领袖在组建政党时所面临的内外挑战来解释。如果政党在形成初期面临强大的政治对手,同时又不能从外来援助或自然资源中获取财政收入时,则它必须建立强大的基层党组织,将官僚集团、军队和社会力量容纳到政党之中。相反,如果政党轻易地获得执政地位,或者能够从外来援助和矿产资源中获得收入,则它没有建立强大政党的动机②。

比如在坦桑尼亚,革命党的坚韧性很大程度上是在其1954年建党到1961年坦桑尼亚独立这期间形成的。英国殖民当局在这一时期采取各种手段阻止革命党的力量壮大,此时的革命党也没有足够的经济资源来笼络社会群体的支持。面对这种情况,革命党必须加强自身的组织建设。该党建立了一个跨族群的联盟,将坦桑尼亚工会组织纳入政党的麾下,并建立了自己的青年和妇女组织。独立之后,革命党迅速将党和政府的机构融为一体,

---

① Samuel P. Huntington, "Social and Institutional Dynamics of One-Party Systems", in Samuel P. Huntington and Clement H. Moore, eds., *Authoritarian Politics in Modern Society: The Dynamics of Established One-Party Systems*, Basic Books, 1970, pp.14-15.
② Benjamin Smith, "Life of the Party: The Origins of Regime Breakdown and Persistence under Single-Party Rule", *World Politics*, 2005, 57(3), pp.421-451.

政府官员必须由党员担任。革命党的组织深入到农村地区,政党控制了农村工作和农业资源的分配。政党组织的强大使得革命党成功渡过了经济危机和政治自由化改革,一直执政到今天[1]。几内亚比绍与坦桑尼亚形成对比。该国的独立党在争取民族独立的过程中面临的局面十分有利。一方面,宗主国葡萄牙的军队深陷安哥拉和莫桑比克,无力镇压独立党的武装运动;另一方面,独立党从苏联处获得了大量援助。几内亚比绍的独立过程较为顺利,这使得独立党没有必要去建立扎根于各阶层的组织体系。独立党只在城市、少数农村地区和部分族群中拥有支持,并且对于官僚和军队的控制能力也有限。最终,军队发动了政变,导致佛得角从几内亚比绍分裂出去[2]。

斯蒂文·列维斯基(Steven Levitsky)和卢坎·威(Lucan Way)则从另一个角度强调了政党在夺权时期经历长期暴力斗争的重要性[3]。暴力斗争迫使政党建立军事化的组织形态,强调党员对纪律的绝对服从,这种军事化管理可能渗透到社会生活的方方面面。暴力斗争也会产生一代享有崇高威望和权威的领导人,他们可以在危急关头挺身而出,团结全党,为政权保驾护航。同时,在武装斗争中成长起来的政党,一般对国家的暴力机关也有更强的控制,军队、警察和安全部门的负责人都参加过革命斗争,被置于政党组织的控制之下。莫桑比克和津巴布韦等国家的革命政党之所以能够执政至今,而领导肯尼亚和赞比亚独立运动的政党却在冷战后的内外挑战中走向崩溃。武装革命斗争在其中所起的作用恐怕不容忽视。

---

[1] Benjamin Smith, "Life of The Party: The Origins of Regime Breakdown and Persistence under Single-Party Rule", *World Politics*, 2005, 57(3), pp.439-442.
[2] Ibid., pp.442-445.
[3] Steven R. Levitsky and Lucan A. Way, "Beyond Patronage: Violent Struggle, Ruling Party Cohesion, and Authoritarian Durability", *Perspectives on Politics*, 2012, 10(4), pp.869-889.

选举型威权主义、政党政体

思考题

1. 对于发展中国家政体分类的不同方式,哪一种最有益于我们理解发展中国家政治的运作?

2. 发展中国家在政治稳定、政府正当性、民众参政等方面存在的差异,多大程度上能够归因于政体形式的区别?

第六章
族群、政教关系与政治发展

本章导读

　　族群和政教关系问题是发展中国家政治动荡和冲突的重要诱因，族群矛盾更是国内暴力冲突最主要的导火索。对这些问题有一个严谨而完整的认识，是理解政治发展的不可或缺的一个部分。本章的第一节介绍族群的定义和族群冲突的表现形式，并且点出族群矛盾升级的历史背景，特别是二战后的国家独立浪潮和冷战后的国际环境变化。第二节简述原生论、工具论、建构主义和制度主义等几个族群研究中的主要理论范式。第三节介绍政教关系问题的由来，并重点讨论"政治伊斯兰"运动对政治发展构成的挑战。

第一节　发展中国家的族群问题

　　族群问题对发展中国家的政治有着举足轻重的影响，族群矛盾已经成为国内冲突最重要的导火索。所谓族群（ethnic group），指的是基于共同的祖先、语言、文化、历史、宗教等因素而产生集体归属感的群体。同一族群内的成员，常常会赋予上述共同特征更深刻的含义，这种共同体或群体意识可以为族群的集体行动提供基础①。在学术用语中,与族群一词密切相关的另一个概念是民族(nation)。两者都指在文化语言等方面具有共性的群体,但族群未必要求建立自己的国家,而民族则暗示着族群和国家的结合。现代民族主义提出"一个民族,一个国家"的口号,即强调政治单元的边界必须与民族聚居边界相一致②。

有学者指出,1946年以来全世界超过60%的内战是由族群矛盾导致的③。从图6-1中可以看出,围绕族群和民族问题的战争在全球大规模冲突中所占的比例,自二战结束以来持续攀升,到20世纪末甚至达到了四分之三。这类战争要么是民族主义者为争取建立属于本民族国家所引发的,要么是一个国家内族群争权夺利所引发的。族群矛盾和冲突当然不仅仅存在于发展中国家,但发达国家中这一问题的紧迫性和破坏性远不及亚非拉国家。一方面,社会调研数据表明,欧美国家中民众对国家的认同程度较高,而发展中国家更多的民众将族群认同置于国家认同之上。另一方面,欧美国家现代化的进程制造了多样的社会分裂(social cleavage)维度,群体认同只是多种群体认同方式之一,因此难以成为政治动员的最重要基础。比如,欧洲历史上的宗教改革运动造成了新教和天主教的分裂维度,启蒙运动和法国大革命导致了人们在政教关系问题上的根本分歧,工业革命又引发了工人阶级和资产阶级的长期对立。不同的社会分裂维度之间纵横交错、互不重合,没有哪个分裂议题能取得压倒性的优势。相比之下,发展中国家成立之初,并没有经历过这些关键的历史事件,族群认同在缺乏竞争者的情况下,容易成为政治集体行动中划线站队的依据④。

族群冲突在战后世界的巨大破坏性是经典的政治发展理论始料未及

---

① Ashutosh Varshney, "Ethnicity and Ethnic Conflict", in Carles Boix and Susan C. Stokes, eds., *The Oxford Handbook of Comparative Politics*, Oxford University Press, 2007, p.277;唐世平、王凯:《族群冲突研究:历程、现状与趋势》,《欧洲研究》2018年第1期,第135—154页。
② Ernest Gellner, *Nations and Nationalism*, Cornell University Press, 1983.
③ Elaine K. Denny and Barbara F. Walter, "Ethnicity and Civil War", *Journal of Peace Research*, 2014, 51(2), pp.199-212.
④ Donald L. Horowitz, *Ethnic Groups in Conflict*, University of California Press, 1985, pp.18-21.

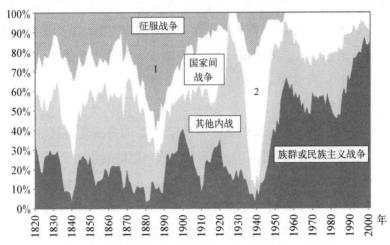

图 6-1 族群和民族问题引发战争占大规模冲突的比例

注：数据表现的是十年移动平均值。数字 1 代表殖民者征服非洲和中亚所引发的一波战争，2 代表第二次世界大战所引发的一波战争。大规模冲突指的是战场死亡人数超过 1 000 人的冲突。

资料来源：Andreas Wimmer, *Waves Of War: Nationalism, State Formation, and Ethnic Exclusion in the Modern World*, Cambridge University Press, 2013, p.3。

的。正如第二章中所提到的，现代化理论认为，随着价值观理性化、社会动员和大众传媒的兴起，"狭隘"的族群认同应该逐渐被对民族国家的认同所取代。在这种视角下，族群冲突的爆发意味着发展中国家偏离了朝着现代性前进的道路，它是国内部分人群未能以现代价值取代传统价值的结果[①]。显然，现代化理论对于我们理解族群冲突帮助不大，族群认同持续存在并成为政治动员的基础，这一事实本身是需要被解释的，而不能简单将其视作政治发展的阻碍。事实上，族群认同的政治化不是现代化误入歧途的表现，而恰恰是现代国家的组织形式被传播到非西方世界所产生的后果。

本书第三章已指出，战后获得独立的新国家继承了殖民帝国强制划定的领土边界，在其领土范围内往往有着复杂的族群构成。殖民者分而治之、厚此薄彼的政策为新国家内部的族群矛盾埋下了伏笔。去殖民化运动方兴

---

① Brian C. Smith, *Understanding Third World Politics: Theories of Political Change and Development*, Indiana University Press, 2003, p.202.

未艾之时,各族群在争取民族独立的旗帜下尚能团结一致,但新国家一旦建立,缺乏共同文化、语言或宗教信仰的族群便面临分崩离析的危险[1]。安德烈亚斯·维默尔(Andreas Wimmer)在一篇文章中细致分析了后殖民时代的国家建构过程如何加剧了族群冲突[2]。文章指出,发展中国家的族群冲突必须在现代民族主义思潮兴起的大背景下进行考察,族群冲突形成于国家建构过程中,其本质是各族群围绕谁能代表新国家、谁能控制国家机器的争夺。在前现代社会中,统治者的正当性来自君权神授、高贵血统或殖民者的优越性,异族统治不被认为是根本性的问题。而对于现代国家而言,只有宣称能够代表一个民族共同体(national community)的统治者才能被民众广泛接受。这样一来,在多族群社会里,哪个或哪些族群能够声称自己代表了民族的集体意愿,便成为一个争夺的焦点。

在多数新兴国家中,族群冲突的爆发是由三个决定性因素导致的。第一,对殖民者遗留的官僚机构的控制出现族群色彩,个别族群掌握了官员的任命权,将公职有选择地分配给本族人。有些国家中,官员选拔的不平等是源于殖民者对某些族群的有意扶植。无论如何,以这样方式产生的官僚集团,在执行政策时也必然偏袒本族群的成员。在后殖民地社会中,族群之所以成为分配官职的重要标准,很重要的原因是政党、社会组织和利益集团等本可以用来动员政治行动的团体尚未充分发展。第二,某些族群中受过一定教育的中产者感到自己在官僚职位的分配上受到了歧视。由于新兴国家中的私营行业还处在欠发达的状态,进入官僚队伍是受过良好教育的精英主要的职业出路。因此,遭到录取歧视的中产者难免对此提出抗议,或者要求改变权力分配的格局,或者要求成立属于本族群的新国家。第三,如果感到不满的精英能够成功动员本族成员,让族群认同成为政治动员的最重要依据,那么族群冲突爆发的条件便一应具备了。在维默尔看来,精英群体如

---

[1] Brian C. Smith, *Understanding Third World Politics: Theories of Political Change and Development*, Indiana University Press, 2003, pp.200-201.
[2] Andreas Wimmer, "Who Owns the State? Understanding Ethnic Conflict in Post-Colonial Societies", *Nations & Nationalism*, 1997, 3(4), pp.631-666.

何动员那些不直接参与争夺官僚职位的普通族人,是分析族群冲突时最重要的问题[①]。

既然族群冲突的本质是争夺对国家机器的控制权,那么根据冲突中族群的利益诉求,可以将族群冲突分为三种情况。第一,某些族群完全无法染指国家权力,这些被排斥的族群为进入权力圈而斗争。第二,不同族群都分享了一部分国家权力,但某些族群不满现有的权力分配安排,为扩大自己享有的权力而斗争。第三,一国中被排斥的族群已经不满足于分享更多的权力,而是要求建立属于本族群的全新国家。无论是哪一种情况,族群矛盾的激化都与民族主义思潮的传播和现代国家构建有着紧密的因果联系[②]。

如果说二战后的国家独立浪潮是族群矛盾的一大诱因的话,那么冷战结束后国际环境的重大变化很可能导致了族群冲突的加剧[③]。其一,美苏两大强权对发展中国家的援助大幅减少,这削弱了许多国家垄断国内暴力使用的能力。国家能力的下降意味着政府无法有效地控制族群间暴力冲突的发生。而且,冷战后西方强国一般不愿意在未取得国际多边共识的情况下干预他国内部冲突。结果,能力低下的国家无法再像冷战时期那样依靠外力维持国内的和平与秩序。其二,冷战时期社会主义和资本主义之间的意识形态之争主导了政治话语,并且在一定程度上压抑了其他形式的国内冲突。两大阵营对抗的格局之下,冲突各方只有运用意识形态语言表达自身诉求,才能最有效地争取国内外的资源。两极争霸的格局终结之后,意识形态不再是争取政治支持的有力工具,而将国内冲突描绘成受排斥族群争取平等对待的努力,反而容易获取国际组织或民间机构的支持。换句话说,族群问题取代了意识形态对抗,成为冷战后获得政治正当性的主要话语体系。

族群矛盾可以通过政治体制所提供的制度化渠道来表达,手段包括立法机关内的讨价还价、工人罢工和街头的和平示威等。更加恶性的族群冲

---

① Andreas Wimmer, "Who Owns the State? Understanding Ethnic Conflict in Post-Colonial Societies", *Nations & Nationalism*, 1997, 3(4), pp.635-639.
② Andreas Wimmer, *Waves of War: Nationalism, State Formation, and Ethnic Exclusion in the Modern World*, Cambridge University Press, 2013, p.151.
③ Rogers Brubaker, *Ethnicity Without Groups*, Harvard University Press, 2004, pp.89-90.

突会通过体制外的集体暴力表现出来。根据冲突各方的力量对比以及国家在冲突中扮演的角色,暴力的族群冲突可以被分为三类:骚乱(riots)、屠杀(pogroms)和内战(civil wars)[1]。骚乱指的是两个平民群体间的暴力对抗,国家至少在表面上会保持中立,尽管它暗地里可能偏袒冲突中的某一方。1969年马来西亚的"五一三事件"就是马来人和华人群体之间的大规模骚乱。屠杀的典型表现是多数群体对手无寸铁的少数群体进行攻击,此时国家机构实际上都会放弃中立原则,要么对屠杀视而不见,要么与攻击的一方站在一边。1994年,卢旺达的胡图族在政府和军队的支持下,对国内的图西族进行了有组织的大屠杀,共造成80万—100万人死亡。最后,内战指的是国内两个武装组织之间的战争,国家或者成为战斗的一方打击反政府武装,或者无力对族群之间的战争进行调停。比如在斯里兰卡,由僧伽罗人控制的政府与泰米尔人的反政府武装组织从20世纪80年代起进行了长期的内战,直至2009年政府军彻底击败泰米尔猛虎组织才告结束。屠杀和内战的区别在于,前者的目标群体是非武装的,而内战中的争斗双方都拥有武装。

第二节 族群冲突研究的主要理论范式

一、原生论

学术界早期针对族群问题的研究,产生了原生论、工具论、建构主义和制度主义等几个主要的理论范式,不同范式之间的争论支配了1990年以前的族群问题研究[2]。原生论(essentialism)出现的背景,正是二战后新独立国家在国家建构的过程中,遭遇到了内部族群力量的强烈反抗。它旨在解释

---

[1] Ashutosh Varshney, "Ethnicity and Ethnic Conflict", in Carles Boix and Susan C. Stokes, eds., *The Oxford Handbook of Comparative Politic*, Oxford University Press, 2007, p.279.

[2] 关于四种范式的介绍主要基于阿舒托什·瓦尔什尼的综述性文章:Ashutosh Varshney, "Ethnicity and Ethnic Conflict", in Carles Boix and Susan C. Stokes, eds., *The Oxford Handbook of Comparative Politics*, Oxford University Press, 2007。

国家层面的认同为何无法吸纳和淡化较为狭隘的族群认同。原生论主张，族群是划分人群的自然单位，语言、宗教、文化等原生性的纽带使这些单位获得团结内部、排斥外族的力量。族群自古以来就是人类的重要纽带，这种认同与生俱来，后天不可改变，成为人类行为的重要推动力量。原生性的情感把一个群体的人们凝聚在一起，不同的族群只要对现有资源分配稍有不满，便容易产生紧张关系甚至冲突。族群冲突本质上是由族群认同和"古老的仇恨"所驱动的非理性行为。与新建立的国家相比，族群之间的敌视有着更加深刻的历史渊源，自然难以被更高层级的国家认同所取代。

原生论自出现以来，一直受到激烈的批评，这些批评主要针对该理论三方面的弱点。首先，如果族群对抗源自人类根深蒂固的本性，那么如何解释族群冲突在不同时间和空间范围上的差异？比如，原南斯拉夫境内的各个民族在社会主义制度下长期和平共处，为什么在20世纪90年代联邦解体之后出现了大规模的族群暴力？为什么印度境内印度教徒和穆斯林之间的暴力冲突，在一些地区特别严重？其次，许多族群冲突并非源于"古老的仇恨"，而是有着晚近的根源。我们经常观察到，某一地区的居民会与新来的移民群体发生摩擦，比如华人是在19世纪和20世纪才来到东南亚国家的，显然不能认为马来西亚和印度尼西亚爆发的反华事件是由深厚的历史根基导致的。最后，根据建构主义的观点，强烈的族群认同并不是远古以来就有的人类情感，而恰恰是通信和交通手段进步之后才产生的、具有现代性的认知方式。在现代化进程开启以前，绝大多数人们都生活在村庄和农场一类的小范围社会组织中，不大可能对居住环境以外的人群产生亲近感和认同感。正是现代化的社会动员才拓宽了人类的认同范围，使得大规模的族群间敌视成为可能。

二、工具主义

研究族群问题的第二种范式是工具主义（instrumentalism），它认为族群认同并非植根于人的本性，个人或群体只不过是打着族群的旗号以获取实际的政治经济利益。工具主义中最著名的是精英操纵理论，它认为领导人以族群矛盾为名动员民众,目的是巩固自己的权力基础。精英通过对媒体的控制重新构造话语体系,把自己描绘成族群利益的捍卫者,以此转移国内视线,弱化反对力量的挑战。例如,塞尔维亚前领导人斯洛博丹·米洛舍维奇(Slobodan Milosevic)为了在东欧剧变的风浪中维持自己的统治,大肆煽动塞族人与阿尔巴尼亚、克罗地亚等族群的矛盾,以此赢得激进塞尔维亚民族主义者的支持[1]。斯蒂文·威尔金森(Steven Wilkison)对印度地方的选举研究揭示,当政客需要少数族裔(穆斯林)的选票才能当选时,他们会保护后者的权利[2]。反之,他们则会煽动印度教徒和穆斯林之间的矛盾来赢得更多选票,而围绕族群问题的政治动员一般都发生在选举竞争最为激烈的地区。

还有一种较为极端的工具主义观点,认为人们对物质利益的贪婪才是族群间战争的根本原因。尽管参与内战的各方常常将自己描述成族群压迫的受害者,但这只不过是他们为了师出有名而寻找的借口。反叛武装的首领主要是被积聚财富的欲望所驱使,而普通民众因为贫穷社会中缺乏经济机会而追随首领。相比之下,反映社会怨恨的各项指标对内战的爆发没有多少解释力。总而言之,族群间冲突主要源于"贪婪(greed)"而不是"怨恨(grievance)"[3]。

与此异曲同工的还有解释分离主义运动的"优势权衡(the balance of advantage)"理论,它认为在一个多族群社会中,少数族裔始终都有从母国中分离、建立自己独立国家的愿望[4]。他们是否会将这种诉求付诸实施,取决于对留在母国内和建立新国家两者成本和收益的权衡。二战后之所以出现大量的分离主义运动,是由于这一时期组建小规模政治实体的相对收益上

---

[1] Ronald Wintrobe, "Slobodan Milosevic and the Fire of Nationalism", *World Economics*, 2002, 3(3), pp.1-26.
[2] Steven I. Wilkinson, *Votes and Violence: Electoral Competition and Ethnic Riots in India*, Cambridge University Press, 2004.
[3] Paul Collier and Anke Hoeffler, "Greed and Grievance in Civil War", *Oxford Economic Papers*, 2004, pp.563-595.
[4] Brian C. Smith, *Understanding Third World Politics: Theories of Political Change and Development*, Indiana University Press, 2003, p.212.

升,保留在大规模国家内的相对收益下降。一方面,战后世界格局中,国家之间互相侵略和吞并的威胁降低了,这无形中消解了大规模政治体的一大优势,即提供军事安全的规模效应。少数族裔即便脱离母国另建国家,也可以仰仗集体防卫等国际安排,不必担心有被他国攻灭的危险。从经济上看,大国原本具有的一大优势是统一的国内市场,有利于人员和资本等经济要素的自由流动。然而随着战后自由贸易体系的建立,国境线不再是贸易活动的阻碍,独立后的小国依然可以享受区域内多边贸易带来的红利。诸如经济合作与发展组织(OECD)和国际货币基金组织(IMF)等国际机构所提供的市场、贷款和投资机会进一步增加了小国在经济上的可持续性。最后,冷战结束后,国际社会总体上对少数群体的分离主义运动给予了更多关注和同情。以上各种因素的作用下,"民族自决运动"便日渐成为一种有利可图的活动。

工具主义范式也面临一些难以解决的困难。即使我们认同精英操纵理论所描述的煽动族群矛盾的动机,但为什么大众会聚拢在精英所高举的族群旗帜下呢?特别是当族群对抗可能引发暴力冲突,或者遭到政府的严酷镇压时,为什么还有人甘愿冒生命风险,加入族群动员呢?同样重要的问题是,为什么精英选择把族群问题,而不是其他分裂性的议题作为动员民众的工具?如果成本和收益的计算是分离主义运动的主要推动力,那么为何一些少数族裔宁愿承担巨大的经济损失,也要谋求独立?[1] 可见,纯粹的工具主义与原生论一样,都不能完全解释族群行为或族群冲突,它必须和其他理论范式相融合才具有更强的说服力。

三、建构主义

建构主义(constructivism)是探讨族群问题的第三种主要范式,它认为族群既不是自古以来凝聚人群的纽带,也不是政治精英在追求物质利益时随意操纵的工具。族群认同是在长期的社会互动过程中逐渐被建构出来

---

[1] Andreas Wimmer, "Who Owns the State? Understanding Ethnic Conflict in Post-Colonial Societies", *Nations & Nationalism*, 1997, p.640.

的,传统社会向现代社会的转变对于现代族群的形成是至关重要的。在前现代时期,普通民众的认同一般仅限于他们居住的社会单元,如村庄、部落和大家族,只有贵族和教会等少数类型的认同才具有超越地域的性质。现代社会的到来拓展了人们的认同范围,使他们有可能将效忠对象转向一个超出地域限制的族群共同体。在这个向现代化过渡的过程中,有三个机制对于族群认同的形成产生了关键影响,它们是技术创新、观念转变和殖民地的政治遗产。

传播技术的进步对于扩大人们的认同范围起到了巨大的推动作用。在本尼迪克特·安德森(Benedict Anderson)看来,近代早期印刷技术的突破促进了大范围共同体意识的形成。这个共同体中的绝大多数人彼此从未有过面对面的交流,他们之间的亲近感和凝聚力只能通过头脑中的想象构建起来,因此这是一个"想象的共同体(imagined community)"。印刷术的出现恰逢资本主义的兴起,追逐利润的书商为了扩大销量,尽量推广用简明易懂的地方口头语写成的文化产品,从而打破了曲高和寡的拉丁语对文化市场的垄断。在一个较大的地域范围内,逐渐形成了能被普通民众理解的通行语言,和以这种语言作为载体的共同文化。因空间阻隔而无法直接相互交流的人们,通过印刷产品和统一文字的中介,逐渐感受到他们已经成为一个共同体的一部分了。一群人对自己的起源神话、历史演进、诗歌艺术、通俗小说等内容所分享的共同记忆,是形成族群和民族认同的思想基础[1]。此外,厄内斯特·盖尔纳(Ernest Gellner)还强调了大工业生产的出现,使得来自各地的工人必须学习一种标准的语言,才能彼此交流协作,掌握必要的生产技能;工业社会的组织方式对于跨地域的认同形成也是至关重要的[2]。

建构主义者关注的第二种机制是现代性所带来的人类生活中的观念变化,尤其是对于人人平等、承认和尊严等非物质资源的强烈追逐。在传统社会中,个人认同是由他在社会结构中所处的位置决定的,宿命论让人们甘于

---

[1] Benedict Anderson, *Imagined Communities: Reflections on the Origin and Spread of Nationalism*, Verso, 2006.
[2] Ernest Gellner, *Nations and Nationalism*, Cornell University Press, 1983.

接受与生俱来的社会等级或地位,荣誉和尊严等观念只为上层阶级的少数人群所独有。而在现代社会中,平等主义的观念广为传播,人性的尊严成为每个人的基本认同需求。如果个人或群体长期处在一种被支配、被歧视的状态中,缺乏对自身尊严的基本承认,那么他们必然奋起抗争改变这种现状。因此,驱动族群冲突的关键变量是尊严,而不是自身的物质利益。

新兴国家大多是在殖民统治之下被强行带入现代社会的,殖民者所采取的政策不可避免地对群体认同的建构产生了深远的影响。在殖民者到来以前,本地社会中可能存在多种群体认同,而殖民者常常出于巩固统治的需要去强化一些认同维度,这很大程度上决定了后殖民社会中哪些群体认同将会成为政治动员的基础,哪些认同将不具有政治上的意义。大卫·莱廷对尼日利亚的约鲁巴人的政治认同的研究很好地说明了这一点[1]。约鲁巴(Yoruba)人是分布在尼日利亚西部和西南部的族群,当地人主要存在两种群体认同的基础:根据宗教划分为北部的穆斯林和南部的基督徒;根据部落划分为不同的王国,每个王国以一个繁荣的"祖先城市(ancestral city)"作为中心。然而进入20世纪之后,对部落王国的认同成为约鲁巴人进行政治斗争时主要的分裂维度,它是各种政治组织和动员的认同基础。相反,宗教认同却在政治上不是一个重要的划线标准,没有被精英用来动员支持者。显然,原生论和工具主义范式都很难解释这种差异。宗教信仰和祖先城市都是历史久远的原生性纽带,也都能够满足人们集体归属的心理需要,为什么宗教信仰没有获得政治上的重要性?如果说精英需要运用族群问题来动员民众,为什么他们选择了部落而不是宗教作为动员的旗帜?

莱廷认为,这种差异的原因在于英国殖民者为了维护自己的统治,有选择性地强调了部落认同。出于获取正当性和降低统治成本的需要,英国人希望通过扶植当地的代理人来进行"间接统治",约鲁巴社会中祖先城市的国王就被英国当局选中,作为殖民统治的合作者。英国人采取各种措施强化传统王国的权威,当地精英很快发现,只有将自己的利益诉求与祖先城市

---

[1] David D. Laitin, *Hegemony and Culture: Politics and Religious Change among the Yoruba*, University of Chicago Press, 1986.

联系起来,才能从英国当局那里争取到各类权益。与此同时,英国人由于害怕狂热的宗教信仰被用来煽动革命,刻意禁止当地人利用宗教问题提出政治主张。归根到底,部落认同的重要性是殖民精英建构起来的一种文化霸权(cultural hegemony),它深刻塑造了被统治者的价值观和意识,使得只有某些社会分裂维度可能成为政治斗争的基础。这种建构主义的观点与工具主义的不同之处在于,文化霸权的形成是一个漫长的过程,它一旦被建构,就获得了某种稳定性和长期性,后殖民地社会的精英无法随意挑选一个分裂维度来煽动民众,除非他们中的知识分子能够构建出一个新的霸权话语体系。这当然不是一朝一夕能够完成的事业。

四、制度主义

作为研究族群问题的第四种范式,制度主义(institutionalism)主要关注政治制度的设计如何能够避免或缓解族群冲突的爆发。在一些观察者看来,多党民主体制与单一选区多数的选举制度结合,最有可能造成族群冲突的激化。简单说来,这种选举制度人为地压缩了小党的生存空间,使得少数族裔无法获得与其人口比例相称的政治代表权,容易引发他们对体制的不满。而且,在少数族群高度聚居于某一区域的国家中,单一选区相对多数制容易催生以族群为支持基础的政党,它们将族群聚居区作为自己的票仓,区域内缺乏选举竞争,因此族群政党没有动机去争取其他族群成员的支持[①]。有鉴于此,在族群多元的社会中,选举制度应当采取比例代表制,它让各族群能够获得与其人数相称的代表权,族群的代表们在国家机关内进行谈判和妥协,达成一种族群间的权力分享机制。

除了比例代表制外,其他可能有利于调节和疏导族群矛盾的制度设计如下所述。(1)采用联邦制,在一些族群聚居的地方,赋予当地政府较高的自治权,通过法律确保这些族群的基本权利不受中央政府侵犯;(2)规定由不同族群轮流担任政府首脑,以满足各族群掌权的愿望。当权的族群由于顾忌下台

---

① William R. Clark, Matt Golder and Sona N. Golder, eds., *Principles of Comparative Politics*, CQ Press, 2017, pp.545-546.

之后遭到报复,便不会对其他族群进行歧视和迫害;(3)在政府和官僚机构内给各族群以固定的人数配额,如规定总统、总理和议会议长必须由不同族群的政客出任;(4)国家对政党的组建施加一些限制,禁止政客以族群为支持基础组建政党,政党成员必须建立在全国范围之上;等等[1]。上述制度设计强调国内各群体的代表权、保护少数群体核心利益、鼓励族群精英以和平谈判的方式化解冲突。一些学者将采纳这些制度的民主模式称作"协和式民主(consociational democracy)"或"共识型民主(consensus democracy)"。不过,也有学者批评协和式民主只是暂时缓和了族群冲突,却无法真正促成族群间的融合。事实上,族群配额和区域自治等措施将会固化族群之间的界限。要更好地解决族群问题,选举制度应当鼓励政党建立跨族群的选民联盟,澳大利亚等国家采用的"选择投票制(alternative vote system)"提供了一种可能的尝试路径[2]。

民主体制允许各群体较为自由地表达自身诉求,相比之下,非民主体制可能以专政手段禁止族群问题的讨论和族群利益的表达,从而维持长时段的和平稳定。在叙利亚等国家,政权被一个族群所掌握,统治者只能依赖军队和警察来镇压其他族裔的反抗。不过,长期的压制也容易导致族群矛盾的日积月累,一旦国家能力下降,无法再通过强力控制局势时,族群冲突可能以更加剧烈的方式爆发。苏哈托政权倒台之后的印尼和南联盟解体后的巴尔干半岛为这一事实做了代价沉重的注解。如此看来,族群冲突在民主和非民主体制下都有加剧的可能,只是问题恶化的原因各不相同罢了。

近年来,关于族群问题的研究已经超越了几大范式的争论,学者普遍认为,结合不同范式中的有用元素才是理解族群冲突的唯一途径。唐世平和王凯在一篇文献综述中,指出了这方面研究的若干个最新趋势。第一,研究者们已经从范式间的辩论中脱身出来,运用更加科学严谨的实证方法寻找族群冲突背后的影响因素和机制。由此产生的一批中层理论,讨论了涉及

---

[1] 李安山:《非洲民主化与国家民族建构的悖论》,《世界民族》2003 年第 5 期,第 16—18 页。
[2] William R. Clark, Matt Golder, and Sona N. Golder, eds., *Principles of Comparative Politics*, CQ Press, 2017, p.553.

自然资源、经济发展水平、族群内权力关系等一系列相关变量。第二，最新的研究开始将族群冲突细分为不同类型，如非暴力冲突、族群清洗、恐怖主义和民族自决运动等，进而去探讨各类冲突中的不同因果机制。第三，对参与到族群冲突的不同行为体，比如中央政府、少数族群、外部国家和非国家团体，分别进行细化的研究，而不是笼统地分析冲突事件本身。可以肯定的是，族群冲突与和解未来依旧会是发展中国家政治发展的重大课题。从肯尼亚族群对立所导致的选举争议，到缅甸军政府对罗兴亚人（Rohingya）穆斯林的排挤，再到南苏丹持续不断的内战，世界范围内发生的族群矛盾一再提醒人们，实现族群之间的长期和平是实现发展中国家政治稳定的重要一环①。

第三节 政教关系与政治发展

一、政教分离原则

过去若干世纪，世俗国家与宗教权威之间的关系一直是政治发展中的重要议题。国家和宗教组织间的紧张关系在许多国家成为政治动荡和冲突的根源。根据对政治现代化的一般理解，现代国家应当遵循政教分离的原则，即政治生活必须摆脱宗教的控制，国家出台的政策法律不能因宗教观念的影响而侵犯公民的基本权利，特别是信仰自由的权利。19世纪以来的西方思想家大多认为，随着工业化社会的来临，宗教在人们生活中的重要性会逐渐下降。世俗化与官僚化、理性化和城市化一样，都是现代社会的基本特征。随着科学和理性的进步，人们不再需要用宗教来解释世界上的现象，而宗教组织的一些传统功能，如教育、医疗、救济穷人等，也会逐渐被现代国家的专业部门所取代②。

在西方国家，政教分离原则的实际确立经历了一个漫长而又一波三折

---

① 唐世平、王凯：《族群冲突研究：历程、现状与趋势》，《欧洲研究》2018年第1期，第135—154页。
② Pippa Norris and Ronald Inglehart, *Sacred and Secular: Politics and Religion Worldwide*, Cambridge University Press, 2011, pp.8-9.

的过程①。16世纪发生了宗教改革运动后,在欧洲占有统治地位达十多个世纪之久的罗马天主教会受到了来自路德宗和加尔文宗等新教教派的挑战。宗教信仰的分裂造成了政治实体内部、实体之间的持续冲突,并在17世纪初的"三十年战争"中达到顶峰。1648年冲突各方签订的《威斯特伐利亚和约》(以下简称《和约》)确定了"教随国定"的原则,即每一个王国、城邦或诸侯国的统治者有权决定其辖区内的宗教信仰,不受外界势力的干涉。《和约》虽然缓解了国家之间的宗教冲突,但却无助于缓解各国内部的教派矛盾。长期以来,基督教内部的教派分裂对欧洲国家政治产生了深远的影响。在英格兰,国教的支持者与清教徒之间的冲突长期存在,最终酿成了清教革命。在另外一些地区,政治单元分裂为两个不同国家,如低地国家分裂成了信仰新教的荷兰和信仰天主教的南尼德兰(即今天的比利时)。还有一些国家则实现了不同教派的共存,或者一个教派在国内占据主导地位。

宗教冲突的惨痛教训,现代国家权力的不断扩张,启蒙主义思想日益深入人心,这几股力量合在一起,导致了国家和教会之间冲突的总爆发,其中斗争最为激烈的当属法国。1789年的法国大革命不仅是反对波旁王室的革命,它的矛头同时也指向了君主制的重要盟友——天主教会。大革命时期,教会的各项特权曾经一度被废除,但此后,王朝和帝国的数次复辟又让教会的地位和影响力得以恢复。整个19世纪,法国的教会势力依然享有种种特权,特别是对教育系统的持续控制力,这引发了教会的支持者和反对者之间的激烈冲突。1905年,法国通过了《世俗法》,确立了政教分离的原则,规定宗教只能在私人领域内活动,不能对公共领域,特别是公立教育和政府决策施加影响。此后,政教分离逐渐得到了绝大多数法国民众的支持,世俗主义政治的根基也日益稳固,并成为许多新兴国家效仿的对象。

近年来,宗教型政党的数量增加,宗教极端势力在一些地区抬头,与宗教相关的族群冲突也屡见不鲜,因此现代化理论中有关世俗化的论点遭遇

---

① William R. Clark, Matt Golder, and Sona N. Golder, eds., *Principles of Comparative Politics*, CQ Press, 2017, pp.622-625.

到了不少批评。对此,皮帕·诺里斯(Pippa Norris)和罗纳德·英格尔哈特(Ronald Inglehart)改进了世俗化理论①,指出人们对生存安全的感知对宗教观念有着巨大的影响。在贫穷的国度,人们的生存安全面临着疾病、自然灾害、环境污染和战争的威胁;即使在发达国家中,经济衰退、恐怖袭击、种族隔离等问题也会使一部分人群的生存安全受到威胁。人们越是对生活感到不安全,就越需要宗教提供一套绝对性的、可预测的规则来减轻内心压力。他们强调,现代化进程不是线性的,而是可能出现中断甚至倒退,从而导致人们的生存安全感突然下降。数据分析显示,生存安全感和社会经济不平等在很大程度上解释了各国人民宗教行为的差别。不平等程度越高的国家,人们对于宗教也越虔诚。在发达国家中,宗教信仰在美国的重要性最高,部分原因也是美国的社会不平等程度最高。在个人层面,收入水平越低,则宗教在生活中的重要性也越高②。

二、"政治伊斯兰"运动

诺里斯和英格尔哈特在强调生存安全感的解释作用的同时,也承认一个社会的文化积淀对于宗教行为的熏陶。基督教、伊斯兰教和佛教等几大宗教文明对于生活在其中的人们的道德观念和信仰有着截然不同的影响。这意味着政治与宗教的关系在不同的宗教文化圈中也会有独特的表现形式。可以说,在伊斯兰文明圈的国家中,政教关系最为复杂,也最具有争议性。20世纪以后,伊斯兰世界中兴起了一股名为"政治伊斯兰(political Islam)"的运动,它指的是"旨在赋予伊斯兰教以政治生活中的权威地位的各类政治运动、意识形态潮流和国家政策"③。政治伊斯兰的参与者一般主张,历史上的伊斯兰文明中政治和宗教是密不可分的,政治领袖同时也是宗教领袖,政教分离和世俗主义是18世纪以后出现于西方社会的特定社会观念,

---

① Pippa Norris and Ronald Inglehart, *Sacred and Secular: Politics and Religion Worldwide*, Cambridge University Press, 2011.
② Ibid., pp.106-109.
③ Andrew F. March, "Political Islam: Theory", *Annual Review of Political Science*, 2015, 18, p.104.

不应当被普世化,更不能被强加给穆斯林社会①。

政治伊斯兰是一类非常复杂的现象,它不是一种单一的、整齐划一的政治组织或运动,而是有着多种表现形式②,既有在民主框架内争取政权的伊斯兰政党,也有拒绝民主政治、开展暴力袭击活动的极端组织。深入考察各类政治伊斯兰组织的主张,可以发现其中三个层面的共性③。在个人层面,都强调穆斯林要严格遵守宗教经典,净化信仰,成为真正的穆斯林。政治伊斯兰以自己所谓的"真正伊斯兰"为尺度,衡量穆斯林个人和社会,不接受这套标准的就会被贴上"伪信徒"和"真主的敌人"的标签。在政治秩序层面,将社会中遭遇的各种问题归结为腐朽的政权偏离了伊斯兰信仰,必须改变现存的政治制度,代之以伊斯兰国家,根据伊斯兰法进行统治。一些政治伊斯兰学者主张,穆斯林社会的法律应该由宗教学者运用经典的方法解读神的旨意而制定,主权在神而不在民④。在本质上,政治伊斯兰是一个跨国界的、普世主义的运动,强调政治共同体应包含所有伊斯兰信众。现存世界政治秩序是不公正的,穆斯林正处处受到欺凌和压制,他们必须团结起来,一致行动,用一个全世界统一的"乌玛"⑤来取代当前的政治秩序。因此,政治伊斯兰的主张与现代民族国家存在着紧张的关系,尽管其中的一些实践者已经接受了现有的民族国家框架⑥。

政治伊斯兰的主张,其实是对伊斯兰文明在近现代以来所面临困境的一种思考和探索。这一文明圈内的国家经历的军事和外交屈辱、经济发展停滞和政治腐败,被归结为接受西方各种世俗意识形态(社会主义、民族主义、自由主义)的恶果。现代化侵蚀了传统的文化价值,导致道德沦丧、意志

---

① Andrew F. March,"Political Islam: Theory",*Annual Review of Political Science*,2015,18,pp.105-106.
② 钱雪梅:《政治伊斯兰意识形态与伊斯兰教的政治化》,《西亚非洲》2009年第2期,第25—26页。
③ 同上书,第26—27页。
④ Andrew F. March,"Political Islam: Theory",*Annual Review of Political Science*,2015,18,p.114.
⑤ 乌玛在阿拉伯语中是共同体的意思。
⑥ Andrew F. March,"Political Islam: Theory",*Annual Review of Political Science*,2015,18,p.105.

薄弱、享乐主义和文化多元主义,伊斯兰文明若要实现伟大复兴,必须抛弃政教分离的原则,依靠自身的文化传统来扭转近代以来的衰落趋势。应当看到,政治伊斯兰出于自身的政治目标,对伊斯兰的教义和历史做了特定的加工和阐释。比如,沙里亚虽然是伊斯兰历史上最重要的一项法律制度,但并非唯一和排他性的法律。伊斯兰法律制度还包括各地的习惯法、行政法,以及统治者的王权。沙里亚也不能保证正义的实现,其有效实施取决于统治者的兴致。然而政治伊斯兰却把沙里亚的神圣性绝对化,将它作为衡量政治正当性的唯一尺度,直接挑战现存政治秩序[1]。可见,政治伊斯兰未必代表真正的伊斯兰,它本质上是一种将宗教政治化的意识形态。

1928年成立于埃及的穆斯林兄弟会(以下简称"穆兄会")是政治伊斯兰运动的先行者[2]。穆兄会是一个组织严密、规模庞大的伊斯兰宗教和政治团体,主要运作模式是通过普及宗教思想和从事慈善活动在草根阶层赢得支持。穆兄会主张伊斯兰是解决埃及社会所面临一切问题的方案,其奋斗目标是以《古兰经》和圣训为基础,建立伊斯兰国家,实施伊斯兰教法,最后实现统一的穆斯林世界社团。在加麦尔·纳赛尔(Grarnal Nasser)执政时期(1954—1970年),埃及政府对穆兄会实施大规模镇压,将其领导人大量逮捕下狱。组织网络被严重破坏的穆兄会开始转入地下活动。到了穆罕默德·安瓦尔·萨达特(Mohamed Anwar Sadat)和胡思尼·穆巴拉克执政时期,埃及政府对穆兄会的政策有所缓和。穆兄会重建了组织网络,一方面提供各种教育和医疗服务,另一方面参与埃及全国和地方层面的选举。由于萨达特的经济改革使民众失去了纳赛尔时期享受的一些社会福利保障,穆兄会得以填补了这一空白,通过社会慈善和思想宣传工作在群众中赢得了巨大支持。

20世纪80年代后,穆兄会逐渐放弃暴力活动,开始利用体制内渠道参

---

[1] 钱雪梅:《政治伊斯兰意识形态与伊斯兰教的政治化》,《西亚非洲》2009年第2期,第29—30页。
[2] Housam Darwisheh, "Survival, Triumph, and Fall: The Political Transformation of the Muslim Brotherhood in Egypt", in Khoo B.Teik, Vedi Hadiz, and Yoshihiro Nakanishi, eds., *Between Dissent and Power: The Transformation of Islamic Politics in The Middle East and Asia*, Palgrave Macmillan UK, 2014, pp.108-133.

与政治，成为埃及议会选举中主要的反对派势力。同时，穆兄会积极向各类社会组织和国家机构渗透，职业团体、学生组织、高效教师俱乐部和法律系统内都有了穆兄会的影响。尽管穆巴拉克可以用暴力镇压兄弟会，但却无法阻止它赢得民心。穆兄会呼吁政治改革，批评政府腐败，要求获取更多政治自由。在2011年"阿拉伯之春"运动中推翻了穆巴拉克政权后，隶属于穆兄会的政党赢得总统选举，然而国家的专政机关依然控制在军方手中。穆兄会的执政并不成功，它未能广泛团结当时埃及社会中的主要力量，包括旧政权的专政部门、参与"阿拉伯之春"的抗议群众以及国内的世俗主义分子。穆兄会急于集权的做法，加上日常行政的低效，最终导致军方在民众的支持下发动了政变，建立起了军人政府，对穆兄会的镇压又重新开始了。

除了埃及之外，政教关系问题在另一个区域性大国的内政中也处于中心位置，这就是土耳其①。一战后，凯末尔革命终结了奥斯曼土耳其帝国，新创建的共和国确立了世俗主义和政教分离的原则。凯末尔主义者反对伊斯兰宗教势力干预国家政治和法律，国家对宗教机构进行了收编和改造，关闭了修道院，废除了妇女戴头巾、面纱的旧俗，停办宗教院校，开始实行世俗主义教育。与此同时，土耳其采用西方的多党执政体制，选举中，政治家时常诉诸选民的宗教感情来赢得选票，伊斯兰主义的政党在选举中有较大的影响力。土耳其军方自视为世俗价值观的捍卫者，数次以政变或取缔宗教背景浓厚的政党的形式干预政治。自1950年以来，土耳其已经发生了三次军事政变；20世纪60年代以来，共有27个政党因各种原因被取缔。

1980年政变后，国家对伊斯兰背景的政党的管制有所放松，这些政党的选民基础也不断扩大。2002年，具有宗教背景的正义与发展党（以下简称"正发党"）当选为土耳其的执政党，并一直执政至今。正发党执政后，有意淡化宗教色彩，自我定位为一个中间偏右的保守派政党。该党支持政教分离，主张政治家个人可以是虔诚的穆斯林，但不影响国家的世俗性质。尽管

---

① Jenny White, "Muslimhood and Post-Islamist Power: The Turkish Example", in Khoo B.Teik, Vedi Hadiz, and Yoshihiro Nakanishi, eds., *Between Dissent and Power: The Transformation of Islamic Politics in The Middle East and Asia*, Palgrave Macmillan UK, 2014, pp.89-107.

如此，在正发党的治下，土耳其还是出现了明显的伊斯兰化的倾向，体现在公共场合越来越多的女性开始戴头巾、女性地位日趋保守化。在许多穆斯林国家，正发党被看作一个兼容穆斯林宗教认同和民主政治的理想模式。不过，正如第五章讨论一党独大制时谈到的，正发党上台后采取了一系列蚕食民主制度核心框架的举措。当前，正发党领导的政府已经有效地控制了国家的强力部门，土耳其军方已不能像过去一样通过干政来维护国家的世俗性质。作为一个有着伊斯兰背景的执政党，正发党领导下的土耳其将何去何从，对于发展中国家，特别是以穆斯林为主国家的政教关系都有很大的启发意义。

政治伊斯兰运动的兴起证实了诺里斯和英格尔哈特的论断，即一个国家的政教关系深受其文化传承的影响，社会经济发展并不一定导致政教分离原则的确立。这项运动是在伊斯兰世界面临长期的外来征服、政治压迫和社会不公正的背景下出现的，它旨在为穆斯林社会寻找一条新的出路。在埃及和土耳其等国家中，代议制和选举的存在使得伊斯兰运动可以通过制度内途径参与政治。为了以合法手段上台执政，有宗教背景的政党必须牺牲意识形态的纯洁性，采取更加务实的立场，并且掌握为社会提供公共服务和经济增长的能力。从这个角度来说，代议政治的框架也在改变着伊斯兰运动的性质。伊斯兰文明是否能够和现代民主制度并存？文化保守主义者如亨廷顿认为，伊斯兰文化与代议制民主难以兼容，因此穆斯林国家很少能建立成功的民主制度[1]。另有观点认为，"伊斯兰政党寻找民主的途径，试图从异议人士转变为执政者的努力，应该被更好地理解。他们的坚韧不拔否定了认为伊斯兰和民主本质上无法兼容的文化决定论"[2]。谁将在这场辩论中胜出，还有待对伊斯兰国家中未来政教关系发展的观察。

---

[1] Pippa Norris and Ronald Inglehart, *Sacred and Secular: Politics and Religion Worldwide*, Cambridge University Press, 2011, pp.135-136.
[2] Khoo B.Teik, Vedi Hadiz, and Yoshihiro Nakanishi, eds., *Between Dissent and Power: The Transformation of Islamic Politics in The Middle East and Asia*, Palgrave Macmillan UK, 2014, p.6.

名词解释

族群、建构主义、政治伊斯兰

思考题

1. 二战之后,发展中国家的国家建构过程与族群冲突之间是什么关系?冷战结束后国际格局的变化又对族群冲突产生了什么影响?

2. 为什么政教分离的原则在一些发展中国家能够顺利实行,而在另一些国家中受到严峻的挑战?

第七章
殖民主义的遗产

本章导读

今天世界上的发展中国家,历史上即使不是西方国家的殖民地,也遭遇过西方扩张和殖民主义的压迫。不理解殖民者推行的政策和建立的制度,就难以全面理解发展中国家政治呈现出的各种特点。本章节将介绍与殖民主义遗产有关的若干重要研究领域和问题,并梳理一些前沿性的学术观点和论证。第一节简要介绍殖民主义的历史进程。第二节探讨不同宗主国殖民策略和方式的共性与差异性。第三节将从比较政治学的视角,介绍殖民主义所留下的政治遗产——对后殖民时期国家建设和政体类型的影响,对族群认同和矛盾的影响,以及对治理绩效的影响。

第一节 殖民地历史简介

一、殖民扩张的三个阶段

殖民主义对现代世界的塑造起到了不可估量的作用。大致在1400—1914年,西班牙、葡萄牙、英国、俄罗斯、法国、荷兰、德国和几个较小的欧洲国家在欧洲以外建立了殖民地。19世纪末20世纪初,世界上沦为殖民地、半殖民地的国家和地区形成了帝国主义殖民体系。第二次世界大战后,殖民地、半殖民地的民族独立运动高涨,大批亚洲、非洲国家获得独立,西方殖民体系在1945—1975年迅速瓦解。大卫·菲尔德豪斯(David Fieldhouse)对殖民主义有过这样的描述:

> 殖民主义是一个用来表达于1870—1945年大部分非洲、许多南亚、东南亚国家以及太平洋地区在殖民帝国经历的短暂而多变状况的一个概念。历史地看,它是欧洲帝国主义在海外扩张、白人移民区的殖民化和非正式帝国政治控制这三种形式的产物。在殖民主义状况下,一个从属性的社会完全被帝国主义国家所控制,它的政府操纵在帝国官员手中,它的社会、法律、教育、文化乃至宗教生活都以宗主国为模式,其经济活动则是适应和满足欧洲资本主义的需要。殖民主义是现代世界国际联系演变的一个历史阶段,它的中心问题是为适应发达资本主义的需要而把其他所有国家沦为附属地位。①

伴随着资本主义的产生和发展,西方国家采取不同的军事、政治、经济等手段,对亚洲、非洲和拉丁美洲采取了殖民主义政策,具体表现在占领、奴役和剥削弱小国家和地区,将后者变成自己的殖民地、半殖民地。殖民者总是认为自己代表了优越的普世文明,殖民的任务之一是帮助世界上的落后地区实现"文明开化"。殖民主义对发展中国家造成了不同面向、不同程度的影响,深深地影响了现代世界历史的发展进程,从根本上型塑了全球政治经济秩序。欧洲殖民统治并没有一个统一的形式,它一方面受到殖民宗主国国内政治和殖民政策的影响,另一方面受到殖民地自然条件和社会结构的约束。因此,殖民主义在不同的国家或地区采取了不同的统治形式。因而有必要首先从历史的角度回顾殖民主义的发展变化②。

---

① David K. Fieldhouse, *Colonialism 1870-1945: An Introduction*, Macmillan, 1983.
② 参见张红菊:《全球视野下的殖民主义研究》,《史学理论研究》2013年第4期,第4—5页。

在西方世界对全球进行侵略扩张的背景下,西方国家把亚洲、非洲和拉丁美洲等地区纳入了资本主义世界体系,世界殖民体系最终形成。这个过程可以大致分为三个阶段。

第一阶段(15—18世纪):重商主义时代。近代早期,地理知识、罗盘针和造船业的革新发展为远洋航行提供了必要的技术基础。欧洲人对美洲、非洲、亚洲进行政治控制和渗透,美洲大部分地区、非洲沿海地区以及东南亚边沿地区被纳入新生的资本主义世界体系。15世纪中叶以后,葡萄牙最先向位于非洲西海岸的马德拉群岛和大西洋上的亚速尔群岛殖民,从而开启了殖民主义进程。这一时期,多数国家奉行重商主义政策,对以武力征服的殖民地实行贸易垄断、限制和禁止殖民地间贸易、以"强迫供应制""单一种植制"等方式强迫殖民地生产和供应宗主国所需产品且实行不等价交换。另外,殖民者经营奴隶贸易,从中谋取暴利。在宗主国对殖民地垄断控制下,重商主义政策塑造了殖民地的贸易形式,造成了殖民地贸易渠道的单一。

第二阶段(1760—1870年):工业革命时代。18世纪60年代后,随着工业革命的爆发,传统的以蔗糖、烟草和奴隶为主的殖民贸易已经不再具有重要意义。工业国家对棉花、羊毛、燃料、铁、铜、锡、煤炭等工业原料的需求取代了对消费品的需求,同时这些国家迫切需要在本国之外开辟市场,以消化本国生产的工业制成品。工业革命推动西方各国社会生产力飞速发展的同时,受到狭小有限的国内市场的限制,为扩大利润,殖民地宗主国希望将它们所侵占和掠夺的殖民地变成自己的原料供应地和商品销售市场。殖民列强通过扩大殖民地和商品市场等方式开辟了广阔的海外市场,向西亚、东亚、南美等地区纵深扩张,使亚、非、拉许多国家和地区沦为殖民地和半殖民地。殖民地和半殖民地的经济生产结构被改造,逐步变为经济附庸。当然,殖民列强也没有停止暴力的使用,它们用坚船利炮扩大了对非西方世界的侵犯,剥夺了被殖民国家的关税自主权。

第三阶段(1870—1960年):帝国主义时代。随着西方列强自身经济结构的变化,它们调整了以往的对外殖民政策,通过资本输出强化对殖民地的剥削和控制,利用殖民地生产要素便宜等条件,投资于铁路、采矿业、农业和加工业等,直接榨取剩余价值。另外,通过发行各种债券、购买股票、发放贷款等方式投资银行金融业,以实现对殖民地半殖民地经济命脉和内政外交的控制。从1875年到第一次世界大战,殖民国家竞争加剧,除了老牌殖民国家(包括英国、法国、俄国),又出现了德国、美国、意大利、比利时和日本这些新的殖民主义国家。这一时期,列强之间为争夺殖民地而相互攻伐的战争,基本被征服新的殖民地的战争所取代[1]。欧洲各国和美国、日本纷纷向海外殖民,瓜分全球,把非洲内陆以及亚洲内陆广大地区都纳入各自的控制范围。直至20世纪初,殖民国家及殖民地已占全世界85%的陆地面积。到第二次世界大战结束以后,许多殖民地国家才开始摆脱宗主国在政治上的统治,成为独立的主权国家。

二、不同地域的殖民扩张

西方殖民扩张是在技术革新和经济利益的双重驱动下展开的。几个世纪以来,西方殖民国家凭借远洋航行的技术优势,物色寻找具有足够利用价值且易于控制的地区。受限于当时的技术条件、地理位置和殖民势力,西方殖民主义在不同地域、不同历史时期具有不同的统治形式。从地理位置的视角来看,主要有三种不同形式的殖民主义:既富有又容易控制的美洲;富有但难以控制的亚洲;贫穷且不太具有控制价值的非洲[2]。

殖民主义在美洲的一大特征,是它对土著社会结构进行摧毁的彻底性和残暴性。西、葡两国入侵南美,消灭了印加和阿兹台克两个帝国,并导致大量原住人因疾病和杀戮而死亡。美洲当地人从此在经济财政、社会地位上沦为从属地位。在美国、加拿大、澳大利亚和新西兰等地,独立地位的获得意味着权力转移到了殖民定居者的手中。本土社会的破坏使得殖民者可以强加为宗主国服务的经济结构,这一点在美洲体现得尤为明显。在后来成为美国和加拿大的温带地区,移民几乎全部来自欧洲,这里的开发速度较

---

[1] Brian C. Smith, *Understanding Third World Politics: Theories of Political Change Development*, Indiana University Press, 2003, p.24.
[2] Christopher S. Clapham, *Third World Politics: An Introduction*, Routledge, 1985, pp.13-17.

慢,在19世纪以前富裕程度一直不如热带地区。在热带,种植着适合欧洲市场的糖、烟草、棉花和咖啡,这些经济作物需要大种植园来进行管理,同时需要大量的奴隶劳动力。在16世纪中叶到19世纪的奴隶贸易中,数以百万计的非洲人涌入美洲;19世纪末期,种植园巨大的劳动力需求又导致大量的印度人和中国人移民到美洲。这些来自世界不同地区和文化的人们比邻而居,在冲突中相互融合,成为这一地区重要的政治遗产。相比其他第三世界地区,拉丁美洲在很早的时候就实现了民族独立。由于本土社会遭遇到的彻底性摧毁,拉美国家独立后掌控国家的主流群体几乎完全是欧洲血统,这在后殖民地社会中也是较为特别的。较长的独立历史也使得拉美的城市化和工业化程度高于非洲或亚洲的大部分地区,这造就了阶级斗争在拉美政治中的显著地位。

在亚洲,殖民者没有大规模地摧毁当地社会,而是在征服传统帝国的同时,基本保存了它们的边界和作为傀儡的统治者(如英国对印度的殖民)。一些亚洲国家部分地凭借自身的实力,部分地由于殖民强国之间建立缓冲区的需要,保留了至少是名义上的独立地位(如伊朗和泰国)。在西亚地区,早在一战爆发以前,日益衰落的奥斯曼土耳其帝国就遭到西方列强的蚕食,英国、法国和意大利瓜分了帝国的部分领土,将其作为自己的殖民地或保护国。随着一战后奥斯曼土耳其帝国的崩溃,英法在国联的授权和一些君主国的配合下对中东大片地区实行了委任统治(如伊拉克、叙利亚、黎巴嫩)。虽然国联明确了委任统治的临时性,却没有规定委任统治的期限,事实上仍是一种殖民统治的形式。英、法分割阿拉伯地区,把不同的民族和教派划入同一个国家,是当今阿拉伯世界诸多矛盾的根源。另外,通过泛阿拉伯主义(pan-Arabism)和伊斯兰教表达出的区域认同感对后殖民时代的国家构成了一种无形的挑战。

对非洲的大规模殖民发生在19世纪末,此前欧洲列强只是占领了非洲沿岸的港口。当时,非洲看起来并没有太多财富可攫取,并且大陆内部的自然环境不适宜大规模渗透。19世纪末期,随着欧洲的迅速工业化和人口增加,对于各种原材料的需求也随之上升,西方列强于是开始向非洲内陆扩张。从1885—1900年,欧洲各国基本完成了对非洲的瓜分。除了埃塞俄比亚和埃及以外,非洲其他地区均沦为西方国家的殖民地或保护国。殖民者在划定殖民地的边界时,丝毫未曾考虑本地人群的分布或地理山川的走势,而通常是在几千英里外的谈判桌上,用尺子在地图上划下直线了事。"沿着几内亚湾,从象牙海岸到尼日利亚的殖民地边界沿着直角朝海岸伸展,将阿肯族、埃维族和约鲁巴族人分割到不同的殖民地中,这些殖民地内部包括了社会和政治特征各异的海岸地带、森林和沙漠。七八十年后,这些随意划下的线条,成了独立国家的疆界。"[1]

1880—1912年,英、法、德、意、比、葡等国已经占领了非洲大部分领土。与初期的分裂争夺、分而治之的策略不同的是,1900年代起列强普遍采取的是"合而治之"的策略。比如,法国在1904年把它在西非的所有殖民地合并成为西非联邦,1910年又把在赤道非洲的殖民地合并成赤道非洲联邦。英国殖民部在1914年年初将不同民族、宗教的北尼日利亚保护地、南尼日利亚保护地和拉各斯殖民地强行合并为单一的尼日利亚殖民地和保护国,它们都由宗主国人士担任大总督进行统治。在殖民地最基层设村一级组织,村长由宗主国挑选忠诚于殖民当局的非洲人酋长或传统势力担任,这些本地人帮着强迫非洲人纳税、强征劳动力、维持社会治安等,起着外来统治者起不到的作用。后来,德国、比利时、葡萄牙、意大利殖民者都仿照法国和英国"合而治之"的策略,分别成立德属东非、葡属非洲领地、意属东非、比属中非等。一战后的20年内,殖民主义在非洲的统治日益稳固[2]。

第二节 殖民统治的共性与差异性

一、殖民统治的共性

殖民主义对后殖民国家的政治结构和社会发展有着极为深远的影响。

---

[1] Christopher S. Clapham, *Third World Politics: An Introduction*, Routledge, 1985, p.17.
[2] 陆庭恩:《非洲国家的殖民主义历史遗留》,《国际政治研究》2002年第1期,第50页。

第七章　殖民主义的遗产

西方殖民主义国家在不同的经济动机、战略利益和文化扩张主义的驱动下，面对殖民地域不同的物质条件采取了不同的殖民主义政策，形成了复杂的干涉模式。

首先，殖民主义建立了此前不存在的政治单元和领土边界，这些疆界是否与本地社会或传统政体的边界重合，则因情况而定。不过，即便是在重合度较高的东南亚地区，过去模棱两可的边界也被更为固定的界限所取代。关于这些殖民者划定的疆界所造成的族群对立结果，本书的第三、六章已有论述，本章不再赘述。

其次，殖民主义通过武力在每个领土内建立了政治秩序和行政机构，包括军队和警察等维持秩序的强力机关。一般说来，殖民地的行政管理体制主要由两部分组成：一是宗主国内负责管理殖民地事务的机构；另一部分是殖民地内为维持其统治所设立的行政机构。在宗主国的这些殖民机构中，部长或大臣之职往往由一些政界首脑担任，他们是内阁的成员，在本国的政界具有较大的影响①。1870年以后，宗主国在殖民地大多实行的是以官僚制为基础的总督制，因为"英国移民垦殖殖民地（包括其他一些欧洲国家在美洲的相类似的殖民地）内那套以宗主国的法律来管理自己事务的做法，在热带殖民地中显然不适用，至少在兼并之初无法做到这一点"②。殖民地或保护国的总督们由宗主国所指派，他们代表宗主国政府对殖民地进行统治。这些总督们集司法、立法、行政大权于一身，对殖民地的社会发展起到重大作用。

对于殖民者而言，当地社会原有政治结构的可利用程度是不一样的。如果本土社会已经建立了中央集权国家，具有自身的政治权威、政治领导及官僚和法律体系，殖民当局则可以使用间接统治的手段，通过利用现存政治结构来实现殖民主义目标。这种情形显然更便于殖民当局实现军事目的和商业发展。在另外一些地方，当地的政治结构较为原始，欧洲人所熟悉的功

---

① 高岱：《论殖民主义体系的形成和构成》，《北京大学学报》（哲学社会科学版）1999年第1期，第52页。
② David K. Fieldhouse, *Colonialism 1870–1945: An Introduction*, Macmillan, 1983, p.25.

能分化、等级分明的国家机构并不存在,社会治理的功能大多依靠宗族、氏族或长老来完成。这些原始的权威结构难以满足殖民统治的需要,此时殖民当局必须创建新的政府机构进行统治,但是这种情形很有可能引发当地社会的不满和疏离感,成为政治失稳和社会失序的根源[①]。无论采用哪一种方式,殖民者的武装力量都是扩张最有力的保障。

最后,殖民统治不仅建立在武力强迫之上,也基于对西方人优越性的迷信。殖民主义者所带来的书本知识、工业制成品和社会组织形式都传递这一种来自优质文明的信息。因此,殖民统治对其臣民的控制是心理上的,而不单纯依靠粗暴的军事力量,这种心理上的控制甚至在后殖民时代还长期存在。殖民当局所建立的行政结构是集权专制的,它的最高权威源自殖民帝国的首都,并通过总督、省级专员、区委员,直到当地的酋长、村长等付诸实施。自殖民地获得独立以来,殖民时期的行政机构历经了本土化的调整,但基本结构没有发生大的改变。历史上遗留下来的民众对于国家机构的不信任和疏离感也依然存在,这一点在第三章中也已提及。

二、英法殖民政策的差异性

除了这些共性以外,不同殖民国家在推行殖民政策、建立殖民制度时,其背后的指导思想是存在明显差异的。西欧参与殖民的国家为数众多,包括葡萄牙、西班牙、法国、英国、比利时、荷兰、丹麦、德国、意大利等过都曾经拥有过或多或少的殖民地。不过,英国和法国是占有殖民领土最为辽阔、对后殖民社会的影响也最为深远的两个宗主国,因此这里我们主要对英法殖民政策的差异作一比较。

法国是现代国家建构的先行者,大革命最早将"人民主权、人人平等"的政治理念付诸实践。受到本国历史经验的影响,法国殖民者信奉的基本理念是中央集权和对殖民地人民的同化。在法国人看来,殖民地本土社会的文化和社会组织是没有多大价值的,他们应该接受更高级的法兰西文明。

---

① Brian C. Smith, *Understanding Third World Politics: Theories of Political Change and Development*, Indiana University Press, 2003, pp.38-39.

既然人权平等,那么殖民地的居民应当有机会学习法国的文化和语言,最终被同化为法国人。当然,现实中要推行同化政策难度极大,它的全面实施要求人力和财力资源的强大支持,一些被殖民的人口也绝不愿意轻易放弃自己的文化认同。而且,一旦殖民地人民获得国民身份,他们将获得选举权,选出自己的国民议会代表,法国本土的人民显然不会接受自己的政治影响力被海外的"新法国人"所超越。

不过,中央集权和同化理念还是对法国的殖民政策产生了实际的影响。在地方行政领域,法国人削弱了传统统治者的地位,打破了现有的政治单位。在殖民地政府中,同化教育培养出了高度成熟的本土精英,他们认同欧洲文明,在许多方面与法国人几乎没有区别,其在当地社会的特权地位在法律和政治上都得到承认。从1851年开始,塞内加尔等法属殖民地开始有权选举国民议会代表。高度同化的本土精英则可以在殖民地政府中担任高级官员[①]。

对英国人来说,法国式的同化是不可想象的,源自柏克的保守主义传统让英国人将文化看作具体的、历史的,而不是普世主义的。他们从不认为殖民地人民都可以成为真正的英国人,殖民地在遥远的将来终将获得独立,这是英国殖民政策背后心照不宣的假设。为了对庞大并具有多样性的殖民帝国进行有效的统治,英国政府采用了性质不同的行政管理体制。在那些主要由欧洲白人移民建成的殖民地社会(如加拿大、澳大利亚、新西兰)中,英国通过建立自治政府来维护宗主国的权益。每一个殖民地都是一个相对独立的单位,它们管理自己的内部事务,宗主国政府一般很少对其内政进行直接的干涉。因此,英国殖民体系远没有法国人那么集中,殖民地并不是指向一个单一的目标,而是具有各自特色,且以自己的步伐朝着不同的命运前进。地区长官必须使自己适应当地文化,而不是强加英国文化给当地民众。

在亚洲和非洲地区,英国通过建立专制政府的形式来稳固其统治。在18世纪70年代后,这些非白人垦殖的殖民地都被统称为皇家殖民地。殖

---

① Christopher S. Clapham, *Third World Politics: An Introduction*, Routledge, 1985, pp.21-22.

民当局都处在英国派出的总督掌管之下,并且受到来自伦敦方面的严密监管。这种专制政府形式的管理体制又可以被细分为直接统治和间接统治两种模式。在直接统治下,殖民地内传统的统治者和政治制度被废除,由殖民者直接派员组成一个官僚机构进行管理。间接统治的主要特点是保留当地的政治与社会制度,与原来的统治者结成联盟,并通过他们来进行殖民地的管理。例如,英国对印度的统治从19世纪初期开始实行直接统治,但在印度民族大起义被镇压下去以后,殖民当局在印度的一些地方采取了间接统治的方式,从而使印度成为一个包容直接统治和间接统治的综合体。除印度以外,英国在尼日利亚、英属西非内陆地区、马来西亚、斐济等地都是实行的间接统治,而在锡兰、缅甸、南非等地则采用直接统治[1]。如果传统政体对英国控制权构成了实质性的威胁,它们将被废除,如在缅甸。只要不存在这样的威胁,英国人会选择保留和保护传统政体,甚至费心费力地根据历史遗留的模型重新构建新型的"传统"权威,以作为统治的代理人。本书第六章提到的英国对约鲁巴人"祖先城市"的重建和扶植,就是一个典型的例子。英国基于其对政治控制和维持稳定的需要,在一些殖民地保存本土文化、价值观和社会结构的做法,比起一些欧陆邻国显得更加务实[2]。

扶植中间人进行间接统治,这满足了不同方面的利益。对英殖民当局而言,间接统治节约了大量成本,以至于英国统治相同数量人口所需的行政人员远少于法国。传统政体的存在,也在一定程度上缓和了异族统治的强制性,更容易得到被统治者的默许。英国人可以"一边谈论米字旗所带来的自由如何造福他们的殖民属地,一边尊重和巩固种姓制度与封建主义"[3]。当然,间接统治还受到当地社会传统精英势力的欢迎,这些酋长、国王和苏丹们可以用合作的态度来换取殖民当局的支持。如果统治者过于腐败无能,或是对抗殖民者,则可能被废黜,被更有利用价值的代理人取而代之。

---

[1] [美]斯塔夫里阿诺斯:《全球通史》(第七版),吴象婴等译,北京大学出版社2005年版,第385—398页。
[2] Brian C. Smith, *Understanding Third World Politics: Theories of Political Change and Development*, Indiana University Press, 2003, p.36.
[3] Ibid.

不过,间接统治的政策也有其受害者,那就是殖民地中接受西方教育的现代化精英。殖民当局总是用怀疑和猜忌的眼光审视这个群体,传统势力的大行其道也压制了他们的上升空间。考虑到这一点,现代化的本土精英领导的去殖民化运动在英属殖民地的出现远早于法属殖民地,也就不足为奇了[1]。

第三节　殖民主义的政治遗产

在这一节中,我们将梳理一些代表性的著作,介绍殖民主义留给发展中国家的政治遗产。这些政治遗产可以从三个方面来考虑:对国家建设和政体类型的影响;对族群认同和族群冲突的影响;对治理绩效的影响。

一、对国家建设和政体的影响

欧洲列强出于自身利益考虑所推行的政策,在很大程度上制约了后殖民社会中的国家建构过程。杰弗里·赫布斯特(Jeffrey Herbst)指出,19世纪末参与瓜分非洲的列强只专注于商业开发和对自然资源的掠夺,为达此目的,只需控制非洲沿岸的港口就已足够。殖民列强并不愿意承担管理非洲内陆地区所需要的高昂成本,他们达成了尊重彼此殖民地领土的默契,这也使得对内陆的控制变得没有必要。去殖民化之后,新独立的国家继承了殖民领地的边界,同时也延续了首都对内陆地区控制能力的薄弱。无论新独立国家对领土的实际控制能力如何,国家的疆界都得到了国际社会的承认和保护,因此也就没有足够的动力去增加中央政府投射自身权威的能力,这与后来非洲大陆上叛军遍地、内战频仍的顽疾有莫大的关系[2]。

在另外一部讨论非洲国家构建的著作中,克劳福德·杨(Crawford Young)认为,殖民时期所建立的政治结构对后来的制度建设有很大的限定

---

[1] Christopher S. Clapham, *Third World Politics: An Introduction*, Routledge, 1985, pp.23-24.
[2] Jeffrey Herbst, *States and Power in Africa: Comparative Lessons in Authority and Control*, Princeton University Press, 2000.

作用,相当程度上导致了当代非洲大陆的政治弊病。通过比较非洲与其他地区的殖民经历,可以发现非洲殖民政府的一些特点,特别是它在榨取社会资源上的残酷性,以及控制和同化当地人口上的强制性。欧洲列强在殖民的过程中,碾压了一切可能挑战殖民者霸权的社会组织。当独立时代来临之时,基层社会的虚弱正好便利了威权政府的构建,殖民者建立的强力机关成为留给独裁者的礼物①。不过,杨的分析框架只强调了非洲国家在剥削和镇压方面如何继承了殖民当局的特质,却无法解释为什么独立数十年后,许多非洲国家依然能力虚弱。国家被社会利益俘获、腐败和裙带关系盛行、由于攫取资源能力不足而高度依赖外援等特性显然不能仅从殖民时期政治的连续性来解释。

罗伯托·佛阿(Roberto Foa)在近期的一项研究中总结了殖民经历对国家能力建设的长期作用,并在此基础上提出了自己的综合性理论②。他回顾到,关于殖民主义遗产的研究中,一直存在一种"命运逆转(reversal of fortune)"的论点。依据这种理论,近代早期国家能力最突出的一些非西方国家在殖民主义的作用下,后来反而成为国家能力最落后的独立国家。诸如像印加和阿兹台克一类的中央集权帝国,由于自身已具备了剥削劳动人口和汲取自然资源的能力,因而首当其冲地成为殖民者入侵的目标。殖民主义中断了这些地区自发的国家建设进程,并且采取了一系列不利于长远国家能力发展的做法。比如,殖民者建立的国家机构专注于资源和税收的汲取,对社会服务的提供和战备能力则置之不理。即使在国家资源的攫取能力方面,殖民统治也主要依赖征收关税和掠夺矿产,而不是建设有利于国家能力长远发展的财产税和个人税制度。而且,殖民当局大量使用来自本国的行政人员,造成后殖民时代国家行政干部的严重匮乏。殖民主义的破坏作用,导致原先国家建构过程领先的大帝国,在后殖民主义时代反而变成世

---

① Crawford Young, *The African Colonial State in Comparative Perspective*, Yale University Press, 1994.
② Roberto S. Foa, "Persistence or Reversal of Fortune? Early State Inheritance and the Legacies of Colonial Rule", *Politics and Society*, 2017, 45(2), pp.301-324.

界上最欠发达的地区。有学者用一个地区在 1500 年的人口密度来度量国家能力,用 1950 年的人均 GDP 来测量后殖民时代的发展水平,正如图 7-1 所示,殖民者叩关之前国家能力发达程度与国家独立后的发展命运有着负相关的关系。

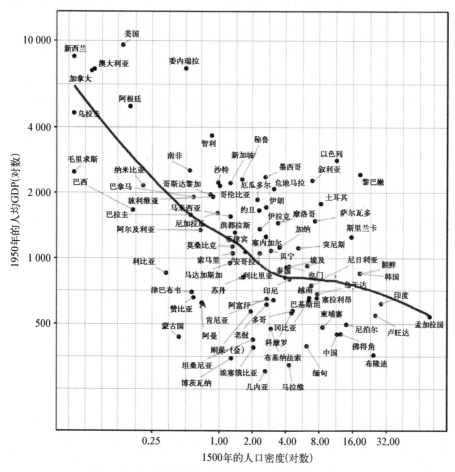

图 7-1　1500 年的人口密度与 1950 年人均 GDP 的关系

资料来源:Roberto S. Foa, "Persistence or Reversal of Fortune? Early State Inheritance and the Legacies of Colonial Rule", *Politics and Society*, 2017, 45(2), p.304。

与"命运逆转"理论针锋相对的是"命运持续(persistence of fortune)"的观点,后者认为后殖民时代国家能力的强弱,很大程度上是非西方世界在与殖民者接触之前国家能力的延续。历史上,一些地区由于资源匮乏、交通不便和疾病肆虐等原因,难以形成大规模的国家组织,社会秩序全靠家庭和部落等小单元来维持。殖民主义者将国家的观念和组织强加于这里的人民,但殖民统治一旦结束,新国家的运行逻辑很快又被家庭和裙带关系所渗透,支持现代国家的法理观念则脆弱得不堪一击。[①] 相反,历史上建立起中央集权国家和成熟官僚体制的国家,在赢得民族独立之后能够迅速重拾制度记忆,再度建立起能力强大的国家组织。在这一派学者看来,后殖民时代出现了弱国家和失败国家,这笔账并不能算在殖民者的头上:有些地区原本就不具备国家建设的传统和条件,即便没有殖民经历,它们能否建成现代国家也未可知。有学者创建了一个衡量1500年国家能力的指标,并且揭示了有着悠久国家传统的地区,在1950—2006年实现了更快速的经济增长(如图7-2所示)。

佛阿认为,"命运逆转"和"命运持续"理论孰是孰非,关键取决于殖民者到来之前,国家建构是否成熟到足以抵制被全盘殖民的命运。这些强国有能力引领现代化的改革,为避免被殖民而加速国家建设的步伐。相比之下,如果国家能力已经达到较高程度,但却不足以抵御西方列强的入侵,那么这些社会内生的制度建设过程就会被中断,"命运逆转"将降临在它们头上。由此,非西方世界的国家可被分为三种类型:(1)持续型,这类国家在接触西方以前就具备最成熟的国家制度,它们用现代化改革来回应西方侵略,在当今世界依然保留了强大的国家能力,如中国、日本和土耳其;(2)逆转性,这类国家在殖民者出现之前,已经有了较强的社会动员和资源获取能力,但却没有充足的军事和财政资源来抵抗殖民统治,它们最先成为被殖民的对象,殖民主义对国家建构的各种扭曲效应开始显现,如印度、马来西亚和墨西哥;(3)新国家,这些社会本处于前国家的状态,没有国家能力可言,殖民者对它们的征服来得最晚,在二战之后形成的新国家能力也最为弱小,如巴布亚新几内亚、喀麦隆和民主刚果。综合来看,佛阿的分析表明"命运持续"

---

① Christopher S. Clapham, "The Global-Local Politics of State Decay", in Robert I. Rotberg, ed., *When States Fail: Causes and Consequences*, Princeton University Press, 2004, pp.84-87.

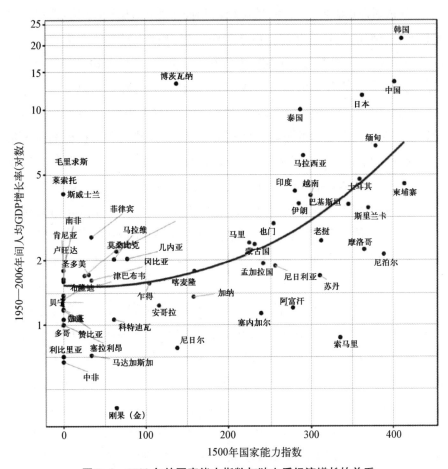

图 7-2　1500 年的国家能力指数与独立后经济增长的关系

资料来源：Roberto S. Foa, "Persistence or Reversal of Fortune? Early State Inheritance and the Legacies of Colonial Rule", *Politics and Society*, 2017, 45(2), p.307.

理论更具有说服力。随着时间的推移，当代国家的政治发展特征越来越显露出前殖民时代的烙印。

除了国家能力以外，学者还研究了独立后国家政体类型如何受到殖民主义的影响，这其中有不少文献认为殖民经历不利于民主制度的建立[①]。首

---

① 对这些文献的综述，参见 Michael Bernhard, Christopher Reenock, and Timothy Nordstrom, "The Legacy of Western Overseas Colonialism on Democratic Survival", *International Studies Quarterly*, 2004, 48(1), pp.225-250.

先,正如依附理论者所主张的,殖民统治扭曲了当地的经济结构,造成了国家独立后长期的欠发达状态。由于经济发展已被证明与民主化有强相关性,发展的停滞自然不利于民主制度的存在。其次,殖民地边界的随意性导致国家独立后面临复杂的族群构成,而族群和宗教的碎片化也被认为不利于维持稳定的民主体制。再次,从国家与社会的关系来看,长期的殖民专制导致了政府和民众之间的猜忌和敌视态度。此外,殖民者所扶植的传统精英是抵制民主的,而作为民主的主要推动力的中产阶级和工人阶级在殖民经济下却是力量薄弱的,这样的社会结构极度不利于民主化。最后,许多独立后的新兴国家依然保持了对外来资本的严重依赖,以至于统治者对国内民众和社会团体的回应性低下。当民主过程威胁到国外资本的利益时,民主体制甚至可能被推翻。综合这些因素看来,殖民经历实在对民主化有百害而无一利。

有趣的是,奥拉·奥尔森(Ola Olsson)通过研究143个有殖民经历国家的民主状况,得出了与上述观点完全相反的结论[①]。他指出,殖民主义对独立后国家民主发展的影响不能一概而论,这种影响取决于殖民发生的时代背景。大致而言,西方殖民史可分为两个阶段。第一个阶段是"重商主义"时代,持续时间大约从地理大发现至19世纪早期。这一阶段殖民者的主要动机是掠夺美洲的贵重金属以及获得与亚洲贸易的垄断地位。资源掠夺、奴隶制和大庄园经济等恶性制度主要在这一时期创建。第二个阶段是"帝国主义"时代,持续时间大约是1880—1900年。在这个阶段,历经了启蒙主义运动、法国大革命和美国独立战争的欧美国家在国内体制上已发生了很大变化,保护私有产权和权力制衡的原则已被广为接受。总体上看,这一阶段宗主国的殖民策略变得更为"仁慈"和开明,典型表现是奴隶制的废除。照此推断,发生在"帝国主义"时代的殖民应当比"重商主义"时代更有利于自由民主思想和实践的传播。奥尔森的实证分析得出了颇具争议性的结论:一国被殖民的年份越长,其独立之后民主程度便越高,而且殖民主义对

---

① Ola Olsson, "On the Democratic Legacy of Colonialism", *Journal of Comparative Economics*, 2009, 37(4), pp.534-551.

民主的助推作用主要归功于"帝国主义"时期的殖民化。

上一节中提到，不同的殖民宗主国推行的殖民政策存在差异，那么是否有些宗主国的殖民遗产更有利于民主制度的建立呢？有一种流行的观点认为，与其他宗主国相比，英帝国统治的经历更有利于新兴国家的民主化。针对这种关联性，学者们也提出了一系列的因果机制①。有人指出，威斯敏斯特式的议会政治比总统制更适合后殖民社会中民主体制的存活。而且，英国一般为殖民地的独立做了较充分的准备，首先让殖民地人民选举自治性的立法机关，并且在独立前赋予这些代议机关越来越大的自治权。这种做法为此后的民主实践提供了很好的训练。此外，英国人建立起先进的教育体系、交通和通信设施，法治传统和高效的文官体系，这些都被认为是有利于民主制运转的基础设施。基于这些理论分析，有大样本研究显示，英国的殖民遗产与民主制之间的确存在着相关性②。然而，也有其他统计分析否认了英国殖民对民主体制的促进效应③。

一些学者另辟蹊径，不是从殖民当局的政策，而是在非政府行为体那里寻找殖民遗产与民主化的关联。近来的研究显示，基督教，特别是新教传教士（Protestant missionaries）通过设立学校和普及教育，无形中为民主发展奠定了社会基础④。罗伯特·伍德伯里（Robert Woodberry）在文章中指出，新教传教士希望信众可以用当地语言直接阅读《圣经》，因此他们极力推广

---

① 参见 Michael Bernhard, Christopher Reenock, and Timothy Nordstrom, "The Legacy of Western Overseas Colonialism on Democratic Survival", *International Studies Quarterly*, 2004, 48(1), p.231; Tomila Lankina and Lullit Getachew, "Mission or Empire, Word or Sword? The Human Capital Legacy in Postcolonial Democratic Development", *American Journal of Political Science*, 2012, 56(2), p.466。

② Kenneth A. Bollen and Robert W. Jackman, "Economic and Noneconomic Determinants of Political Democracy in the 1960s", *Research in Political Sociology*, 1985, 1, pp.27-48; Seymour M. Lipset, Kyoung-Ryung Seong, and John Charles Torres, "A Comparative Analysis of the Social Requisites of Democracy", *International Social Science Journal*, 1993, 45, pp.155-175.

③ M. Steven Fish, "Islam and Authoritarianism", *World Politics*, 2002, 55(1), pp.4-37.

④ Robert D. Woodberry, "The Missionary Roots of Liberal Democracy", *American Political Science Review*, 2012, 106(2), pp.244-274; Tomila Lankina and Lullit Getachew, "Mission or Empire, Word or Sword? The Human Capital Legacy in Postcolonial Democratic Development", *American Journal of Political Science*, 2012, 56(2), pp.465-483.

识字能力和大众印刷产品,促进了教育和西方文化的普及,同时也拓展了公共空间。新教曾在西欧历史上遭遇到政权的迫害,因此热衷于捍卫宗教团体和基层社会的独立性,这又有利于形成与公权力抗衡的组织性力量。最后,传教士批评殖民当局的镇压和迫害行径,促成了和平的去殖民化过程。证据表明,历史上新教传教士的影响越大,此后建成民主体制的概率也越大。伍德伯里称:"在统计分析中,新教的传教活动解释了民主在亚洲、非洲、拉丁美洲和大洋洲大约一半的方差(variation),它使得过去研究中主导的一些解释变量变得在统计上不再显著。"[1]

还有学者考察了印度的情况。在那里,新教传教士的学校不只是简单地传授知识,他们所强调的抽象推理和批判性思维,与正规英式学校中的"填鸭子"教育形成了鲜明对比,而批判和反思正是民主社会下公民的必备品格。教会学校倡导民主与平等的精神,让女性和低种姓等社会边缘群体获得了改变自身命运的自信和技能。新教传教士还主张,个人的得救是和共同体的纽带密不可分的,他们鼓励学生从事社会活动,投身到改善社会福利的运动中去,这对公共空间和基层社会的形成功不可没[2]。研究者结合大样本统计和案例分析表明,在传教士活动频繁的地区,识字率明显提升,而较高的识字率又促进了印度独立后民主政治的发展。

二、对族群认同和族群矛盾的影响

第六章中已经谈及,建构主义认为族群认同是历史长期建构的产物,而殖民者所推行的政策是这个过程中重要的一部分。很多情况下,发展中国家内的族群是由于殖民者的行政区划分或政治动员而形成的。丹尼尔·波斯纳(Daniel Posner)的研究进一步指出,殖民主义不仅导致了族群的形成,而且影响了族群的数量、相对规模和空间分布,这些因素共同构成的"族群

---

[1] Robert D. Woodberry, "The Missionary Roots of Liberal Democracy", *American Political Science Review*, 2012, 106(2), p.245.
[2] Tomila Lankina and Lullit Getachew, "Mission or Empire, Word or Sword? The Human Capital Legacy in Postcolonial Democratic Development", *American Journal of Political Science*, 2012, 56(2), p.475.

地貌(ethnic landscape)"对族群矛盾的现状起到了决定性作用。以赞比亚为例,波斯纳详细描述了今天该国四个主要的语言群体是如何在殖民政府、传教士和矿业公司的互动之中逐渐形成并巩固的。有趣的是,殖民者的初衷并非是改变赞比亚的族群地貌:传教士希望通过合并语言群体来降低翻译《圣经》的成本,殖民政府的教育部门也希望减少学校课堂中使用的语言数量,而矿业公司为了提升利润,鼓动殖民政府推行移民政策,为公司提供更廉价的劳动力。正是在一系列非政治行为的共同作用下,赞比亚当今的语言分布轮廓最终定型[①]。

在族群冲突的研究中,一种流行的观点认为冲突的起源是部分族群被排除在权力中心之外。然而,这种观点难以解决内生性的问题,即:究竟是权力排斥导致了族群的好战,还是原本就有冲突倾向的族群更容易被排除在权力中心之外?为了更好地理解权力排斥对冲突的影响,有必要寻找一个外生性的工具变量,它决定了族群被排斥的程度,却又不直接影响国家独立后的族群冲突。一些研究者利用英法不同的殖民政策,创造出了这样的工具变量。简单来说,英国人间接统治的策略形成了分权的结构,传统的族群领袖有较大的自治权。在国家独立以后,即使是偏远地区的族群领袖,也可以凭借自己动员选票的能力,分享一部分中央政府的权益。相反,中央集权式的法国殖民政策导致了传统族群领袖的边缘化,他们在建国之后也难以染指国家权力。因此在同一个国家内部,原法国殖民地内的族群更有可能被排斥在权力核心以外。上述研究者利用宗主国属性作为工具变量,再次强调了权力排斥对煽动族群矛盾的恶性作用[②]。

殖民者在非洲划分领土边界的随意性,是导致后殖民时代族群冲突频发的重要诱因,这一观点已被学界普遍接受。在 19 世纪末瓜分非洲的过程中,列强尽管对当地情况几乎一无所知,但还是在欧洲的谈判桌上划定了殖

[①] Daniel N. Posner, "The Colonial Origins of Ethnic Cleavages: The Case of Linguistic Divisions in Zambia", *Comparative Politics*, 2003, 35(2), pp.127-146.
[②] Julian Wucherpfennig, Philipp Hunziker, and Lars-Erik Cederman, "Who Inherits the State? Colonial Rule and Postcolonial Conflict", *American Journal of Political Science*, 2016, 60(4), pp.882-898.

民地的边界。结果在今天的非洲,有大量的族群被划入了不同的国家中。有学者系统地考察了这种族群分割(ethnic partitioning)如何影响了国内冲突爆发的概率、强度、持续时间和伤亡数量。他们发现,存在着族群分割(同一个族群居住在国境线的两侧)的地区,冲突的概率比其他地区高出8%,强度高出40%;同时,被分割的族群遭遇中央政府政治歧视的概率比起其他族群也高出7%[1]。从冲突的类型来看,族群分割的地区最有可能爆发代理人战争,典型的做法是一国以保护本族人为借口武装干预邻国内政,或是煽动邻国境内的本族人发起叛乱。

三、对治理绩效的影响

另有一类研究,关注不同的殖民策略与实践如何影响了独立后国家在政治、社会、经济等各方面的治理绩效。例如,著名经济学家达龙·阿西莫格鲁(Daron Acemoglu)等人指出,殖民时期的制度建设对后殖民社会的发展有着长期的作用[2]。在一些殖民地(如所属比利时的刚果),殖民者建立起了掠夺性的制度,既缺乏对财产权的保护,也未能对政府的专断权力进行限制。这种制度的主要目标不过是尽可能地将财富从殖民地转移到宗主国。而在另外一些殖民地(如后来的美国、加拿大和澳大利亚),欧洲人迁徙定居下来,建立起了与宗主国类似的保障财产权和制约政府权力的制度。为什么会出现这样的制度差异?作者认为,殖民者建立什么样的制度,主要取决于当地是否适合欧洲人大量定居,而定居条件又受制于殖民地的地理气候等因素。在流行病肆虐的地区,殖民者无法大量定居,制度建设于是偏重剥削和掠夺;相反,在疾病致死率较低的地方,欧洲人可以安心定居并复制宗主国的制度。

有些西方学者认为英国的殖民政策更能够促成民主制,也有类似研究认

---

[1] Stelios Michalopoulos and Elias Papaioannou, "The Long-run Effects of the Scramble for Africa", *American Economic Review*, 2016, 106(7), pp.1802-1848.

[2] Daron Acemoglu, Simon Johnson, and James A. Robinson, "The Colonial Origins of Comparative Development: An Empirical Investigation", *American Economic Review*, 2001, 91(5), pp.1369-1401.

为英国人的统治有益于社会经济的长远发展①。拉菲尔·拉·波塔(Rafael La Porta)及其合作者认为,各国法律传统在风格上的差异很好地解释了法律规则的不同,而后者又影响着社会经济的发展绩效。英国统治的殖民地继承了普通法的传统,对私人投资者的财产有更强的保护。西班牙、葡萄牙或法国统治下的殖民地则采用了受罗马大陆法影响的法律体系,从长远来看阻碍了经济发展②。还有学者探讨了殖民者的直接和间接统治策略对后殖民时代治理绩效的影响,通过整理30余个原英国殖民地的数据,作者发现间接统治对于独立后国家的政治稳定、官僚效率、监管环境、法治和政府清廉程度有着显著的负面影响③。

同样是针对直接和间接统治后果的比较研究,拉克希米·伊耶(Lakshimi Iyer)对于印度的考察却得出了相反的结论④。英国从1757年到19世纪中期逐步确立了对南亚次大陆的统治。英国对印度的统治可分为两大类型:直接由英国官员统治的领地和通过封建王公进行统治的土邦。封建王公在土邦内部享有一定的自治权,但外交和军事权由英国人掌握。在1858年之前,东印度公司主要通过军事征服吞并土邦,将其纳入直接统治的范围。而在1858年印度民族起义之后,英国停止了吞并土邦的政策。截至1911年,英属印度共有680个土邦,占据印度45%的土地和23%的人口。作者通过精巧的研究设计证明了在印度独立以后,曾被英国直接统治的地区在学校、医院和道路等公共品的提供方面落后于间接统治的地区。作者认为,这是由于土邦的封建王公比起殖民者更有动机提供长期的公共品。首先,土邦的王公世世代代进行统治,能够为土邦的长期利益打算。其次,英国废黜王公的威胁也督促他们实行善政。最后,英国直接统治的地区可能对当地资

---

① 这种"赞颂"英国殖民统治的论调盛行,是否是因为使用英语的学者在国际学术界的影响力,尚有待研究证明。
② Rafael La Porta, Florencio Lopez-de-Silanes, and Andrei Shleifer, "The Economic Consequences of Legal Origins", *Journal of Economic Literature*, 2008, 46(2), pp.285-332.
③ Matthew K. Lange, "British Colonial Legacies and Political Development", *World Development*, 2004, 32, pp.905-922.
④ Lakshmi Iyer, "Direct Versus Indirect Colonial Rule in India: Long-Term Consequences", *Review of Economics and Statistics*, 2010, 92(4), pp.693-713.

源的掠夺更加严重。

大多数关于殖民遗产的研究只是简单地比较不同宗主国的殖民地在独立后的发展,很难排除一些干扰因素的影响,比如殖民地先前存在的条件差异,或者独立国家所采取的发展策略等。有这样一种可能,英国人有意挑选了发展潜力较好的地区作为殖民对象,这些地区后来的发展绩效与被谁殖民并无关系。为了克服上述因素的干扰,有研究者设计了一个对喀麦隆的研究。之所以选取这个案例,是因为该国在第一次世界大战期间被划分为两个殖民地,分别归属英国和法国,而这个边界的划定具有很强的随意性。具有相同族群和宗教背景的人口,被强行分割到了边界的两端。换言之,边界两端的地区有着大致相同的发展起点,所不同的是它们经历了不同宗主国的统治。在喀麦隆1960年获得独立之后,两个地区尽管被并入了统一的国家,但在文化和社会制度上仍然保留了各自宗主国的特征。这样一来,如果边界两侧的发展绩效存在差异,则很可能是由英法殖民政策不同所导致的。利用2004年的社会发展数据,研究者果然发现原属英国一侧的农村家庭比边界另一边的原法属地区更加富裕,公共品提供水平也略高。作者认为,这可能是由于英国的间接统治政策赋予了地方更多的活力,普通法体系有利于保护投资者的财产权,以及法国人采取了更具剥削性质的劳工政策[①]。

[①] Alexander Lee and Kenneth A. Schultz, "Comparing British and French Colonial Legacies: A Discontinuity Analysis of Cameroon", *Quarterly Journal of Political Science*, 2013, 7(4), pp.365-410.

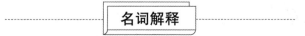

名词解释

英国的直接和间接统治、"命运逆转"理论、"命运持续"理论

1. 殖民化发生的时代背景,以及宗主国采取的不同殖民策略,如何影响了殖民者所留下的政治遗产?

2. 除了殖民政府所推行的政策外,来自西方的非政府行为者给后殖民社会留下了哪些政治遗产?

3. 为什么说"命运持续"理论比"命运逆转"理论更能够解释发展中国家的国家能力建设?

第八章
国际环境对国内政治的影响

本章导读

发展中国家政治无时无刻不受国际环境的影响和制约,这种影响既来自大国之间的互动与争夺,也来自国际法和国际组织等制度性因素的影响。第一节首先讨论二战后的不同国际格局下,大国互动对发展中国家内政的影响。这里的国际格局,指的是世界上主要的政治力量在一定时期内所形成的力量对比态势。接下来,我们将用三节的内容分别讨论两级冷战、单极霸权和多极竞争这三种格局下的情况。最后一节将简要梳理国际法和国际组织等制度性因素对国内政治的影响。

第一节 国际环境与发展中国家政治

结束于1648年的欧洲"三十年战争"是政治史上里程碑式的事件,交战方签订的《威斯特伐利亚和约》(以下简称"《和约》")标志着近代国际关系史的开端。《和约》明确了国家主权和国家独立等国际关系中的基本原则[①]。

---

① 唐贤兴:《近现代国际关系史》,复旦大学出版社2002年版,第1页。

此后,"国家拥有主权,任何国家不得干涉他国内政"的原则逐渐成为国际共识,并写入了国际法。既然国家拥有主权,那么理论上国内政治应该是一个独立而封闭的体系,完全由国内因素来决定。正如阿诺德·沃尔弗斯(Arnold Wolfers)在"台球模式"中所描述的那样,整个国际舞台"被一系列国家所占据,每个国家对其疆界内的所有领土、人口和资源拥有完全的控制。每个国家都代表了一个封闭的、不可渗透的主权单位,与其他国家彻底分离"①。然而事实上,国内政治从来都不是封闭孤立的,而是无时无刻不处在国际环境的影响之中。对于发展中国家而言,国际势力在军事、政治、经济和技术等方面对它们的影响尤为显著,在当前交通和通信技术将世界连为一体的情况下更是如此②。

政治(politics)一词最早源于古希腊,意为"城邦",引申为对公共事务的管理。国内政治在此主要是指国内拥有不同意识形态和政策主张的政党或组织之间的力量对比,以及对政体的选择。国际环境是指国际体系中的所有主体和要素,既包括行为体如国家和国际组织,也包括国际格局、国际制度,甚至是某种国际趋势,如全球化。因此,国际环境对国内政治的影响可以理解为国际环境中的主体、结构、规范和趋势等要素对国内政治力量对比以及政体选择等重大问题的影响。具体表现为大国为了传播意识形态、争夺势力范围或推广政体类型,通过经济、外交、军事等多种手段在其他国家扶持亲本国的政治领导人或政治势力,或者通过国际法、国际规范和国际组织等影响他国内政。

大致而言,二战后国际社会经历了两极冷战、单极霸权和多极竞争三种国际格局。这种国际格局的更替对国内政治会产生重要影响,崛起霸权国的政体类型往往会掀起一波制度选择的浪潮。霸权国对他国政体类型的塑造一般可通过三种机制,即强制(coercion)、影响(influence)和效仿(emulation)。

---

① [美]阿诺德·沃尔弗斯:《纷争与协作——国际政治论集》,于铁军译,世界知识出版社 2005 年版,第 16 页。
② Mohammed Ayoob, "The Security Problematic of the Third World", *World Politics*, 1991, 43(2), pp.257-283.

首先，大国权力结构的剧烈变化往往伴随着战争，而战争使崛起大国能够以较低的成本占领其他国家的领土，并通过权力直接将自身的政体强加于他国。例如，二战后美国和苏联以战胜国身份占领他国领土，并争相建立了与自身相同的政体。其次，霸权国还通过援助、贸易、国际组织运作等手段支持亲本国的政治势力，改变别国内部力量对比，间接影响其他国家政治制度的选择。例如，二战后美国通过马歇尔计划遏制共产主义制度在欧洲的传播。为了反制马歇尔计划，苏联也在东欧实行了莫洛托夫计划。最后，霸权国往往会成为一些后发国家模仿的对象，从而使这些国家主动作出改变，因而它只需要退居幕后默默地注视着其他国家争相模仿。比如，东欧剧变和苏联解体后，有一些国家便效仿美国等西方国家的自由民主制度，引发了第三波民主化浪潮。同时，自身实力走向衰落的大国则会因为在这三个方面的能力受到削弱而无法维持对他国政体选择的影响力[①]。

第二节　两极冷战对国内政治的影响

在两极格局下，国际环境对国内政治的影响，主要表现为大国为争夺势力范围，通过军事、经济、政治等手段对他国内政进行干涉。正如一些学者指出的，无论冷战对欧洲和美国意味着什么，对发展中国家而言它只意味着一件事：外来干涉。干涉的形式因地而异、因时而异：有时是公开的，如1965年美国入侵多米尼加共和国；有时是隐蔽的，如20世纪80年代美国对尼加拉瓜内战的干预；有时是正式的，如60年代的越南战争；有时是非正式的，如80年代美国在洪都拉斯的军事存在[②]。早在二战期间美、苏就通过《雅尔塔协定》，划分势力范围，并加紧占领战败国及其殖民地。二战结束

---

① Seva Gunitsky, "From Shocks to Waves: Hegemonic Transitions and Democratization in the Twentieth Century", *International Organization*, 2014, 68, pp.561-597.
② Peter Calvert and Susan Calvert, *Politics and Society in the Developing World*, Pearson Education Limited, 2007, p.249.

后,两国通过对战败国的处理,削弱了老牌殖民者的势力,使大部分殖民地获得了独立和解放。但这些新独立的国家很快又陷入了美、苏的控制之中,成为美、苏的附庸。整个冷战时期,美、苏都在世界范围内扶持亲本国的政府,争夺盟友,划分势力范围,甚至不惜介入他国内战,打代理人战争。而对发展中国家而言,他们既无法阻止超级大国的冲突蔓延到自己的国境线内,更无法影响两个大国及其联盟之间的政治和军事平衡[1]。因此,只能在两极对抗的格局中"选边站队",或者在夹缝中求生存。国内政治无可避免地受到两个大国的影响,甚至造成了民族分裂的境地。这一时期,美苏两大强权干涉第三国家内政的表现形式包括军事占领、经济渗透、策划政变和武力介入等。

一、军事占领

二战后,美国和苏联都以战争为契机占领了战败国及其殖民地的领土,并在这些国家建立起了与自身相同的政体,以输出意识形态、扩大自己的势力范围。正如斯大林所说:"无论谁占领了领土都会同时强行建立自己的社会制度,每一个国家都会在军队所及之处建立这种制度,无出其右。"[2]为了争夺势力范围,美、苏甚至不惜分裂其他民族和国家。例如,在战后的亚洲,美国对日本实现了单独占领,并同时占领了琉球群岛、朝鲜半岛南部和菲律宾。驻日盟军总司令部在日本实行了大规模的民主化改革,强加"和平宪法",使日本成为君主立宪制国家。在朝鲜半岛,美国向苏联提议按北纬38度线受降,苏联不持异议,于是朝鲜半岛被美苏一分为二。在菲律宾,美国于1946年将主权移交菲律宾共和国。美国表面上答应菲律宾独立,实际上仍想方设法控制菲律宾,在经济上继续享有特权,在军事上建立基地,让菲律宾成为美国的保护国,并且支持傀儡政权镇压人民革命。

---

[1] Mohammed Ayoob, "The Security Problematic of the Third World", *World Politics*, 1991, 43(2), pp.257-283.
[2] 转引自 Seva Gunitsky, "From Shocks to Waves: Hegemonic Transitions and Democratization in the Twentieth Century", *International Organization*, 2014, 68, p.567.

在苏联一方,二战末期红军乘胜追击,先后进入罗马尼亚、波兰、保加利亚、匈牙利、捷克斯洛伐克、德国,并建立了与苏联"友好"的政府。起初,由于美、苏之间尚有维持同盟关系的需要,以及各国内部力量对比的变化,东欧各国大多根据大国协议,建立起了多党联合政府,从而出现了短暂的人民民主阵线时期。但随着冷战的爆发,苏联开始利用在东欧驻军的便利,对东欧政局施加了决定性的影响。匈牙利、保加利亚、罗马尼亚、波兰和捷克斯洛伐克等国家都实现了政治体制的苏维埃化,走上了苏联模式的发展道路。针对西方分裂德国的做法,苏联改组了苏占区的经济委员会,使之成为准政府组织,德国分裂已不可避免。在亚洲,苏联占领了日本北部的千岛群岛和朝鲜半岛北部。由于美、苏始终无法就联合政府达成一致,最终"三八线"两侧建立了不同的政治制度,朝鲜、韩国分道扬镳。

二、经济援助与渗透

除了利用战时军事占领直接强加自身政体和意识形态之外,美苏还利用经济援助和贸易网络向其他国家渗透,以笼络他国。这种方式往往比军事手段更加隐蔽,而且恰好利用了战后各国及新独立国家发展经济的迫切需要。由于美国拥有更加雄厚的资本和经济实力,因而比苏联更擅长使用这种方式。当然,美国的援助绝不是单纯出于人道主义的美好愿望,而是为了维护国家利益。正如美国国际开发署署长福勒·汉密尔顿(Fowler Hamilton)所说:"对外援助是我们在冷战中有效的兵工厂。"[1]援助大多有严苛的附加条件,只有满足这些要求的国家才能继续获得援助。美国希望通过经济援助一方面恢复受援国经济,消除共产主义滋生的土壤;另一方面迫使受援国成为美国的附庸,在对外政策上支持美国抵制苏联。苏联为了与之相抗衡,对社会主义国家也开始进行援助和经济技术合作,并在第三世界与美国展开了激烈的争夺。冷战期间,美苏提供援助的主要标准是冷战的需要,而不是受援国的制度。这导致第三世界出现了一大批威权政府,尤其是在20世纪

---

[1] 陆庭恩、彭坤元:《非洲通史》,华东师范大学出版社1995年版,第246页。

六七十年代,第三世界出现了许多军人政权,他们在美苏的支持下大行其道,明目张胆地以维护安全为由镇压国内运动。

二战以后,美国先是支持伊朗用石油欺骗苏联撤军,然后用经济、技术援助等渗入伊朗。1947年为挽救希腊和土耳其的经济政治危机,美国提出"杜鲁门主义",代替英国援助希腊和土耳其。1949年杜鲁门提出"第四点计划",即技术援助落后地区计划,将援助进一步扩大到亚非拉地区。1951年美国国会通过《共同安全法》,其宗旨中明确规定,要通过对友好国家提供军事、经济和技术援助,"以增强自由世界的共同安全、个别防务和集体防务";但受援国也要根据"以美国为一方的双边或多边协定或条约承担军事义务",并要求受援国在人力、资源和设备方面"为发展和维护本国和自由世界的防务力量作出充分贡献"①。

据此,美国与许多国家签署了双边合作协定,在世界范围内建立了多个组织,以围堵共产主义。如在亚洲,美国对日本、韩国和菲律宾等亲美政权进行援助,构筑反对共产主义的亚太军事体系。在中东、北非地区,美国支持伊拉克、土耳其、英国、巴基斯坦和伊朗成立了"巴格达条约组织"(后改为中央条约组织)。1957年美国总统艾森豪威尔提出"艾森豪威尔主义",要求国会授权他为"保护"中东国家的"独立"而使用美国的武装部队,并为此在1958年和1959年两个财政年度内自由支配2亿美元。在约旦,当苏莱曼·纳布西(Swlayman al-Nabulsi)政府要求英军撤离约旦,准备与苏联建交时,美国向约旦宣布停止给予600万美元的财政援助,并支持约旦国王解散一切政党,废除了以纳布西为首的政府,清洗各界同情埃及和叙利亚的人。此后先后宣布给约旦提供共计3 000万美元的援助②。

到了肯尼迪时期,美国提出"和平战略","对第三世界'恩威并用',一方面继续打代理人战争或直接出兵,另一方面尽力施展和平的伎俩,例如组织'和平队'派往发展中国家,为其提供医疗援助;提倡把'粮食用于和平';在非洲搞'攀亲戚'活动;在拉丁美洲组建'争取进步联盟'等,以取信于

---

① 王绳祖:《国际关系史第八卷(1949—1959)》,世界知识出版社1995年版,第149页。
② 同上书,第367—371页。

发展中国家"①。尼克松上台后,提出"尼克松主义",即实行战略收缩,让盟国承担更多责任。福特和卡特也基本继承了这一政策,直到 1978 年面对苏联在第三世界的扩张,卡特才提出提高第三世界在美国对外战略中的地位,把中东列为与欧洲、远东相并列的三大战略地区之一,然而为时已晚。1980 年代里根上台以后,美苏实力再次发生逆转,美国积极介入中东,除了支持以色列推行"大以色列计划"、加强与以色列的战略合作外,还向以色列提供了大量的军事和经济援助。1980—1988 年,美国向以色列提供的援助高达 252 亿美元②。

面对美国的经济攻势,苏联也不甘示弱,冷战后不久就竭力加强与东欧诸国的经济联系,巩固东欧阵地,反击西方国家对苏东的封锁。首先,为了对抗马歇尔计划,防止东欧的离心倾向,苏联与东欧国家缔结了一系列双边贸易协定,这些协定被统称为"莫洛托夫计划"。1949 年苏联、保加利亚、罗马尼亚、匈牙利、波兰、捷克斯洛伐克六国成立了经济互助委员会(以下简称"经互会"),试图建立一个与西方资本主义世界市场相抗衡的社会主义世界市场。其次,苏联还派驻军事顾问团,按照苏军模式对东欧各国军队进行整顿改组,吸收东欧国家军官到苏联军事学院学习,输送苏联武器装备,在东欧驻扎大量苏军等。最后,为了加强与欧洲各国共产党的协调行动,苏联策划成立了欧洲九国共产党和工人党情报局。1948 年,苏联和南斯拉夫在对外政策上发生分歧,苏联把南斯拉夫共产党开除出情报局,停止对其一切经济和军事援助,废除了双方签订的各种条约和协定。然后苏联又清洗东欧各国共产党内的所谓"铁托分子",通过政党关系干涉他国内政,暴露出严重的大国沙文主义。1954 年联邦德国成为主权国家,并被获准加入北约。对此,苏联立即采取了反制措施,于次年与东欧七国签署了《华沙条约》,华沙条约组织成立。

赫鲁晓夫上台后,1956 年在苏共二十大提出"和平过渡"的论点,认为第三世界新独立国家,在苏联的援助和影响下发展民族经济,就可以使它们走上"非资本主义"发展道路,不经过资本主义阶段而直接向社会主义过渡。

---

① 顾关福主编:《战后国际关系(1945—2010)》,天津人民出版社 2010 年版,第 155 页。
② 王绳祖:《国际关系史第十一卷(1980—1989)》,世界知识出版社 2004 年版,第 280 页。

苏伊士运河战争之后,苏联也开始向中东、北非扩张势力,通过经济和军事援助,控制了埃及、叙利亚和伊拉克。为修建阿斯旺大坝,苏联向埃及提供了不带任何附加条件的贷款。在拉美,苏联加紧同古巴发展关系,1962年双方达成建立导弹基地的秘密协议,不料被美国发现,引发古巴导弹危机,最终苏联选择了让步。这一时期,苏联主要向第三世界提供经济援助,军事援助数额较小。1955—1964年的10年间,苏联提供的经济援助为39.88亿美元,军援为25.66亿美元[①]。整个20世纪五六十年代,由于苏联受本身的经济实力所限,以及其政治体制内部的矛盾和冲突,使得苏联在与美国的争夺中整体上处于守势。

1969年"勃列日涅夫主义"出台后,为实现社会主义阵营的经济一体化,苏联对东欧国家的经济实行严格控制。这使东欧各国的国民经济发展完全服从于苏联所制定的经济计划,实际上是苏联高度集中的计划经济体制的"国际化"。然而这种计划经济不仅没有让社会主义阵营更加团结,反而引发了苏联与东欧国家之间的矛盾。除了控制东欧,苏联还力图将勃列日涅夫主义在全球范围内展开。1971—1981年,苏联同埃及、印度、伊拉克、索马里、安哥拉、莫桑比克、埃塞俄比亚、越南、阿富汗、南也门、叙利亚和刚果12个国家签订了《友好合作条约》。而且这一时期,苏联军事援助大大超过了经济援助。1965—1982年,苏联对第三世界国家的军援总额达447.85亿美元,经援为127.62亿美元[②]。在拉美,苏联每年要为古巴付出50亿美元,还要以比国际市场低一半的价格向古巴提供石油和石油产品,以比国际市场高9倍的价格从古巴购买白糖。到戈尔巴乔夫上台时,苏联已经元气大伤,不得不在第三世界全面撤军,对外援助也逐步减少。

三、政变颠覆

除了以上两种方式之外,美苏还通过政变搞政治颠覆以干涉他国内政。在冷战期间,美、苏两国都有自己专门的谍报机构,即中央情报局和苏联部

[①] 顾关福主编:《战后国际关系(1945—2010)》,天津人民出版社2010年版,第172页。
[②] 同上。

长会议国家安全委员会(简称"克格勃")。双方在暗地里斗智斗勇,小到宣传,大到暗杀,无所不用其极。他们在自己阵营里反间谍,在对方阵营里搞颠覆,在世界范围内上演了一场"谍战大戏"。

1947年,美国中央情报局(Central Intelligence Agency, CIA)成立。尽管情报局表面上的职责是收集、整理、分析、评估各方情报,但实际上其工作内容早已超出了这个范围。"遏制战略"的提出者乔治·凯南(George Kennan)就曾说:"美国没有文化部,中央情报局有责任来填补这个空白。"[1]冷战期间,中情局曾帮助纳赛尔推翻了英国支持的法鲁克王朝,然而纳赛尔不仅在埃及将苏伊士运河收归国有,还利用名为"阿拉伯人之声"的电台向全中东地区播音,呼吁反对西方。于是中情局又开始策划推翻纳赛尔,但鉴于纳赛尔在世界范围内的影响力,美国最后还是放弃了这个念头。1959年古巴革命推翻了中情局支持的鲁本·富尔京西奥·巴蒂斯塔(Ruben Fulgencio Batista)独裁政权。面对突如其来的革命,中情局试图从肉体上消灭卡斯特罗,但几次派人暗杀卡斯特罗都未果。1957年加纳独立后,美国就同加纳签订了一个技术合作协定。1958年,双方又签订了一个美国向加纳提供粮食的协定。1957—1960年,美国向加纳总共提供了360万美元的经济援助。此后,两国关系开始恶化,恩克鲁玛在内政上从西方民主主义转向了社会主义,在国际上反帝、反殖,开始向苏联靠近,这让美国无法忍受。1964年,美国企图暗杀恩克鲁玛,对加纳政府进行颠覆,结果行动败露。1966年中央情报局趁恩克鲁玛访问中国之际,策划发动政变,推翻了恩克鲁玛政府。政变后不久,美国就承认了新政府并给予了一笔刚刚拒绝给恩克鲁玛的贷款[2]。

克格勃最早可以追溯到1917年苏维埃政府刚建立时成立的"全俄肃清反革命和怠工非常委员会",简称"契卡"。该机构后改名为内务人民委员会,并在20世纪30年代成为斯大林"大清洗"的工具。冷战期间,内务人民委员会更名为"克格勃",成为苏联对外情报工作、反间谍工作、国内安全工

---

[1] 吴金良:《克格勃与中情局》,九州出版社2011年版,第204页。
[2] 梁根成:《美国同苏联争夺加纳和几内亚(五十年代后期至六十年代中期)》,《国际政治研究》1989年第3期,第20—27页。

作和边境保卫等工作的主要负责部门,是一个凌驾于党政军各部门之上的"超级机构"。克格勃成员很多都是披着外交官的合法外衣,在他国获取情报。一旦被揭露,则利用"外交豁免权"逃脱惩罚。在20世纪六七十年代,苏联外交官接二连三地被有关国家宣布为"不受欢迎的人"。例如,1969年,苏联驻象牙海岸大使参与颠覆该国政府活动,象牙海岸宣布同苏联断交;1970年,苏联驻扎伊尔四名外交官因参与颠覆政府的活动被驱逐出境;1971年,苏联通过在苏丹的代理人,策动推翻苏丹政府的政变失败,参赞被驱逐[①]。

四、使用武力直接干涉内政

美苏在冷战中扶持了一大批亲本国的威权政府,给予他们援助,帮助他们稳定国内秩序,有时甚至会帮助他们镇压国内的反政府运动。当他们"不听话"的时候,就以撤销援助相威胁。当经济手段和政治颠覆都无法达到目的时,美苏便不惜抛弃道义和名声,对第三世界国家采取军事入侵,这样的例子比比皆是。1956年苏联出兵匈牙利和波兰,平息了当地的民主运动。1959年受伊拉克革命影响,黎巴嫩爆发人民起义,美国出兵黎巴嫩,镇压人民起义,并掩护英军空降约旦,对约旦国王进行军事援助。1968年,勃列日涅夫提出"有限主权论",加强了对东欧的控制,并武装入侵捷克斯洛伐克,扑灭了名为"布拉格之春"的改革运动。从1979年开始,苏联为了在阿富汗扶植听命于自己的傀儡政府,镇压当地的反政府武装,发动了长达十年的阿富汗战争。1982年美国向萨尔瓦多提供5 500万军援,让萨尔瓦多政府镇压游击队,并直接派军事顾问插手内战。1983年格林纳达发生不利于美国的政变,美国入侵格林纳达,并扶植亲美政府上台。

第三节 单极霸权对国内政治的影响

随着苏联于1991年解体,两极格局中的一极轰然倒塌,世界进入了美国

---

① 吴金良:《克格勃与中情局》,九州出版社2011年版,第1—117页。

单极霸权的时代。这种由大国国内政治导致的国际格局的巨变，反过来又对发展中国家的国内政治产生了巨大影响。一方面，苏联解体导致社会主义阵营的崩溃。由于苏联对其附庸国的援助日益枯竭，这些政权的可持续性遭遇重大挑战。戈尔巴乔夫本人的积极推动也加速了苏联阵营内部的政治变革。另一方面，冷战结束后美国竭力宣扬唯有西方民主制度才是"正确的道路"，鼓吹市场经济和民主政治是无可争议的胜利者，乃至通行全球的唯一"正统原则"。正如福山所认为的，资本主义与自由民主制度已经超越了历史和意识形态矛盾，成为人类意识形态发展的终点和人类最后一种统治形式[1]。冷战结束后国际局势的这种剧变，使世界迎来了第三波民主化浪潮。

一、苏东变局导致阵营崩溃

进入20世纪80年代以后，苏联的困境日益暴露。一方面老年政治使国家机器运转失灵，两年半内有三位领导人过世，政治制度僵硬，经济停滞不前。另一方面与美国争霸的勃列日涅夫主义使苏联承受了沉重的经济负担，对东欧国家的干涉和在第三世界的扩张，也让苏联成为众矢之的。内忧外患使得苏联实力受到极大地削弱。而与之相对比，美国则在1981年里根上台后逐渐走出了困局。经济上的"新自由主义"让美国经济得到快速发展。里根提出"以实力求和平"的外交方针，军费开支逐年增加，军事实力大增，甚至提出"星球大战计划"，试图打破美苏"核恐怖平衡"。在对外关系上，美国调整与盟国之间的关系，在第三世界推行"低烈度战争"，拔除了苏联在拉美建立的古巴、尼加拉瓜和格林纳达"三角关系"。苏联实力的相对下降导致其对东欧及第三世界国家的援助政策难以为继，从而导致这些国家政局动荡。同时，霸权衰退也会使其所代表的政治制度的吸引力下降，苏联模式的正当性和优越性面临着前所未有的质疑和挑战。此时，苏联领导人戈尔巴乔夫在改革过程中又用力过猛，加上美国等西方国家的和平演变，共同导致了苏东剧变。最终，两极格局以一种戏剧化的方式——一极的消

---

[1] Francis Fukuyama, *The End of History and the Last Man*, Free Press, 1992.

失而划上了句号。

1985年戈尔巴乔夫上台后,提出"新思维",推行和平主义的方针,试图与西方国家实现全面和解。在"全人类利益高于一切"的价值指导下,他对苏联社会主义进行了深刻的反思,提出"公开性""民主化""多元论",发展"人道的、民主的社会主义"。在对外关系上,他主张通过政治谈判和裁军,全部销毁核武器,建立有效的、以平等为原则的国际机制。针对苏联与其他社会主义国家之间的关系问题,戈尔巴乔夫主张在完全自主、平等互利的基础上建立社会主义国家间的关系模式,"苏联不谋求真理的垄断权,社会主义没有、也不可能有供所有人学习的'模式'"。各党有权独立地处理本国事务,对自己的人民负责,同时关心共同利益,尊重别国的经验。面对多极化的趋势,他还开展了全方位的多向外交[①]。

在"新思维"的指导下,苏联在第三世界开始进行全面收缩。自1985年起,苏联积极推动越南从柬埔寨撤军,越南不得不放弃侵略扩张计划,于1987年宣布从柬埔寨撤军。在阿富汗,戈尔巴乔夫也作出让步,美国、苏联、巴基斯坦和阿富汗在日内瓦签署了关于阿富汗问题的协议。苏联同意于1988年5月开始撤军,9个月内完成全部撤军。巴基斯坦和阿富汗喀布尔政权相互尊重主权、政治独立和领土完整,互不使用武力。1988年戈尔巴乔夫在联大第43届会议上宣布,苏联将从东欧地区、蒙古国撤出部分军队,特别是与中国接壤地区的大部分军队,并于两年内撤出驻扎在蒙古国的大部分军队。

除了撤军以外,苏联在中东也进行了全面收缩,强调以和平方式解决中东问题,从支持阿拉伯国家同以色列对抗,转向推动阿以双方走政治解决的道路。同时,为了避免刺激军备竞赛,苏联开始逐步减少向中东地区有关国家提供军事援助,如拒绝向叙利亚提供SS-23型地对地导弹等先进武器,以避免刺激以色列,导致中东局势进一步紧张。最后,在处理与中东各国关系时,苏联开始淡化意识形态,注重国家利益。以往苏联的中东政策十分注重推动各国选择社会主义的发展道路,并据此将中东国家划分为进步国家和

[①] 王绳祖:《国际关系史第十一卷(1980—1989)》,世界知识出版社2004年版,第73—79页。

反动国家,对进步国家重点经营,提供大量军事和经济援助,对反动国家则予以排挤和打击。戈尔巴乔夫则从国家利益出发,积极改善了同伊朗、埃及的关系。

在东欧,苏联在 1980 年宣布,1981—1985 年,每年供给东欧国家的石油只能保持在 1980 年的水平,比原来许诺的减少了 20%;此外,苏联向东欧国家出口的石油价格在 1982 年上涨了 29%,1983 年又上涨了 17.1%[①]。随着东欧国家对西方贸易规模的扩大,经互会的吸引力越来越小,到 20 世纪 80 年代末已经难以为继。同样地,20 世纪 80 年代后期,华约公布了《华沙条约缔约国军事协约》,强调华约的作用主要是防御,华约也退化为一个形式上的组织。总之,苏联实力衰退导致其不得不在世界范围内实行战略收缩,这一方面留下了权力真空,为美国乘虚而入提供了可乘之机,另一方面也削弱了一些威权政体的实力,导致这些国家国内政局动荡,不得不转向西方寻求支持。

不仅如此,苏联还主动推动其他国家进行改革,导致这些国家最终"改旗易帜"。戈尔巴乔夫上台后,苏联放松了对东欧国家的控制,主动从东欧撤军,宣布不再干涉东欧国家内部事务,并敦促东欧各国进行改革,鼓励它们与西方进行对话与合作。尽管苏联表示不再干涉东欧国家内政,但是东欧与苏联拥有相同的政治制度,戈尔巴乔夫的言论和国内改革措施对东欧各国内部政治力量对比产生了重要影响。戈尔巴乔夫要求东欧国家的改革必须实现"民主化"和"公开性",这使得自由主义思想在东欧各国大行其道,反对派开始要求当政者进行改革,甚至形成有组织的反对派公开进行活动。例如,匈牙利党报上不断出现这样的声音:"为什么迄今不止一次地在苏联的压力下调整自己政策的党的领导中心,面对新的可能性却无动于衷呢?"[②]戈尔巴乔夫还在言论上对率先改革的波兰和匈牙利大加褒奖,对谨慎观望的民主德国和罗马尼亚则大加挞伐。在波兰统一工人党和团结工会争夺政权的激烈较量中,苏联以"不干涉内政"为由作壁上观。当团结工会建立了战后东欧历史上第一个非共产党人执政的政府时,苏联还表示了祝贺。同

[①] 王绳祖:《国际关系史第十一卷(1980—1989)》,世界知识出版社 2004 年版,第 162 页。
[②] 阚思静:《卡达尔与匈牙利》,世界知识出版社 1993 年版,第 253 页。

样,当埃贡·克伦茨(Egon Krenz)取代埃里希·昂纳克(Erich Honecker)就任民主德国统一社会党总书记,捷克斯洛伐克公民论坛领导人哈维尔就任总统时,苏联也表示了欢迎。总之,戈尔巴乔夫所谓的不干涉实际上是向东欧国家施加改革的压力,然后坐等东欧各国发生变革,从而建立一个改革主义的联盟,对内压制保守派,对外重塑苏联的地位。只不过,后来发生的事情已经远远超出了他的预期和控制范围,并最终导致了苏联解体。而东欧剧变和苏联解体的大动荡又进一步推动了世界范围内其他国家的政治变革进程,出现了第三波民主化浪潮。

二、美国趁机推动和平演变

(一) 美国外交政策的转向

民主常常是重要行为体或组织之间以及特定机构之间权力博弈的结果,他们都受到外部力量的影响。一个地区内的国家与其他民主国家联系的密切程度会增强对民主改革的支持和维系[①]。从20世纪70年代东西方关系出现缓和之际,西方国家就开始发展与社会主义阵营的经贸关系。到20世纪80年代这种关系逐渐扩展到其他方面,西方的自由民主思想得到广泛渗透。美国和西欧国家开始积极支持东欧国家的反对派,为他们提供资金和援助,在各种场合对政治反对派的活动进行声援,这一切都使得反对派备受鼓舞,并进一步联合成组织甚至是反对党。当这些反对派受到国内政府的打压时,美国就以"保护人权"为由对这些国家实行经济制裁,迫使其向反对派妥协。虽然说东欧剧变根本上始于内因,发于外因(苏联),但美国的作用也不可小觑,它实际上是在原本就岌岌可危的东欧社会主义政权上又"助了一臂之力",使东欧国家瞬间如大厦般倾覆。东欧剧变对苏联内部也产生了巨大的反弹力,使得苏联国内的反对派实力大增,并最终导致了苏联解体。

从20世纪70年代开始,美国的对外政策开始转向,推动西式民主化在其中扮演更加重要的角色。政治上,美国声援民主化,对人权状况作评估,

---

① Kristian S. Gleditsch and Michael D. Ward, "Diffusion and the International Context of Democratization", *International Organization*, 2006, 60, pp.911-933.

宣传民主思想；经济上，限制或禁止对非民主国家的援助、贸易或投资，对民主力量进行物质支持；外交上，启用一批积极"推进自由"的美国大使，在多边外交中向苏联施压，动员联合国诸机构来反对一些臭名昭著的侵犯人权的国家；军事上，直接出兵干预，为"民主政府"和反对非民主政府的叛乱活动提供军事援助。这些行动最重要的作用是使得人权和民主成为国际关系中的一个重要问题。正如亚瑟·施莱辛格所写的：卡特的人权运动"改变了国际环境，把人权纳入了世界的议事日程当中，同时也纳入了世界的良心之中"。而在某些国家，美国的角色甚至是直接的和关键性的[①]。

20世纪80年代中后期，东欧国家与西方国家的往来逐渐增加，西方的思想、文化、经济理论对东欧国家的影响日益扩大，用东欧各国语言播出的"自由欧洲"和"自由之声"电台每周播音时间达1 097个小时，覆盖了东欧大部分地区。1980年波兰爆发团结工会运动，西方国家积极支持团结工会，使其成为有组织的政治反对派。美国劳联、产联等组织为团结工会提供了大量经费援助。团结工会被取缔后，美国继续给予经济支持。同时，西方国家多次警告苏联不要干涉波兰内政。1981年波兰政府宣布进入战时状态，拘捕团结工会和反对派领导人，军队进入工厂、矿山和企业实行军管。美国率先对波兰实行经济制裁，联邦德国和英国紧随其后。欧共体10国和北约先后发表声明向波兰政府施压，迫使其取消军管并恢复团结工会的活动。1983年，团结工会领袖莱赫·瓦文萨（Lech Walesa）还获得了诺贝尔和平奖。1983年7月21日，波兰政府取消了战时状态，实行大赦，但团结工会的活动并没有停止，而是继续得到西方国家的支持。1987年美国宣布取消对波兰的经济制裁，但在经济上对波兰政府不断施加压力，迫使其恢复团结工会的合法地位。同年，美国国会决定资助团结工会基层组织100万美元津贴。1989年华沙省法院不得不宣布团结工会为合法组织，从而为政府与团结工会等反政府组织召开圆桌会议扫清了障碍[②]。可以说，团结工会之所以

[①] ［美］塞缪尔·P.亨廷顿：《第三波：20世纪后期的民主化浪潮》，欧阳景根译，中国人民大学出版社2013年版，第103页。

[②] 王绳祖：《国际关系史第十一卷（1980—1989）》，世界知识出版社2004年版，第164—165页。

后来能够成为波兰社会主义的终结者,与西方国家的支援脱不了干系。

到20世纪80年代末期东欧国家政局动荡,西方国家开始纷纷访问东欧,以免除债务、提供最惠国待遇、提供贷款和经济援助等条件,推动东欧国家的变革。1987年,布什和撒切尔夫人先后访问波兰并与瓦文萨会晤。1989年5月,布什宣称他将尽其所能打开封闭的东欧社会,为东欧寻求自决。为了加速东欧的政治变革,美国采取了一系列措施,例如,组建财政服务志愿者和平队,推进东欧发展私营企业和转向市场经济,输出资本主义;派总统选举代表团监督东欧国家的选举,帮助建立选举法规,提供司法服务;对东欧国家新闻媒介从业人员进行培训,用美国思维进行改造;派出大批人员到东欧国家宣传资本主义,鼓励企业、商人到东欧国家投资,扩大经济联系,邀请东欧国家领导人访问美国;等等。总之,美国的和平演变直接加速了东欧的剧变。

苏联解体后,国际社会迎来了短暂的单极霸权时期。美国等西方国家为了巩固苏东的民主化成果,向俄罗斯提供了240亿美元的财政援助(但最终到位的只有150亿美元),并向其他东欧国家也提供了援助。此后,美国在"民主和平论"的指导下,继续在全球范围内推动所谓的政治民主化和经济自由化。1991—2003年,美国充当"世界警察",频频打着"人道主义干涉"的旗号介入发展中国家的内部冲突[①]。建立在新保守主义意识形态之上的民主和平论认为,美国推动民主化不仅仅是出于道德,也是出于战略利益,因为民主国家之间不打或很少打仗,民主可以使世界变得更加和平。据此,美国先后参加了海湾战争、科索沃战争、阿富汗战争和伊拉克战争。美国的单边主义导致许多国家的不满,直到深陷阿富汗和伊拉克战争的泥潭才有所改变。2018年美国又集结英、法两国以叙利亚政府使用化学武器为由对叙利亚实施"精准打击",中东局势再次紧张。

(二)美国武力干涉与民主化

美国等西方国家频繁对外使用武力,这究竟能否助推他国的民主化进

---

① Peter Calvert and Susan Calvert, *Politics and Society in the Developing World*, Pearson Education Limited, 2007, p.249.

程? 关于这个问题,大致存在三种观点:乐观派、悲观派和条件派。美国学界和政策界一度充斥着乐观派,例如,美国前总统小布什在"9·11"事件以后,认为恐怖主义来源于中东非民主国家,武力推动民主化是消除恐怖主义威胁的一种重要方式。布什政府出兵伊拉克并推翻萨达姆政权的一个重要理由,就是认为伊拉克民主化将在中东国家掀起自由主义浪潮,以此可以除掉那些支持国际恐怖主义的高压政府。在乐观派学者当中,一种观点认为干涉往往是推翻反人民政府的必要措施①。另一种观点认为军事上的失败可以使统治精英失去信任或者孕育新的民主精英②。民主大国的干涉或占领会使得反民主势力望而却步,从而建立并保证文官政府控制军队,通过这种方式建立的政权,还因其获得了国际社会的支持以及与国外民主机构的密切联系,更有可能防止民主倒退③。一些研究还找到了支撑干涉与民主化关系的经验证据。例如,劳伦斯·怀特黑德(Laurence Whitehead)认为,在1990年存在的所有民主国家中,大约有1/3其"民主化"肇始于或部分地肇始于外部干涉④。罗伯特·达尔同样观察到1970年的民主国家中有很大一部分独立以后曾经被占领或遭受外部军事干涉⑤。

而悲观派则认为,政权变革可能会激起民族主义者对外来政治制度的大肆挞伐,从而削弱民主制度的正当性,或者最终由于缺乏政治基础而以失

---

① Nancy Bermeo, "What the Democratization Literature Says —— Or Doesn't Say —— About Postwar Democratization", *Global Governance*, 2003, 9(2), pp.159-177; Alfred C. Stepan, "Paths toward Redemocratization: Theoretical and Comparative Considerations", in Guillermo O'Donnell, Philippe C. Schmitter, and Laurence Whitehead, eds., *Transitions from Authoritarian Rule: Comparative Perspectives*, Johns Hopkins University Press, 1986, pp.64-84.
② Mattei Dogan and John Higley, "Elites, Crises, and Regimes in Comparative Analysis", in Mattei Dogan and John Higley, eds., *Elites, Crises, and the Origins of Regimes*, Rowman & Littlefield, 1998; John Higley and Michael Burton, "The Elite Variable in Democratic Transitions and Breakdowns", *American Sociological Review*, 1989, 54(1), pp.17-32.
③ Nancy Bermeo, "Armed Conflict and the Durability of Electoral Democracy", in Elizabeth Kier and Ronald Krebs, eds., *War's Wake: International Conflict and the Fate of Liberal Democracy*, Cambridge University Press, 2010, p.73.
④ Whitehead Laurence, "Three International Dimensions of Democratization", in Whitehead Laurence, ed., *The International Dimensions of Democratization*, Oxford University Press, 1996, p.9.
⑤ Robert Dahl, *Polyarchy: Participation and Opposition*, Yale University Press, 1971, p.193.

败告终。例如,布鲁斯·布埃诺·德·梅斯基塔(Bruce Bueno de Mesquita)和乔治·唐(George Down)比较了那些在1946—2001年经历和未经历民主大国军事干涉的国家的民主轨迹,结果发现,无论干涉者是美国还是其他民主大国,遭遇干涉的国家都没有出现明显的民主进步[1]。究其原因,主要在于干涉者从其出发点上就不是为了真正推行民主。民主大国的领导人最关心的是他们自己的政治前途(竞选连任),而在另一个国家建立民主制度并不一定有利于实现这一目标。在他们看来,民主会导致不确定性,在他国通过选举上台的候选人未必会服从干涉者的利益。相反,非民主国家的领导人因为不需要迎合大众,似乎更有利于贯彻干涉者的意志。这样看来,梅斯基塔等人的结论也得到了其他几项研究的支持[2]。

条件派试图避免非此即彼的二分法,而是倾向于发现那些影响民主干涉成败的要素。其中一个重要因素是干涉国所付出的努力。例如,詹姆斯·多宾斯(James Dobbins)所做的一项研究聚焦于美国和国际社会对民主转型所付出的努力[3]。美国在德国的驻军比例(美驻军人数除以德国人口)是迄今为止最大的,同时德国还在占领前两年得到了最大规模的援助。其次是科索沃地区和波黑,其驻军比例分别是第二和第三,而且也是人均所获援助和援助占GDP比最大的两个案例。相反,海地作为一个国家建设失败的案例,则是驻军比和人均所获援助最少的国家。也就是说,美国投入越多,被干涉国越有可能成功地实现民主转型。

条件派的另外一个观点强调干涉者的动机和行为。从20世纪90年代

---

[1] Bruce Bueno De Mesquita and George W. Downs, "Intervention and Democracy", *International Organization*, 2006, 60(3), p. 647.
[2] Nils P. Gleditsch, Lene Siljeholm Christiansen, and Havard Hegre, "Democratic Jihad? Military Intervention and Democracy", World Bank Policy Research Working Paper, No.4232, 2007, p. 39; Margaret G. Hermann and Charles W. Kegley Jr., "The U.S. Use of Military Intervention to Promote Democracy: Evaluating the Record", *International Interactions*, 1998, 24(2), p.97; Jeffrey Pickering and Mark Peceny, "Forging Democracy at Gunpoint", *International Studies Quarterly*, 2006, 50(3), pp.539-560. 不同于梅斯塔和唐的研究结果,皮克林(Pickering)和佩西尼(Peceny)发现,联合国的介入会增加转向民主的可能性。
[3] Jason Jason Brownlee, "Can America Nation-Build?", *World Politics*, 2007, 59(2), pp.314-340.

以来的一些研究认为,只有当干涉者的目的是使目标国自由化的时候,才会出现积极的效果。在对 1950—1990 年所有美国干涉的案例进行研究之后,詹姆斯·梅尔尼克(James Meernik)发现干涉本身对随后的民主程度没有确切的影响。但是,当美国总统宣称"民主"是干涉的目标的时候,这种行动就会导致积极的"民主变革"[1]。同样,马克·佩西尼(Mark Peceny)对 20 世纪美国军事干涉的研究证明,当美国采取具体的促进"民主变革"的行动(如监督选举)时,目标国才更有可能实现"民主转型"[2]。玛格丽特·赫尔曼(Margaret Hermann)和查尔斯·凯格利(Charles Kegley)分析了美国自 1945 年以来的干涉之后也发现,只有出于"促进民主"的干涉才会实现"民主化",而出于其他目的的干涉则会使目标国变得更加专制[3]。

还有一些条件论者从被干涉国的角度寻找影响干涉成败的因素,如国家财富水平、种族或社会分化程度、民主经验、国家内外安全环境等[4]。有学者研究了外部强加的民主政权的存活率之后,发现财富水平以及种族和宗教分化程度会影响这些政权的存续,种族分化程度较高的强加民主政权存续 10 年之久的概率只有 40%,而那些最贫穷国家的强加民主政权能存续了 20 年之久的概率只有 25%[5]。也就是说,社会分化程度较高和较贫穷的国家,即使外部强加了民主政权,也很难存活,它们大多在不久之后就消亡了[6]。

---

[1] James Meernik, "United States Military Intervention and the Promotion of Democracy", *Journal of Peace Research*, 1996, 33(4), p.399.
[2] Mark Peceny, *Democracy at the Point of Bayonets*, Penn State Press, 1999, pp.183-216.
[3] Margaret G. Hermann and Charles W. Kegley Jr., "The U.S. Use of Military Intervention to Promote Democracy: Evaluating the Record", *International Interactions*, 1998, 24(2), p.98.
[4] Minxin Pei and Sara Kasper, "Lessons from the Past: The American Record on Nation Building" (May 24, 2003), Carnegie Endowment for International Peace, https://carnegieendowment.org/files/Policybrief24.pdf, retrieved July 1, 2018; Jason Brownlee, "Can America nation-build?", *World Politics*, 2007, 59(2), pp.314-340; Eva Bellin, "The Iraq Intervention and Democracy in Comparative Historical Perspective", *Political Science Quarterly*, 2004, 119(4), pp.595-608; Daniel Byman, "Constructing a Democratic Iraq: Challenges and Opportunities", *International Security*, 2003, 28(1), pp.48-78.
[5] Andrew J. Enterline and J. Michael Greig, "Against All Odds? The History of Imposed Democracy and the Future of Iraq and Afghanistan", *Foreign Policy Analysis*, 2008, 4(4), p.323.
[6] 关于这部分的文献综述参见 Alexander B. Downes and Jonathan Monten, "Forced to Be Free?: Why Foreign-imposed Regime Change Rarely Leads to Democratization", *International Security*, 2013, 37(4), pp.90-131.

第四节　多极竞争对国内政治的影响

随着全球化的发展、发展中国家的崛起,世界开始进入多极竞争的时代。尽管美国仍然是唯一的超级大国,但它与其他国家之间的差距在不断缩小。自从2008年金融危机爆发以后,美国及西方发达国家的经济发展遭受沉重打击。与之相比,中国在改革开放以后,经济发展进入快车道,GDP常年保持两位数增长。在2008年全球经济衰退的情况下,中国依然能够独领风骚,保持高速增长,甚至2010年一度超过日本成为第二大经济体。从此,"中国崛起"成为国际关系领域的热点问题。俄罗斯尽管在经济上表现并不突出,但它在军事上继承了苏联的遗产,依然是美国不可忽略的劲敌。近年来在克里米亚和乌克兰事件中,普京领导下的俄罗斯表现非常强硬,在涉及国家安全问题上毫不退让,使美国等西方国家无可奈何。日本仍然在努力谋求政治和军事大国的地位,尤其是近年来中国的崛起和中日领土争端问题更刺激了日本的不安全感。它利用美国想要遏制中国的心理,不断给自己松绑,加强自身的防卫力量。欧盟尽管被希腊债权危机、叙利亚难民、"英国脱欧"、极右翼势力兴起等众多问题缠身,但它作为一个整体依然是世界重要一极,而且越来越表现出某种自主性,而不完全追随美国。除此之外,印度、巴西、南非等国也逐渐跻身大国行列。从近年来G20逐渐代替G7来看,多极化已是大势所趋。

对于弱小国家而言,这种多极化的格局一方面创造了一个较为和平的国际环境,因而受到大国干涉的可能性减小,各国可以集中精力发展本国经济。但在一些关系大国安全和切身利益的战略要地,仍然摆脱不了大国竞争和干涉的阴影。另一方面,多极化也为发展中国家提供了更多的选择,从而减少了对个别国家的依附,增强了自主性。但是经济渗透依然是大国影响小国的重要手段。

一、民主化与反民主化

本书第四章中已经谈到,第三波民主化浪潮波及的国家,多数未能建立起稳定的民主制度。即使在民主化取得阶段性胜利的国家中,民主倒退的情况也司空见惯。该章节从国家的初始社会经济条件,以及制度安排对领导人权力限制的角度,分析了民主倒退背后的原因。在这里需要补充的是,冷战后发展中国家的政体类型朝什么方向发展,在很大程度上还受到国际环境的影响,尤其是全球性或区域性霸权国的影响。

斯蒂文·列维斯基和卢坎·威指出,第三波浪潮在不同国家的发展轨迹,深深受制于它们与西方国家的关系[①]。西方世界可以凭借硬实力或软实力对民主化产生影响,其中硬实力指的是经济制裁、外交施压、军事干预等强制性手段。硬实力发挥作用受制于如下三个要素。首先,它取决于目标国家的大小和军事经济实力。国家规模越大,国力越强,越具有稳定性,因而越不容易屈服于硬实力。其次,它取决于竞争性议题的存在。西方国家在处理与中东或东亚国家关系时,还必须考虑自身的经济和安全利益,当这些利益受到损害时,施加硬实力推动民主化的利益就降到了次要地位。最后,它受制于其他地区性大国的存在,当目标国家可以从其他地区性大国获取支持和援助时,西方国家的硬实力作用就会下降,例如,独联体国家可以从俄罗斯获取支持,这样就削弱了其对西方国家的依赖。

除了上述因素的限制外,硬实力的施加往往是暂时性的,它能够争取到的效果一般涉及政党、议会和选举等正式制度,而对于具有隐蔽性的反民主措施则影响甚微。因此,硬实力只有在与软实力相结合的情况下,才能发挥持续、深远的影响(如图 8-1 所示)。软实力发挥作用的机制至少有五个维度:(1)经济联系,包括信贷、投资和援助;(2)地缘政治联系,包括与西方政府和西方主导的同盟和组织的联系;(3)社会联系,包括旅游、移民,以及接受西方教育的精英;(4)信息联系,包括跨界远程交流、互联网联系,以及

[①] Steven Levitsky and Lucan Way, "International Linkage and Democratization", *Journal of Democracy*, 2005, 16(3), pp.20-34.

西方媒体的渗透;(5)跨国基层社会联系,包括与 NGO、教会、政党组织和其他社会网络的联系。在受西方软实力大幅渗透的国家,各种滥用政府权力的行为更容易在国际社会上受到广泛的关注,西方国家更有可能动用硬实力对这些政府进行施压;国内的商人、政客和知识精英也会采取行动维护推动民主;媒体和基层社会在得到西方国家的支持后,往往能够为反对派提供关键性的支持和保护。软实力有扩散性强、间接性和难以察觉的特点,所以由它所导致的民主化压力通常更加普遍和持久。

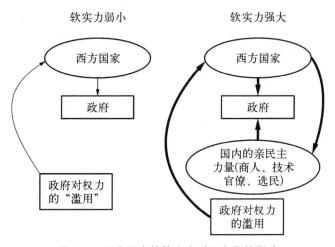

图 8-1 西方国家的软实力对民主化的影响

注:在西方国家软实力弱小时,一旦发展中国家政府政治体制出现问题,西方国家只能直接向该政府施加压力。当软实力强大时,西方国家可以通过支持该国国内的亲西方民主力量,形成"里应外合"之势,对"滥用权力"的政府施以双重压力,从而增大民主化的概率。

资料来源:Steven Levitsky and Lucan Way, "Linkage Versus Leverage: Rethinking the International Dimension of Regime Change", *Comparative Politics*, 2006, 38(4), p.387。

根据列维斯基和威的分析框架,墨西哥一党独大体制的终结主要是拜西方的软实力所赐[①]。长期执政的革命制度党一直是美国支持的对象,美国认为在该国推动民主化并非其优先目标。然而,1993 年签订的《北美自由贸易协定》建立了美墨之间广泛的经贸联系和人员往来,20 世纪 80 年代以后,

---

① Steven Levitsky and Lucan Way, "Linkage Versus Leverage: Rethinking the International Dimension of Regime Change", *Comparative Politics*, 2006, 38(4), pp.391-393.

墨西哥历届政府中随处可见从美国毕业归国的技术官僚。墨西哥国内出现任何"违反民主标准"的事件，都会得到西方媒体和跨国人权组织的密切关注。与美国政、学、商各界有着千丝万缕联系的墨西哥领导人，生怕国内的选举舞弊和政治迫害会损害国家形象、中断北美经济一体化进程。在这种情况下，他们被迫采取了一系列政治改革措施，为2000年的首次政党轮替铺平了道路。

与墨西哥相比，非洲国家赞比亚的经历说明，在软实力缺乏时，光靠硬实力的影响难以巩固民主化的果实[1]。赞比亚是非洲最贫穷的国家之一，高度依赖外援，本来对西方国家的反应极为敏感。但西方与赞比亚缺乏软实力上的联系，双方的经济往来贫乏，西方媒体和非政府组织在赞比亚的存在几乎可以忽略不计，国内精英也很少接受西方教育。因此，西方施加的压力是间歇性的，一般只伴随重大选举舞弊事件的出现，其他时候赞比亚政府滥用权力的行为难以引起西方国家的兴趣，社会上也缺乏亲西方团体或组织以起到里应外合的效果。结果，赞比亚在1991年经历了一次政党轮替之后，长期停留在"政治灰色地带"。

在一些苏联传统的势力范围，国家的民主化和民主倒退深刻反映了美国和俄罗斯之间地缘政治的争夺。美国力求通过北约和欧盟东扩以及"颜色革命"蚕食苏联解体后留下的权力真空，把俄罗斯逼到墙角。这严重威胁到俄罗斯的安全利益，双方在东欧和中亚开始了"民主化"与"反民主化"的激烈争夺。所谓的"民主派"成为西方利益的代言人，而"独裁者"则是俄罗斯利益的盟友，这些国家的政体之争，背后的实质是美俄之间"新冷战"在局部地区的上演。

2003—2005年，格鲁吉亚、乌克兰和吉尔吉斯斯坦先后发生了"颜色革命"，这些"革命"与美国的支持是分不开的。2003年11月，随着格鲁吉亚"玫瑰革命"的爆发，乔治·布什在全国民主基金会发表讲话，称美国入侵伊拉克是"全球民主革命"的开始。此后，美国开始积极支持后苏联地区的"民主革命者"。在"橙色革命"之前的几年中，美国政府花费了6 500万美元在

---

[1] Steven Levitsky and Lucan Way, "Linkage Versus Leverage: Rethinking the International Dimension of Regime Change", *Comparative Politics*, 2006, 38(4), pp.391-394.

乌克兰推动民主，其中大部分资助了在"橙色革命"中发挥直接作用的非政府组织和社会运动。2004年10月，小布什总统签署了"白俄罗斯民主法案"，该法案授权协助白俄罗斯的民主行动，以推翻卢卡申科政权。2005年5月，布什前往第比利斯，称赞"玫瑰革命"是整个高加索和中亚地区效仿的榜样。美国资助的非政府组织，如自由之家、全国民主基金会、国家民主研究所、国际共和研究所和索罗斯基金会，为独联体国家提供了大量资助，帮助他们从内部促进民主演变[1]。

西方支持的"颜色革命"不久之后就遇到了挫折。吉尔吉斯斯坦"革命"之后，西方把"民主改造"的矛头又指向了哈萨克斯坦。然而，哈总统纳扎尔巴耶夫吸取了吉尔吉斯斯坦的教训，在大选前做了周密的部署，在正式选举时邀请了独联体和欧安会组织两方面派来的400名观察员参与监督，最终纳扎尔巴耶夫以91.01%的得票率高票当选。同样在2006年白俄罗斯总统大选中，也有反对派走上街头要求卢卡申科下台，示威者被警察驱散甚至逮捕。美国国务卿赖斯指责卢卡申科是"中欧最后一个真正的独裁政权"。白俄罗斯采取了严厉的防范措施最终度过了大选关[2]。美国在苏东地区的步步紧逼，终于激怒了俄罗斯，并爆发了乌克兰危机。2013年年底，亚努科维奇拒绝与欧盟签署自由贸易协定，引发反对派大规模示威游行，要求亚努科维奇下台，提前举行大选。俄罗斯向乌克兰提供150亿美元贷款，并将出口乌克兰天然气价格下调三分之一以解决乌克兰经济危机。2014年2月，乌克兰反政府示威骤然升级并演变为流血冲突，暴乱从首都基辅一直扩展到其他城市。不久，克里米亚亲俄人士宣布脱离乌克兰成立克里米亚共和国，并入俄罗斯。此后政府军与反对派战火不断，美国等西方国家支持政府军，俄罗斯支持反对派。直到2015年2月11日，俄罗斯、乌克兰、法国、德国四国领导人在白俄罗斯首都明斯克举行"诺曼底四方会谈"，各方同意从2015年2月15日开始停火。

---

[1] Mark R. Beissinger, "Structure and Example in Modular Political Phenomena: The Diffusion of Bulldozer/Rose/Orange/Tulip Revolutions", *Perspective on Politics*, 2007, 5(2), pp.259-276.
[2] 顾关福主编：《战后国际关系(1945—2010)》，天津人民出版社2010年版，第194页。

二、南南合作

在经济领域,冷战后随着发展中国家的崛起,南方国家开始与北方国家在对外援助和贸易投资方面形成竞争的趋势。由于南方国家的对外援助不附加任何政治条件,这为发展中国家提供了另外一种选择,也为他们免于发达国家的经济渗透创造了条件。但是这种不附加政治条件的援助也受到来自发达国家的指责,他们认为这是"不负责任"的援助,助长了发展中国家的腐败问题。

南南合作始于1955年的万隆会议,1961年不结盟运动的形成和1964年七十七国集团的建立,标志着第三世界国家整体性合作的开始。到20世纪70年代,这两个组织成为南方国家最重要的两个国际政治经济组织。到20世纪80年代,南南合作进入新的阶段,会议多次建议成立第三世界银行或南方银行,为南方国家提供长期和短期贷款。2012年,为避免在下一轮金融危机中受到货币不稳定的影响,金砖国家计划成立金砖国家新开发银行。2014年7月15日,金砖国家发表《福塔莱萨宣言》,宣布金砖国家新开发银行初始资本为1 000亿美元,由5个创始成员平均出资,总部设在中国上海。2013年10月2日,中国提出筹建亚洲基础设施投资银行的倡议。2015年12月25日,亚洲基础设施投资银行正式成立。2013年9月和10月,中国提出建设"新丝绸之路经济带"和"21世纪海上丝绸之路"的合作倡议,开始大力发展与发展中国家的经贸关系。随着经济实力的上升,中国开始承担更多的国际责任和义务,对非洲等国家进行必要的投资和援助,而且不附加任何政治条件。中国的崛起以及及与其对其他发展中国家日益密切的政治、经济联系,会对各自的国内政治造成何种影响,必将是未来比较政治研究的一大热点问题。

第五节　国际制度对国内政治的影响

国际制度根据基欧汉的定义是指有关国际关系特定问题领域内经政府

同意而建立的有明确规则的制度。国际制度既包括国际规则,也包括在此基础上建立的制度,还包括国家间政府组织、国际非政府组织、国际条约、国际惯例和国际协议。新自由制度主义者认为,世界政治的制度化会对各国政府的行为产生重大影响,在国内政治中对政府行为会形成某种限制[①]。而建构主义者认为国际制度不仅仅会在物质层面上对国内政治进行限制和改造,它还会使国家将这些制度内化为某种价值和行为标准,从而对国内政治产生潜移默化的影响。

一、国际法对国内政治的影响

在国际法中有两条直接涉及国内政治但又相互矛盾的原则,即不干涉内政原则和人道主义原则。两者的依据分别是主权和人权。在很长一段时期,人们一直纠结于主权和人权孰大孰小的问题。例如,国际关系规范理论就根据人与国家何者更为重要这一核心问题上的不同回答被划分成世界主义与社群主义。世界主义认为个体权利是先天的、自然的,国家本质上是一种工具,因而人权大于主权。而社群主义则认为,个体不是非历史的、原子式的存在,个体是通过社群构成的,其意义与自我实现极大地依赖于所处的国家,因而主权大于人权[②]。无论如何,大多数人都认为不应该干涉他国内政,但在出现大规模人道主义危机时,国际社会应该予以制止。

不干涉内政原则与主权的概念是一体两面的关系。法国人让·博丹(Jean Bodin)在《国家论》中最先提出,荷兰人雨果·格劳秀斯(Hugo Grotius)将其运用到国际法和国际社会中。三十年战争后,威斯特伐利亚体系正式将主权原则作为国际社会交往原则。其核心是在一个领土实体内,只存在唯一一个终极的、不受制约的决策中心,其地位在辖区内是最高的。对外关系上,主权意味着免于任何外部干涉的独立自主权。第一次世界大战后,不干涉原则被写入《国际联盟盟约》。二战以后,同样被写入《联合国宪章》。1954 年,中、印、缅三国共同倡导的和平共处五项原则将"不干涉内

[①] [美]罗伯特·基欧汉、约瑟夫·奈:《权力与相互依赖》,门洪华译,北京大学出版社 2012 年版。
[②] 白云真、李开盛:《国际关系理论流派概论》,浙江人民出版社 2009 年版,第 310—348 页。

政"原则改为"互不干涉内政"。此后,联合国于1965年通过的《关于各国内政不容干涉及独立与主权之保护宣言》和1970年通过的《关于各国依联合国宪章建立友好关系及合作之国际法原则之宣言》两次重申了这一原则。然而在冷战时期,不干涉原则并没有发挥应有的作用。相反,粗暴干涉他国内政几乎成为帝国主义国家的一种惯用方式,其依据主要有:"依据权利"的干涉,就是指依据不平等条约所规定的权利;应"合法政府邀请"的干涉,指应其扶植起来的傀儡政府的邀请;出于"人道主义"的干涉,就是以保护人权为名侵略他国①。因而,实际上不干涉内政原则并不能从根本上消除大国干涉,但它的存在依然是有意义和有价值的。至少作为一种国际准则它能够成为发展中国家用来反对大国干涉的道义武器。

1648年威斯特伐利亚和会以前的一些国际法著作表明,"人类社会共同利益的概念以及人道主义干涉权利在格劳秀斯之前就已经形成"②。但格劳秀斯的著作包含了"人道主义干涉原则的最早的权威声明"。他主张:"对人类的暴行一开始,国内管辖的专属性就停止了。"③托马斯·阿奎那(Thomas Aquinas)也认为在某种程度上一国君主有权基于宗教的利害关系干涉另一国的内部事务,如果后者虐待他的臣民超出了似乎可以接受的程度④。到了19世纪很多国家援引人道主义来证明干涉的合法性,例如,1815年,奥地利、俄国和普鲁士三国试图以"神圣同盟"为基础建立普遍的军事干涉原则;1827年,英、法、俄三国支持希腊反土耳其;1856年,英国和法国对西西里的干涉;1860—1861年,英、法、奥、普、俄对叙利亚的干涉;到了20世纪,人类经历了两次灾难深重的世界大战,在战争中爆发了许多惨无人道的行为,因而保护人权越来越受到国际社会的重视。1948年联合国颁布了《世界人权宣言》,这是第一个关于人权问题的国际性文件。1966年联合国在《世界人权宣言》的基础上通过了《公民权利和政治权利国际公约》和《经济、社会、文

---

① 杨泽伟:《人道主义干涉在国际法中的地位》,《法学研究》2000年第4期,第127—139页。
② 转引自上文,第128页。
③ 同上。
④ 同上。

化权利国际公约》确认了人权的两方面特征。这些条约对第三世界国家而言,一方面形成一定的压力,促使政府积极保护人权,另一方面也成为发达国家干涉发展中国家的借口。尤其是在冷战以后,人道主义干涉达到了高潮。例如,1990—1997年,西非经济共同体干预利比里亚内战;1991年,美英两国干预伊拉克北部库尔德危机;1993年,美国干预索马里危机;1999年,北约干预科索沃危机;1999年,澳大利亚干预东帝汶;2011年,北约干预利比亚危机。然而真正的人道主义危机却没有得到干预,如1994年卢旺达大屠杀。

二、国际组织对国内政治的影响

尽管国家是国际社会的主要行为体,但是随着全球化的发展以及全球问题的出现,国际组织发挥着越来越重要的作用。一方面,国际组织有时候会沦为大国实现自身利益的工具,大国会借用国际组织干涉他国内政,这在冷战期间尤为明显。另一方面,加入国际组织意味着要服从一定的"游戏规则",这促使国家主动改变自身的国内政治以符合这些规则。

当前世界上最重要的全球性国际组织当数联合国,它作为大国协调和集体安全机制的体现,在维护世界和平与发展方面发挥了不可替代的作用。二战以后国际社会吸取了两次世界大战和国联失败的教训,建立了联合国。联合国确立了大国一致原则,即担任安理会常任理事国的五大国拥有一票否决权。但是在冷战时期,联合国并没有发挥其应有的作用,而是时常成为大国争夺第三世界的工具和相互竞争的场所。例如,中国的合法席位长期被美国支持的蒋介石政府窃据,使得安理会成为美国等西方国家主导的机构;1950年,美国集结了所谓联合国军干涉朝鲜战争;1962年,印度与巴基斯坦在克什米尔问题上发生尖锐对抗,联合国安理会提出仲裁提案,美国支持,苏联反对,使联合国介入失败;1967年,第三次中东战争,苏联要求以色列从停火线撤军,遭到美国否决。但是从20世纪60年代开始,由于大批新兴国家加入联合国,改变了这个组织的成分,使联合国日益民主化,并更多地反映第三世界国家的利益,而不再是纯粹的大国工具。到20世纪80年代,联合国在反对美、苏干涉他国内政问题上更加强硬。例如,1980 年,联合国大会要求苏联从阿富汗撤军,要求以色列退还阿拉伯国家领土;1981 年,联合国大会谴责南非占领纳米比亚;1983 年,联合国要求越南撤出印支、美国撤出格林纳达、南非撤出安哥拉等。冷战以后,联合国承担了更加重要和复杂的任务,地区冲突的爆发,加重了联合国的维和任务。而联合国的现有体制又严重落后于形势需要,国际社会对联合国改革的呼声越来越强[①]。

有很多案例可以说明地区性组织对国内政治的塑造作用,如欧盟和北约东扩以及欧安会对第三波民主化的影响。民主化和加入欧洲共同体是携手并进的。东欧国家都希望获得欧共体的成员资格,从而发展本国经济。但是欧共体成员国首先必须实行民主政治,这促使一些国家为加入欧共体而实行西式民主政治。与此同时,欧共体的成员身份会加强对民主的义务并提供防止回归到威权主义的外部依托。实行民主制度成为获取欧共体成员资格并带来经济好处的必要条件,而且欧共体的成员资格也被看作民主稳定性的保障[②]。

第三波的开始还或多或少与欧洲安全与合作会议(the Conference on Security and Cooperation in Europe,CSCE,以下简称"欧安会")及《赫尔辛基最后决议》(the Helsinki Final Act)有关。此后它被称作赫尔辛基进程的开始。在这一进程中有三个因素影响到东欧人权和民主的发展。首先,在最初和随后召开的各次会议中通过了一系列为民主和自由提供合法性以及为保障这些权利进行国际监督而通过的一系列文件。大约在 15 年的时间内,欧安会的国家就这样从只弘扬有限的人权转变为保障所有的民主自由制度。其次,《赫尔辛基最后决议》为美国和其他西欧国家提供了向苏联和东欧国家施加压力的工具,要求它们履行赫尔辛基承诺,关注和纠正违背这些承诺的一些具体做法。最后,赫尔辛基进程也导致在这些国家中成立了委员会或观察小组来监督决议的遵守情况。赫尔辛基进程对东欧政治变革

[①] 顾关福主编:《战后国际关系(1945—2010)》,天津人民出版社 2010 年版,第 614—636 页。
[②] [美]塞缪尔·P.亨廷顿:《第三波:20 世纪后期的民主化浪潮》,欧阳景根译,中国人民大学出版社 2013 年版。

的影响虽是有限的但却是实在的。共产党政府一旦承认了西方在人权标准上提出的原则,那他们在"违反这些权利"时就必然会受到国际和国内的批评。按照亨廷顿的观点,赫尔辛基进程已然成为可供改革者用来开放其社会的动力和武器。他还认为,欧洲共同体积极地推动民主化,而欧安会是一个使共产党政府承诺实行自由化的进程,也是使其国内异议分子和外国政府迫使他们实现自由化的努力得到合法化的过程。欧安会虽然没有创立民主,但它却有助于支持东欧和苏联的政治公开①。

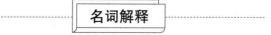

名词解释

国际环境、代理人战争、西方国家的硬实力和软实力

思考题

1. 与冷战结束伊始的单极霸权格局相比,当今世界的多极格局对发展中国家的政体选择有何不同的影响?

2. 随着中国国力的上升并日益走近世界舞台的中央,中国会通过何种渠道,对其他发展中国家的国内政治产生何种作用?

---

① [美]塞缪尔·P.亨廷顿:《第三波:20世纪后期的民主化浪潮》,欧阳景根译,中国人民大学出版社2013年版。

附录 发展政治学前沿研究指南

为了进一步了解发展政治学最前沿的研究课题和学术辩论,本附录将介绍三本顶尖政治学期刊近三年(2016—2018 年)发表的与发展中国家政治有关的部分文章。这三本期刊分别是《美国政治学评论》(*American Political Science Review*)、《美国政治学期刊》(*American Journal of Political Science*)和《比较政治研究》(*Comparative Political Studies*)。这些期刊挑选文章的标准主要是其所提的研究问题是否有较普遍的适用性、较新颖的切入角度或较强的现实指导意义。笔者所挑选的近 40 篇论文涉及七个发展政治学的子领域:族群认同与族群冲突、国家能力、宗教与政治、民主化与民主社会的治理、影响经济发展的政治因素、国际环境对国内政治的影响和非民主政体的政治运作。对于收录的每一篇论文,附录列出了其研究问题(黑体字)、主要观点和文献条目(即文章名称及出处),对某一具体问题感兴趣的读者可以进一步阅读原文。学生能够从附录中把握学术共同体所关注的热点,并得到对自身研究的启发。

一、族群认同与族群冲突

1. 族群多样性对公共品的提供有何影响? 文章提出了"空间相互依赖"的理论,指出不同族群在居住空间上的隔离可能减少甚至消除族群多样性对公共品提供的消极影响。一个被隔离的族群,可以利用与周围族群聚居区在公共品水平上的差距,为本族群争取到更多的公共品。不同族群聚居区的"互相攀比"客观上导致了各自公共品水平的提高。文章通过对印尼高度细化的地方数据进行分析,得出结论:在族群碎片化程度相同的情况下,族群相互隔离的社区比族群杂居的社区有着更高的公共品提供水准。这意味着,权力的下放对于杂居社区而言更加不利。

Tajima, Yuhki, Samphantharak, Krislert, and Ostwald, Kai, "Ethnic Segregation and Public Goods: Evidence from Indonesia", *American Political Science Review*, 2018, 112(3), pp.637-653.

2. 对立族群之间积极的社会交往是否能够减少彼此间的偏见和歧视? 文章随机抽样了尼日利亚的849名基督徒和穆斯林,并通过一项青年教育计划进行了田野实验。在16个星期的群体间交往之后,研究发现这种积极交往虽然无助于减少偏见,但能够显著降低对其他族群的歧视。研究显示,即使在处于暴力冲突的地区,群体间的社会交往也能够建设性地改变人们的行为。

Scacco, Alexandra and Warren, Shana, "Can Social Contact Reduce Prejudice and Discrimination? Evidence from a Field Experiment in Nigeria", *American Political Science Review*, 2018, 112(3), pp.654-677.

3. 在内战中,平民对关于战争性质的叙事是如何回应的? 将内战描述为族群冲突的叙事方式,是否更能激发民众的战争热情?作者选取了叙利亚内战作为案例,关于这场战争的性质存在着多种不同的叙事角度。通过对一批叙利亚难民的实验研究,作者发现,如果将战争单纯描述为不同宗教派别间的斗争,叙利亚政府的同情者的战斗热情会大增;而如果给实验参与者提供若干个互相竞争的叙事方式,则教派冲突的号召力就会减少乃至消失。

Corstange, Daniel, and York, Erin A., "Sectarian Framing in the Syrian Civil War", *American Journal of Political Science*, 2018, 62(2), pp.441-455.

4. 在发展中国家城市化的浪潮中,城市中的农村移民是否会因族群认同而分裂成不同群体? 作者对印度城市的贫困移民进行了问卷调查实验,发现这些移民在面对雇主和政治家时会忽略彼此间的族群差别,而强调共同的阶级背景。但是当移民内部相互交往时,仍然会分裂成不同族群。这一发现说明,城市中的贫穷移民可能同时成为阶级动员和族群动员的对象。

Thachil, Tariq, "Do Rural Migrants Divide Ethnically in the City? Evidence from an Ethnographic Experiment in India", *American Journal of Political Science*, 2017, 61(4), pp.908-926.

5. **族群关系是如何影响负责国内治安的关键人员任命的?** 在威权统治者试图赢得选举时,负责安全的官员对暴力的掌控将起到至关重要的作用。作者搜集了 20 世纪 90 年代肯尼亚地方安全系统官员的任命数据,发现在选举竞争激烈的地区,总统会任命与自己同属一个族群的人担任安全官员。

Hassan, Mai, "The Strategic Shuffle: Ethnic Geography, the Internal Security Apparatus, and Elections in Kenya", *American Journal of Political Science*, 2017, 61(2), pp.382-395.

6. **殖民时期精英间的政治经济关系如何影响后殖民时期的地方治理?** 文章阐述了一个社会排斥和竞争的理论,以解释在何种情况下从事贸易的少数族裔能够与当地的政治精英形成合作关系。殖民时期形成的非正式关系深刻影响了当代的经济治理。作者以印度尼西亚爪哇岛为例,讨论了为何阿拉伯人和华人在地方的殖民经济中起到了相似的作用,但却面临着不同的社会排斥局面,以及这种差异对后来经济治理的影响。

Pepinsky, Thomas B., "Colonial Migration and the Origins of Governance: Theory and Evidence from Java", *Comparative Political Studies*, 2016, 49(9), pp.1201-1237.

二、国家能力

1. **国内政治精英的冲突如何影响国家能力的发展?** 已有文献一般强调国家间竞争和国际战争对国家能力的促进作用,这篇文章则认为在精英竞争的情况下,统治者可以利用政治对手的暂时弱势,没收其财产,并且巩固自身权威。墨西哥在 20 世纪初爆发革命后的历史表明,大萧条所带来的商品价格大波动给地方经济精英带来了不同影响。这种波动增加了精英间的资产掠夺,并且显著增加了在国家能力方面的投资。

Garfias, Francisco, "Elite Competition and State Capacity Development: Theory and Evidence from Post-Revolutionary Mexico", *American Political Science Review*, 2018, 112(2), pp.339-357.

2. **非政府的武装力量抵制中央政府延伸自身控制力的举动,是否具有正当性?** 文章聚焦军阀这一群体,这些地方强人试图维持对自己地盘的控制,但并不追求成立新国家或控制中央政府。作者认为,在军阀抵制国家建设的背后,存在着两种同样具有正当性的权威:国家在其受国际承认的领土范围内巩固统治的权威;军阀为了维护社会秩序和基本权利而抵制中央政府扩张的权威。文章借用"正义战争"理论,讨论了何种情况下军阀的抵抗具有正当性,并通过阿富汗等实际案例说明了理论的实践意义。

Blair, Robert A., and Kalmanovitz, Pablo, "On the Rights of Warlords: Legitimate Authority and Basic Protection in War-Torn Societies", *American Political Science Review*, 2016, 110(3), pp.428-440.

3. **语言政策是如何制约民族国家的社会经济发展的?** 文章指出,语言政策影响着公民个人与官方语言的接触程度,以及他们的第一语言与官方语言的差异。跨国数据显示,官方语言和地方方言的差异越大,该地方的人力资本和健康状况就越差。文章也讨论了其发现对政策的指导意义。

Laitin, David, and Ramachandran, Rajesh, "Language Policy and Human Development", *American Political Science Review*, 2016, 110(3), pp.457-480.

4. **国家和反政府武装的领导人对内战结果有怎样的影响?** 文章认为,领导人希望避免战后遭到惩罚,这种考虑影响了他们在战争期间的战略性决策。要为国家卷入内战而承担责任的领导人,都害怕在战事不利时遭遇到惩罚和清算,因此有很强的动机让战争继续,以期扭转战局,避免战败后的不利结果。这种动机使得负有战争责任的领导人更有可能战至最后一刻,而更不可能作出让步以终结战争。作者利用1980—2011年全球范围的内战数据证实了这一观点。

Prorok, Alyssa K., "Leader Incentives and Civil War Outcomes", *American Journal of Political Science*, 2016, 60(1), pp.70-84.

5. 政党轮替对国家基层政府的能力会造成何种影响? 文章以墨西哥为例,试图解释为何20世纪90年代,当联邦政府并未发动大规模反毒品运动时,贩毒集团之间的暴力冲突大幅度上升了。文章认为,墨西哥州级政府的政党轮替破坏了一党执政时期协助贩毒集团运作的非正式保护网络。这种保护消失之后,贩毒集团开始创建自己的武装组织,以求免受来自竞争性团伙或州政府的攻击。在保护好自己的地盘之后,贩毒集团又利用武装来占领其他集团的地盘。通过分析1995—2006年间贩毒集团之间的谋杀数据,文章发现,反对党在州长选举中的胜利与集团间暴力有很强的关联性。

Trejo, Guillermo, and Ley, Sandra, "Why Did Drug Cartels Go to War in Mexico? Subnational Party Alternation, the Breakdown of Criminal Protection, and the Onset of Large-Scale Violence", *Comparative Political Studies*, 2018, 51(7), pp.900-937.

6. 在发展中国家,韦伯式的官僚结构对于公务员提供公共服务、保持清廉和政治中立有何影响? 文章利用在多米尼加共和国进行的联合性实验(conjoint experiment)探讨了考试录用制和工作稳定性对官僚行为的影响。作者发现,考试录用制有利于减少腐败,增强工作积极性和政治中立性;而工作稳定性有助于提升政治中立,但却减少了公共服务的提供。

Oliveros, Virginia, and Schuster, Christian, "Merit, Tenure, and Bureaucratic Behavior: Evidence from a Conjoint Experiment in the Dominican Republic", *Comparative Political Studies*, 2018, 51(6), pp.759-792.

7. 各国政府是如何发展辅助正规军的武装组织的？ 这种组织可分为两类，一类是准军事部队（paramilitaries），它是由政府进行组织以支持或替代常规部队的；另一类是亲政府民兵武装（progovernment militias，简称 PGMs），它是存在于国家机器之外的。文章指出，影响国家发展这两类组织的因素包括国家已有资源和能力、民众问责政府的能力、国内威胁等。文章发现：第一，国家能力对于维持准军事部队是至关重要的，但不会影响亲政府民兵武装的发展；第二，亲政府民兵武装在经历内战的国家中更为常见，准军事部队则不然；第三，准军事部队和亲政府民兵武装都与政权的不稳定性相关联。

Böhmelt, Tobias, and Clayton, Govinda, "Auxiliary Force Structure: Paramilitary Forces and Progovernment Militias", *Comparative Political Studies*, 2018, 51(2), pp.197-237.

8. 在国家政权建设的早期，国家攫取资源的行为是否会增加反国家的暴力行为？ 文章首次在殖民国家建设的背景下以定量数据考察了这一关系。作者挑选的案例是1905—1907年在东部非洲爆发的最大规模的一次反殖民暴力活动。研究发现，攫取与反抗之间的确存在着关联性，而且不同的攫取策略将导致不同的结果。攫取行动的扩张威胁到当地精英的利益，从而挑起了有效的反抗。

De Juan, Alexander, "Extraction and Violent Resistance in the Early Phases of State Building: Quantitative Evidence from the 'Maji Maji' Rebellion, 1905-1907", *Comparative Political Studies*, 2016, 49(3), pp. 291-323.

三、宗教与政治

1. 政治伊斯兰运动最初发端于怎样的社会和制度环境之中？ 文章分析了埃及人口普查数据和穆斯林兄弟会支部的相关信息，发现兄弟会支部多分布于和铁路连接以及识字率较高的地区，而在欧洲人口比重较高或国家机关较为发达的地区则分布较少。文章质疑了过去认为穆斯林与西方的接触导致政治伊斯兰兴起的观点,转而强调了基础设施和国家行政机构发展的关键角色。

Brooke, Steven, and Ketchley, Neil, "Social and Institutional Origins of Political Islam", *American Political Science Review*, 2018, 112(2), pp.376-394.

2. 世俗主义的政党执政是否会影响暴力性宗教冲突的程度? 现有理论对这一问题存在不同观点。一方面,受宗教驱使的武装分子可能会将投票选出世俗主义政客的地区作为攻击目标;另一方面,世俗化政党为了赢得遭受暴力袭击地区的选票,会有很强的动机去平息冲突。文章通过分析巴基斯坦在1988—2011年的地方选举和宗教冲突数据,发现世俗主义政党掌权能够显著降低当地的宗教冲突。这是由于政党在选举压力下,必须尽力争取其核心支持者的选票。平息暴力的效果在警察力量充足的地区尤其明显,彰显了国家能力在制止宗教冲突方面的作用。

Nellis, Gareth, and Siddiqui, Niloufer, "Secular Party Rule and Religious Violence in Pakistan", *American Political Science Review*, 2018, 112(1), pp.49-67.

3. 在伊斯兰社会中,宗教历法是否影响了政治暴力的发生? 文章批评了认为伊斯兰历法,特别是斋月的存在导致了暴力上升的观点。作者认为,重要的伊斯兰节日可以有效抑制暴力,因为武装分子忌惮社会上对节日期间暴力的反感,会在这些重要日子自我克制。通过分析采自伊拉克、阿富汗和巴基斯坦的多个数据库,作者发现重要伊斯兰节日期间政治暴力的数量明显下降。

Reese, Michael J., Ruby, Keven G., and Pape, Robert A., "Days of Action or Restraint? How the Islamic Calendar Impacts Violence", *American Political Science Review*, 2017, 111(3), pp.439-459.

4. 宗教组织的活动对政治权威会造成何种影响? 文章以秘鲁国内新教传教活动为案例,发现传教士让新教信徒更加地服从权威。同时,传教活动也使得信徒更不容易被政治权威所说服,因为传教士将人们的注意力从世俗话题转向了神学问题。文章还认为,宗教对世俗权威的影响力取决于传教士在神学问题上的严格程度。

Rink, Anselm, "Do Protestant Missionaries Undermine Political Authority? Evidence from Peru", *Comparative Political Studies*, 2018, 41(4), pp.477-513.

四、民主化与民主社会的治理

1. 民主制度的巩固是否会降低投票率? 文章分析了1939—2015年全球立法机构选举的数据,得出了三点主要结论:(1)投票率是否下降取决于民主化的情境,如果民主化是由反对派驱使的,或者威权政体下发生了选举动员,那么民主转型后的第一次选举的投票率将明显上升;(2)在原苏联、东欧国家,民主转型后投票率显著下降;(3)与成熟民主国家一样,新兴民主国家的投票率自20世纪70年代以来总体呈现下降趋势。

Kostelka, Filip, "Does Democratic Consolidation Lead to a Decline in Voter Turnout? Global Evidence since 1939", *American Political Science Review*, 2017, 111(4), pp.653-667.

2. 经济发展与流动性的上升是否会在原本停滞的社会中制造政治不满? 根据托克维尔在《旧制度与大革命》中提出的观点,民众一旦意识到生活水平提升的可能性,其期望值增长的速度往往超过物质生活的改善速度。这就导致了一个悖论:机遇的增加反而催生了民众对政府的不满。作者运用在巴基斯坦进行的一个调查实验检验了托克维尔的理论,发现当人们的经济境况改善与高流动性所带来的期望值不符时,政治不满将会增加。

Healy, Andrew, Kosec, Katrina, and Mo, Cecilia Hyunjung, "Economic Development, Mobility, and Political Discontent: An Experimental Test of Tocqueville's Thesis in Pakistan", *American Political Science Review*, 2017, 111(3), pp.605-621.

3. 民主制度能否增进人们的福利? 文章将民主拆分成了四个不同组成

部分：选举、公民参与、社会福利品的提供和地方行政能力。作者通过分析2006—2013年的巴西市政选举发现，只依靠竞争性选举并不能降低婴儿出生死亡率，而公民参与机制、社会福利项目和地方行政能力的相互配合则可以实现这一目的。这一结果帮助我们理解，民主制度的不同面向如何相互作用，以提升人类发展的质量。

Touchton, Michael, Sugiyama, Natasha B., and Wampler, Brian, "Democracy at Work: Moving Beyond Elections to Improve Well-being", *American Political Science Review*, 2017, 111(1), pp.68-82.

4. **任期限制和脆弱的政党是如何影响民众问责政府的能力的？** 文章分析了1996—2012年的巴西市长选举，发现选举上台的政党在随后的选举中都流失了大量的选票。作者认为，任期限制以及政党和政客之间的松散关系，深刻影响了政治家的行为动机，从而导致在任政党的选举挫败。同样的现象还存在于墨西哥、秘鲁和智利等拉美国家。

Klašnja, Marko, and Titiunik, Rocio, "The Incumbency Curse: Weak Parties, Term Limits, and Unfulfilled Accountability", *American Political Science Review*, 2017, 111(1), pp.129-148.

5. **政党在何时会通过贿选来增加投票率？** 文章认为，当政党具备如下条件时，其贿选的力度最大：政党能够有效地监控其中间代理人，并且其支持者在不收受贿赂时便不会出来投票。作者通过分析墨西哥的选举数据证实了这一观点。

Larreguy, Horacio, Marshall, John, and Querubin, Pablo, "Parties, Brokers, and Voter Mobilization: How Turnout Buying Depends upon the Party's Capacity to Monitor Brokers", *American Political Science Review*, 2016, 110(1), pp.160-179.

6. **选举观察团对选举中的暴力现象有何影响？** 尽管选举观察团的目标是制止选举舞弊和防止选举暴力，但实际上，在观察团揭露舞弊行为之后，暴力往往会上升。文章认为,选举观察团虽然能让选举总体上更加公正、和平,但在不公正的选举中,观察员的存在却会导致更多暴力。选举观察团能否对选举产生正面的影响,往往取决于观察团自身的目的性。

Luo, Zhaotian, and Rozenas, Arturas, "The Election Monitor's Curse", *American Journal of Political Science*, 2018, 62(1), pp.148-160.

7. 腐败是否是一个自我实现的预言? 也就是说,一个人对于社会中其他成员腐败程度的感知,是否会影响到他自己从事腐败行为的概率?作者利用哥斯达黎加的一项大型家庭调查数据,发现当人们对身边腐败行为的感知程度上升时,他们贿赂警察的概率会提升5%—10%。

Corbacho, Ana, Gingerich, Daniel W., and Oliveros, Virginia, "Corruption as a Self-fulfilling Prophecy: Evidence from a Survey Experiment in Costa Rica", *American Journal of Political Science*, 2016, 60(4), pp.1077-1092.

8. 民主政体中领导人的更替对于经济发展有什么样的影响? 已有研究一般认为,由于民主制度能够减少领导人更替所伴随的暴力和不确定性,因此交接班问题不会对经济增长造成影响。文章提出,议会对行政机关的限制和选举问责是民主制度的两个不同维度,其中,议会对行政机关的限权能够有效缓解领导人更替给经济造成的负面影响,但选举问责却无此效应。因此,对于促进经济增长而言,议会的质量比选举的质量更加重要。

Cox, Gary W., and Weingast, Barry R., "Executive Constraint, Political Stability, and Economic Growth", *Comparative Political Studies*, 2018, 51(3), pp.279-303.

五、影响经济发展的政治因素

1. 发展中国家的学校和公共厕所一类的工程项目为何频频出现中途烂尾的现象? 文章分析了加纳的14 000多个小型的发展项目,发现项目未完成的原因是政治行为者在资源有限的情况下,面临承诺不可信问题,导致了前后不一致的集体选择过程。相反,腐败和侍从主义不是导致工程烂尾的主要原因。该研究对于分配政治学、政府间转移支付的设计和国家能力的发展有一定的启发意义。

Williams, Martin J., "The Political Economy of Unfinished Development Projects: Corruption, Clientelism, or Collective Choice?", *American Political Science Review*, 2017, 111(4), pp.705-723.

2. 煤矿开采是否会增加非洲当地的腐败程度?现有关于资源诅咒(resource curse)的研究结论不一,但大多未能解决内生性等方法上的问题。文章将非洲晴雨表的调查数据与煤矿开采的空间数据相匹配,发现开矿的确增加了行贿的数量。矿山分布的地区原本腐败程度较低,但开矿之后,当地官员开始索要更多的贿赂。

Knutsen, C. H., Kotsadam, A., Olsen, E. H., and Wig, T., "Mining and Local Corruption in Africa", *American Journal of Political Science*, 2017, 61(2), pp.320-334.

六、国际环境对国内政治的影响

1. 外部力量出于什么动机干预他国的选举?作者区分了两种类型的选举干预:为支持民主进程而进行的干预和为支持特定的候选人/政党而进行的干预。外国势力常常同时开展两种类型的干预,他们的投入同时受到意识形态和地缘政治因素的驱使。在一些情况下,西方国家为了帮助他们偏好的候选人当选,不惜减少对民主选举进程的支持。作者还讨论了"选举战争",即两个外国强权同时介入一国的选举,支持选举中竞争的双方。

Bubeck, Johannes, and Marinov, Nikolay, "Process or Candidate: The International Community and the Demand for Electoral Integrity", *American Political Science Review*, 2017, 111(3), pp.535-554.

2. 外来援助是否能够促进一国的人权状况和民主?文章首先发现,当一个国家的前殖民宗主国在欧盟预算制定过程中担任轮值主席国时,该国能够比其他国家获得更多的外来援助。利用欧盟轮值主席国作为工具变量,作者发现对外援助的确能够提升民主和人权状况,尽管这种效应为时短暂。文章进一步指出,外援的附加条件是导致这种正面效应的关键。

Carnegie, Allison, and Marinov, Nikolay, "Foreign Aid, Human Rights, and Democracy Promotion: Evidence from a Natural Experiment", *American Journal of Political Science*, 2017, 61(3), pp.671-683.

3. 跨国公司的行为如何影响发展中国家的腐败程度? 已有文献一般认为经济一体化有助于减少腐败,但却忽视了跨国公司可能创造出新的寻租机会,从而加剧腐败。作者以中国作为案例,发现跨国公司越活跃的地区,腐败案件的爆发数量越多。这一结论对于发展中国家的国内治理有着重要的启示。

Zhu, Boliang, "MNCs, Rents, and Corruption: Evidence from China", *American Journal of Political Science*, 2017, 61(1), pp.84-99.

4. 国际金融组织为财政援助所附加的条件是否能够促进受援国国内的经济改革? 文章以国际货币基金组织(IMF)为例,认为附加条件对经济改革的影响取决于国内各党竞争的情况。当左翼政府执政时,附加条件会转化为强大的改革动力,而不会遭遇来自右翼政党的抵制;当右翼政府执政时,附加条件会激起左翼势力的强烈反弹,反而会阻碍改革的推进。文章利用1994—2010年国际货币基金组织援助俄罗斯、捷克、匈牙利等东欧国家的数据,支持了这一论点。

Beazer, Quintin H., and Woo, Byungwon, "IMF Conditionality, Government Partisanship, and the Progress of Economic Reforms", *American Journal of Political Science*, 2016, 60(2), pp.304-321.

5. 非民主政体彼此之间的联系如何影响了它们的存续? 文章通过事件史分析的方法证明,非民主政体间的联系对于非民主政体的延续时间有着显著的影响。文章进一步分析了沙特阿拉伯在"阿拉伯之春"后对不同政权的支持程度,以此来解释中东地区非民主政体延续时间的长短。

Tansey, Oisín, Koehler, Kevin, and Schmotz, Alexander, "Ties to the Rest: Autocratic Linkages and Regime Survival", *Comparative Political Studies*, 2017, 50(9), pp.1221-1254.

七、非民主政体的政治运作

1. **在选举型威权政体中,教育水平和政治参与之间是什么关系?** 如果教育能增强人们的批判性思维、政治意识和民主观念,那么教育程度较高的公民可能认为选举是无意义的,或者只是为政府提供正当性。文章通过分析津巴布韦的数据得出结论:教育水平越高,公民的政治参与度就越低,体现在他们的投票率、联系官员的频率、参加社区会议的频率等方面。而在2008年,由于选举的竞争性大大提升,教育与政治参与之间的负相关性就不复存在了。

Croke, K., Grossman, G., Larreguy, H. A., and Marshall, J., "Deliberate Disengagement: How Education Can Decrease Political Participation in Electoral Authoritarian Regimes", *American Political Science Review*, 2016, 110(3), pp.579-600.

2. **在选举型威权政体中,执政党如何确保其下级代理人能够适时适度地进行选举舞弊?** 执政党和下级代理人之间的利益冲突,会导致选举舞弊的过度供给或者供给不足。于是我们观察到,有些原本就很受欢迎的领导人,毫无必要地过度使用舞弊行为,而还有一些领导人虽然采用了舞弊行为,却仍然输掉了选举。文章对俄罗斯2011—2012年立法机关和总统选举数据的分析,为其观点提供了初步支持。

Rundlett, Ashlea, and Svolik, Milan W., "Deliver The Vote! Micromotives and Macrobehavior in Electoral Fraud", *American Political Science Review*, 2016, 110(1), pp.180-197.

3. **当选举型威权政体遭遇经济危机时,公民是否会因为生活水准的下降而惩罚执政党?** 作者在俄罗斯经历萧条期间,对60 000多名来自不同地区的民众进行了问卷调查,结果显示,民众并不会被动地接受媒体宣传,而是能从个人经历和地方经济状况中形成对经济的客观认知。这种认知会影响公民的政治判断,尤其当一个政党在地方政府中占据支配性地位时,公民会将经济表现作为衡量执政党的最重要指标。这一发现说明,非民主政体在经济下行时,未必能够通过操纵舆论来提升政治支持。

Rosenfeld, Bryn, "The Popularity Costs of Economic Crisis under Electoral Authoritarianism: Evidence from Russia", *American Journal of Political Science*, 2018, 62(2), pp.382-397.

4. 军人政体为什么比其他形式的非民主政体更加脆弱? 已有文献对此问题提出了多种竞争性解释。文章首先将军人政体区分为军官团统治和个人统治,并发现政权及领导人的不稳定性只适用于军官团统治的政体。军官团统治更有可能走向民主化,而不是朝着其他形式威权政体的转化。文章认为,军人政体寿命的短暂主要是由于军官群体对维护团结的偏好,而不是其他原因。

Kim, Nam Kyu, and Kroeger, Alex M., "Regime and Leader Instability under Two Forms of Military Rule", *Comparative Political Studies*, 2018, 51(1), pp.3-37.

5. 制度化的领导人更替是否有助于防止政变的发生? 文章认为,有关领导人继承的规则可以减少政治精英以暴力方式夺权的动机。继承规则的存在使得密谋政变者更加难以协调彼此的行动,因为部分精英情愿耐心等待也不愿诉诸暴力。作者用各种统计模型证明了继承规则可以减少政变发生的概率。

Frantz, Erica, and Stein, Elizabeth A., "Countering Coups: Leadership Succession Rules in Dictatorships", *Comparative Political Studies*, 2017, 50(7), pp.935-962.

主要参考文献

第一章 发展政治学概述
［美］鲁洵·派伊:《政治发展面面观》,任晓、王元译,天津人民出版社2009年版。

Almond, Gabriel A., and Coleman, James S., *The Politics of the Developing Areas*, Princeton University Press, 1960.

Clapham, Christopher S., *Third World Politics: An Introduction*, Routledge, 1985.

Hagopian, Frances, "Political Development, Revisited", *Comparative Political Studies*, 2000, 33(6-7), pp.880-911.

第二章 现代化理论及其批判
［巴西］特奥托尼奥·多斯桑托斯:《帝国主义与依附》,杨衍永等译,社会科学文献出版社1999年版。

Gilman, Nils, *Mandarins of the Future: Modernization Theory in Cold War America*, John Hopkins University Press, 2007.

Huntington, Samuel P., *Political Order in Changing Societies*, Yale University Press, 1968.

Klinger, Janeen, "A Sympathetic Appraisal of Cold War Modernization Theory", *The International History Review*, 2017, 39(4), pp.691-712.

Rostow, Walt W., *The Stages of Economic Growth: A Non-Communist Manifesto*, Cambridge University Press, 1960.

Tilly, Charles, and Ardant, Gabriel, eds., *The Formation of National States in Western Europe*, Princeton University Press, 1975.

Tipps, Dean C., "Modernization Theory and the Comparative Study of National Societies: A Critical Perspective", *Comparative Studies in Society and History*, 1973, 15(2), pp.199-226.

第三章 现代国家建构

[美]乔尔·S.米格达尔：《强社会与弱国家：第三世界的国家社会关系及国家能力》，张长东等译，江苏人民出版社2009年版。

Evans, Peter B., Rueschemeyer Dietrich, and Skocpol, Theda, eds., *Bringing the State Back in*, Cambridge University Press, 1985.

Jackson, Robert H., and Rosberg, Carl G., "Why Africa's Weak States Persist: The Empirical and the Juridical in Statehood", *World Politics*, 1982, 35(1), pp.1-24.

Rotberg, Robert I., ed., *When States Fail: Causes and Consequences*, Princeton University Press, 2004.

Spruyt, Hendrik, *The Sovereign State and Its Competitors: An Analysis of Systems Change*, Princeton University Press, 1996.

第四章 民主化与民主倒退

Boix, Carles, *Democracy and Redistribution*, Cambridge University Press, 2003.

Dahl, Robert A., *Polyarchy: Participation and Opposition*, Yale University Press, 1971.

Diamond, Larry, and Platter, Marc F., eds., *Democracy in Decline?*, John Hopkins University Press, 2015.

Huntington, Samuel P., *The Third Wave: Democratization in the Late Twentieth Century*, University of Oklahoma Press, 1991.

Inglehart, Ronald, and Welzel, Christian, *Modernization, Cultural Change, and Democracy: The Human Development Sequence*, Cambridge University Press, 2005.

Levitsky, Steven, and Way, Lucan A., *Competitive Authoritarianism: Hybrid Regimes after the Cold War*, Cambridge University Press, 2010.

O'donnell, Guillermo, and Schmitter, Philippe C., *Transitions from Authoritarian Rule: Tentative Conclusions about Uncertain Democracies*, Johns Hopkins University Press, 1986.

Przeworski, Adam, et al., *Democracy and Development: Political Institutions and Well Being in The World, 1950-1990*, Cambridge University Press, 2000.

Schumpeter, Joseph A., *Capitalism, Socialism and Democracy*, Routledge, 2006.

第五章 发展中国家的政体类型

陈明明:《所有的子弹都有归宿:发展中国家军人政治研究》,天津人民出版社 2003年版。

Finer, Samuel, *The Man on Horseback: The Role of the Military in Politics*, Pall Mall Press, 1976.

Herb, Michael, *All in the Family: Absolutism, Revolution, and Democracy in Middle Eastern Monarchies*, SUNY Press, 1999.

Linz, Juan, *Totalitarian and Authoritarian Regimes*, Addison-Wesley, 1985.

Magaloni, Beatriz, *Voting for Autocracy: Hegemonic Party Survival and Its Demise in Mexico*, Cambridge University Press, 2006.

Munck, Gerardo L., *Authoritarianism and Democratization: Soldiers and Workers in Argentina, 1976-1983*, Penn State Press, 2010.

Remmer, Karen L., *Military Rule in Latin America*, Westview Press, 1991.

Svolik, Milan W., *The Politics of Authoritarian Rule*, Cambridge University Press, 2012.

第六章 族群、政教关系与政治发展

Horowitz, Donald L., *Ethnic Groups in Conflict*, University of California Press, 1985.

Laitin, David D., *Hegemony and Culture: Politics and Religious Change among the Yoruba*, University of Chicago Press, 1986.

Norris, Pippa and Inglehart, Ronald, *Sacred and Secular: Politics and Religion Worldwide*, Cambridge University Press, 2011.

Teik, Khoo B., Hadiz, Vedi, and Nakanishi, Yoshihiro, eds., *Between Dissent and Power: The Transformation of Islamic Politics in the Middle East and Asia*, Palgrave Macmillan UK, 2014.

Varshney, Ashutosh, "Ethnicity and Ethnic Conflict", in Boix, Carles, and Stokes, Susan C., eds., *The Oxford Handbook of Comparative Politics*, Oxford University Press, 2007, pp.274-294.

第七章 殖民主义的遗产

Bernhard, Michael, Reenock, Christopher, and Nordstrom, Timothy, "The Legacy of Western Overseas Colonialism on Democratic Survival", *International Studies Quarterly*, 2004, 48(1), pp.225-250.

Fieldhouse, David K., *Colonialism 1870–1945: An Introduction*, Macmillan, 1983.

Young, Crawford, *The African Colonial State in Comparative Perspective*, Yale University Press, 1994.

第八章　国际环境对国内政治的影响

［美］罗伯特·基欧汉、约瑟夫·奈：《权力与相互依赖》，门洪华译，北京大学出版社 2012 年版。

［美］塞缪尔·P.亨廷顿：《第三波：20 世纪后期的民主化浪潮》，欧阳景根译，中国人民大学出版社 2013 年版。

Ayoob, Mohammed, "The Security Problematic of the Third World", *World Politics*, 1991, 43(2), pp.257-283.

Downes, Alexander B., and Monten, Jonathan, "Forced to be Free?: Why Foreign-imposed Regime Change Rarely Leads to Democratization", *International Security*, 2013, 37(4), pp.90-131.

Gunitsky, Seva, "From Shocks to Waves: Hegemonic Transitions and Democratization in the Twentieth Century", *International Organization*, 2014, 68, pp.561-597.

Levitsky, Steven, and Way, Lucan, "International Linkage and Democratization", *Journal of Democracy*, 2005, 16(3), pp.20-34.

图书在版编目(CIP)数据

发展政治学/曾庆捷著. —上海：复旦大学出版社，2018.9(2022.9 重印)
(复旦博学. 政治学系列)
ISBN 978-7-309-13816-0

Ⅰ.①发… Ⅱ.①曾… Ⅲ.①政治学-发展理论 Ⅳ.①D0

中国版本图书馆 CIP 数据核字(2018)第 172960 号

发展政治学
FaZhan ZhengZhiXue
曾庆捷 著
责任编辑/孙程姣

复旦大学出版社有限公司出版发行
上海市国权路 579 号　邮编：200433
网址：fupnet@fudanpress.com　　http://www.fudanpress.com
门市零售：86-21-65102580　　团体订购：86-21-65104505
出版部电话：86-21-65642845
上海华业装潢印刷厂有限公司

开本 787×960　1/16　印张 14.25　字数 194 千
2018 年 9 月第 1 版
2022 年 9 月第 1 版第 2 次印刷

ISBN 978-7-309-13816-0/D·947
定价：38.00 元

如有印装质量问题，请向复旦大学出版社有限公司出版部调换。
版权所有　侵权必究